杨秋平◎编著

GONGHUINÜRENBANSHIYOUZHIHUI

循道而行
事半功倍

聪慧女人办事有智慧

中国纺织出版社

内 容 提 要

女人成功不容易，特别是在当今这种纷繁复杂的社会里，难度越来越大，如果不掌握一定的技巧，只是一味地按自己的习惯去办事，结果大多与成功无缘。本书深入阐述了女人在面对各种复杂的情况时，应该怎样运用办事技巧把事办好。书中通过生动形象的具体事例，深入浅出地阐明了办好事的具体操作方法，简洁实用，通俗明了，让读者在轻松愉悦中学会办事的智慧，是女人生活、事业中的好帮手。

图书在版编目（CIP）数据

聪慧女人办事有智慧/杨秋平编著. —北京：中国纺织出版社，2012.1

ISBN 978-7-5064-8036-9

Ⅰ.①聪…　Ⅱ.①杨…　Ⅲ.①女性-成功心理-通俗读物

Ⅳ.①B848.4-49

中国版本图书馆 CIP 数据核字（2012）第 233499 号

策划编辑：李秀英　曹炳镝　　责任编辑：张冬霞
特约编辑：姜舒菲　　责任印制：陈　涛

中国纺织出版社出版发行
地址：北京东直门南大街 6 号　　邮政编码：100027
邮购电话：010—64168110　　传真：010—64168231
http：//www.c-textilep.com
E-mail：faxing@c-textilep.com
北京业和印务有限公司印刷　各地新华书店经销
2012 年 1 月第 1 版第 1 次印刷
开本：710×1000　1/16　　印张：17
字数：221 千字　　定价：29.80 元

前言

现代女性，不管是大家闺秀，还是小家碧玉，无不生活在纷繁复杂的社会里，对女人而言，如果不掌握一定的社交技巧，一味地按自己的习惯去办事，结果大多与成功无缘。

每个女人都渴望自己拥有漂亮的外表和超强的办事能力，这样的要求似乎有些奢侈，因为一个既有较高“回头率”，又有“成功率”的女人，可以说是相当完美的。漂亮与否，往往不是女人自己能控制的，是父母给的。但是，懂不懂社交，会不会办事却是可以自己掌握的，是可以通过后天的努力来改变和提高的。女人只要努力改变，那么内向的可以变得开朗，纠结的可以变得豁达，一事无成的可以变得卓有成就……

为什么同样的话，有的女人说出来能得到认可，有的女人说出来却会被很多人否定？为什么做同样的事，有的女人能一帆风顺，或者披荆斩棘后胜利在握，而有的女人却屡次碰壁，或者在受到重重阻碍后一败涂地？是因为长相出众、招人喜欢的女人办事就能成功，还是因为关系过硬、门路甚广的女人就一路畅通？其实，这可能只是一部分原因，关键是因为她们把握好了办事的尺度，很会办事。

本书就是以女性为视角，为女人讲解出色的表达方式与必备的办事技巧，以及如何在不同场合展现出自己的魅力和个性，赢得众人欣赏的注目礼！希望通过阅读此书，你能轻松赢得人心，并能充分利用自己的各项优势，取得事业、生活上的成功……

编著者

2011. 9

前言

目录

第一章　展示自我，女人要珍惜自己的印象分

女人在办事的时候先要得到对方的认同，才能顺利进入对方的世界，并从容自如地与对方交往，从而把自己的事情办好，而这一切的获得在很大程度上与女人的外在形象、内在形象以及办事方法相关，这些不仅可彰显个人的修养，也是办事成功的关键因素。

第二章 广结善缘，女人要懂得为办事做好准备

会办事的女人，总是会有意无意地帮别人一些小忙，对别人多一份体贴，这些“润物细无声”的感情投资会让别人铭记在心，产生好感和感激之情，在她们遇到困难的时候，别人就会“涌泉相报”。

第三章 方圆有道，女人的最佳办事哲学

办事有方的女人，总是能最精准地诠释一种中国的辩证哲学——做事要圆，做人要方，或者外圆内方的为人准则。在生活中，不要做太有棱角的女人，也不要做圆滑得让人讨厌的势利女人，只有掌握方圆之道的女人才能在交往中赢得别人的尊重与好感。

第四章　善良感恩，以德感人的女人办事畅通无阻

善良是女人最大的优点。善良的女人就像春风拂面，带给人温暖舒服的感觉。女人拥有善良，她就是美的。女人的善良让人间温暖；女人因善良所受的伤害让人同情；女人因善良为他人所做的牺牲让人敬重。

第五章　攻心有术，女人懂点心理学办事效率高

心理学与女人的生活息息相关，因为心理学能让女人正确认识自己、了解他人、领悟生活，女人应该学一点心理学，并将它们应用到自己的生活和社交中去，让自己更健康、更智慧、更快乐，这样你的办事效率和质量也会大大提高。

第六章 巧借外力，女人要懂得利用他人之力成功办事

每个女人都会碰到事业发展的瓶颈期，上也不行、下也不是，而此时聪明女人的身边总有几个有实力的人愿意帮她一把，使她顺利上升。所以，结交优秀的人，从他们身上“受益”，是每个成功女人的必修课！

第七章　学会掩饰，女人要善于演绎不同的自己

其实，人生有时就像一场化装舞会，每个人都会经过精心装扮，以至于让生活中最熟悉、最亲近的人都会陌生以对，从而兴趣盎然地猜测、追逐彼此。这是所有女人都应该尽早知道的生活真谛。

第八章　以柔克刚，女人善用性别优势办事

男女天性不同，真正聪明的女人并不会逼迫自己天天摆出一副精明干练、强势的模样，而是充分发挥自己的天性，依靠天生的优势去解决问题，赢得大家的认可。因为，一百种心思往往比不过一个女性温柔甜美的声音。而后者，能让女人莫名获得他人的信赖。

第九章　多交友，少树敌，女人行走世间的护身符

聪明的女人都知道，在生活和工作中离不开亲朋好友、同志的支持和帮助，这就要多交友，少树敌，所谓“多个朋友多条路，多个敌人多堵墙”就是这个道理。一个计划的实施、一件事情的完成，如果有人唱反调，或有人背后使坏，可想而知，结果不是充满曲折就是宣告失败。

第十章 知难而上，女人将难事巧摆平

女人在人际交往中，也许会碰到各种各样的困难，面对这些“坎儿”，女人是选择后退，还是前进呢？有时后退未尝不可，但生活大多时候没有退路，女人要想办事成功，就要有知难而上、化难为简的勇气和智慧。

第一章

展示自我，女人要珍惜自己的印象分

女人在办事的时候先要得到对方的认同，才能顺利进入对方的世界，并从容自如地与对方交往，从而把自己的事情办好，而这一切的获得在很大程度上与女人的外在形象、内在气质以及办事方法相关，这些不仅可彰显个人的修养，也是办事成功的关键因素。

第一印象是女人办事的“敲门砖”

心理学家说：一个人成功的因素，85%来自社交和处世。只有学会社交和处世，才能掌握打开成功大门的钥匙。在生活中，我们总是难免与陌生人打交道，可许多人都不懂得怎么与陌生人相处，往往会在不经意间给人留下不好的印象，从此成为社交的障碍。

在与陌生人交往时，第一印象是非常重要的。对于女人来说，给别人留下好的第一印象，会使自己获益良多，并为自己打开一扇与人沟通的大门。

良好的第一印象，首先要从注意衣着开始。现代女性已经越来越重视自己的衣着打扮了，但是也有人并不在乎：“社交和衣着有什么关系？懂得交际才最重要。”其实陌生人见面时最直观了解一个人的途径就是外表，合适的装扮可以让女人获得更多的关注力和亲和力，吸引众人的目光，给人留下好印象。

除了衣着得体之外，你还要做到哪些才能给人留下好印象呢？在进入社交场所前，你要记住这样几个打造良好第一印象的关键词。

1. 主动。在一个新的社交场合，总会有面对陌生人的尴尬，女性可以在社交活动中承担重要的角色。主动与陌生人搭话，主动为他人提供帮助，主动参与众人的交谈……很多人都有害羞的一面，在陌生的场合会把自己真实的一面隐藏起来，这时就需要你热情一些，消除隔阂，倾心与之交谈。这些都可以让你迅速地被大家认识，给朋友留下良好的印象，成为众人乐意结交的对象。

田丽在朋友的圈子里非常受欢迎，她既不是最优秀的那个，也不是最漂亮的那个，但是她人脉很广，大家都很喜欢和她交谈，她常常成为人群中的焦点。周围的女孩子总是不服气，“她长得并不漂亮，怎么就那么受欢迎呢?”其实只要细心观察，就会发现她的魅力来自何处。

一到聚会，大家都会欣然参加，但是并不热心聚会的种种事务，聚会上也只找自己熟悉的人交谈，形成自己的小圈子。但是田丽总是热心参加聚会的组织工作，在聚会上，她不喜欢安静地待在角落，也不会只找熟悉的人。每次在聚会场合，总会看见她在人群之中忙碌地穿梭，自然随和地与素昧平生的人闲话家常，替他们拿吃的、找位置，等等。

陌生人一进入这个圈子，首先认识的人就是田丽。她总是主动和别人打招呼，使得别人很容易对她产生亲切感，即使是较为害羞的人也会自然而然地找她聊天。久而久之，田丽就成了有名的“交际女王”。大家办什么事情需要帮忙，首先会想到田丽，因为她总能找到帮助别人的办法。

田丽是一个典型的例子，不要总羡慕别人朋友很多，人脉很广，关键是要改变自己的行事作风。要想别人喜欢自己，首先要学会喜欢别人。有的时候，我们要消除心防，主动一些，热情一些，迈出第一步，就会给人留下容易接近的印象，从而赢得更多的朋友。

2. 聆听。在首次接触中，要适当聆听对方的倾诉，善于聆听的女性更能得到大家的认可。谁也不喜欢喋喋不休、自顾自说的女人，谁也不喜欢自己在说话时被人打断。善于聆听是给人留下良好第一印象的重要因素。

3. 微笑。微笑是女人的“杀手锏”，人们常说“爱笑的女人运气都不差”，讲得就是这个道理。在学生时代，我们经常发现某个普通的女孩有很多男生追，这个女孩在我们眼里并没有什么过人之处，不过她常常面带微笑，岂不知微笑是任何人都难以抵挡的。与人第一次见面，没有找到合适的话题前，不妨先报以温暖的笑容，这样可以消除陌生人之间的隔阂，让对方如沐春风，给对方留下深刻的印象。

被称为“国际娜”的中国网坛一姐李娜，2011年成为闯入四大国际网坛赛事决赛的第一人，迅速成为世界媒体的新宠儿。在镜头前，我们总能看到她灿烂的笑容，即使是在比赛间隙接受采访，她也总是自信地微笑着。李娜说，从来不给自己压力，因为在场上付出了，不后悔就可以了。

她的这种淡定来源于自信，她自信真诚的微笑和流利的英语给国际媒体留下了非常好的印象，成为中国体坛新的代言人。

中国的体坛名将不少，但是李娜却是最受欢迎的几个人之一，她的“武器”就是自信的笑容。笑容为李娜增加了魅力，使她成了千万人的偶像。

笑容，是传达善意的信使，是照亮别人的太阳。对那些整天都紧皱眉头、愁容满面的人来说，你的笑容就像穿过乌云的太阳，能化解他们的忧愁，帮助他们看到生活的美好。

高雅得体的装扮，自然随和的举止和交谈，灿烂的微笑，都可以给别人留下良好的第一印象，成为女人办事的“敲门砖”。

现代社会，女人的社交活动越来越频繁，一个女人要不断修炼自己，拥有端庄的举止、优美的仪态、迷人的神韵、高雅的气质再加上内在的品格力量，便拥有了打开社交之门的交际魅力，良好的交际能力有助于女人取得生活上和事业上的成功。自信、真诚、谦逊、慷慨、宽容、诚实、独立……这些都关乎女人的灵魂和品格，都会在岁月的历练中增加女人的个人魅力。

智慧女人物语 *Zhihuinürenwuyu*

任何时候，任何场合，都要认真经营自己的“第一印象”，因为第一印象决定了你在一些人心目中的最初形象，而这个形象又是很难改变的。那么，聪明的女人，就从现在开始，注重自己的穿衣打扮，注重自己的言谈举止，以自信的微笑和优雅的谈吐打动周围的人，为你的成功奠定良好的基础吧。

衣着打扮直接影响女人的印象分

女人的衣着是一种无声的语言，传达了很多的信息。初次见面时，别人对你没有过多的了解时，自然会从视觉上对你有一个大体的判断。随意还是拘谨，洁净还是邋遢，高雅还是庸俗……服饰传达了你给人的第一印象，直接影响你的印象分。

如果你看见一个职业女性在出席重要会议时穿了一条牛仔裤，你不会觉得不庄重吗？如果你看见某个女伴穿着职业装参加同学聚会，你不会觉得别扭吗？女人要留意自己的装束，并不一定要穿上最流行、最华丽的衣服，只要在合适的场合穿合适的衣服，让人觉得整齐、干净、舒适、优雅，至于衣服是新、是旧，质料是好、是坏，都是小问题。

在人际交往中，千万不要忽视衣着打扮给人留下的印象。也许你谈吐幽默，也许你举止高雅，也许你自信热情，但是这些只有经过一段时间的交往才能为人所知，你给人最初的印象是你衣着的品位或者头发的颜色，所以，女人最大的忌讳就是不修边幅，随便穿衣。

李静是某公司的高级主管，一次应邀参加一个商业酒会。她第一次参加这样的酒会，所以一开始做了精心的准备。穿什么衣服，配什么样的丝巾，她心里已经很清楚了。

当天，她换上了一套自己精心准备的西服套裙，化好妆，准备出门时突然想到自己没有准备手提包。因为时间比较紧张，她就随手携带自己日常上班用的绒布提包去了饭店。

到了酒会她才发现，别的女士拎的大都是羊皮手提包或缎面的小包，她的提包看上去与现场气氛很不协调，令她感觉浑身都不自在，表现自然大打折扣。上司对她的表现很不满意，说："这次酒会我原想让公司高层认识你，有助于你以后的发展，但是你的表现……"李静非常懊恼。

就是一个手提包，因为带错了场合，给当事人带来了无尽的烦恼。假如事前李静考虑得再周全一些，早早准备好各种配饰，就不会有这种不愉快的结局了。

职场女性的着装，关键是适合，既适合你的身材和工作性质，又和公司的整体着装风格相符。所以，要做一个有心人，经常留意身边大多数同事的着装，相信你很快就会把握最适合你的着装风格，从而帮助你以最快的速度，融入你所在的团队，与人和谐相处。

另外，要十分注意那些重要的小节和细节，从而使你的职业形象更加完美。适当地搭配一些饰品无疑会让你的形象锦上添花，但搭配饰品也应讲求少而精，一条丝巾，一枚胸花，就能恰到好处地体现你的气质和神韵。应避免佩戴过多、过于夸张或有碍工作的饰物，要让饰品真正有画龙点睛之妙。

一位刚到银行工作的女职员非常爱惜自己的指甲，总是留得很长，并到专门的美甲店进行修饰，点缀上亮片。她在办理业务的时候，不管是同事还是顾客都用怪异的目光注视她那亮晶晶的指甲。慢慢她也感觉到别人对她过多的"注目礼"，但是却不知道自己哪里出现了问题。

有一次一位上了年纪的顾客提醒她："姑娘，你留着指甲做事情多不方便呀，我们看了觉得很别扭。"这时她才意识到自己的问题所在。

后来，她剪去了长指甲后，发现人们对她的态度迥然不同了，同事们也说："我们的工作不适合留那样的指甲。"她非常庆幸自己及时剪掉了长指甲。

指甲上的修饰看似是很小的事情，但是也影响着一个人的形象。往往在一些小地方，也许是忘了或未发觉的小事，会令你尴尬。一位穿职业装的女士可能因穿着抽丝的丝袜或牙齿上沾有口红而有失优雅，一位仪表端正的男子的衬衫腋窝处可能留有汗渍或领带上有污渍，使形象大打折扣。注重这些是对他人的尊重，有很好礼仪和修养的女人在任何场合都不会随随便便，她们的穿着总是与所在场合的气氛相协调，尤其是在一些重要的交际场合，衣服上所有的纽扣都必须扣好，有拉链的地方要拉严。

此外，聪明的女人要学会巧妙地选择、搭配服装，穿出自己的个性。比如，穿一件齐膝长的短裙时，短裙最好饰有花边，同时露出小腿，显得妩媚动人；选一双质地好的皮鞋，尤其要注意皮鞋的后跟形状，有些后跟看上去会更迷人；也可以准备一件展现女性魅力的丝质连衣裙或者有中性色彩的白色衬衣。总之不同色彩、不同风格的衣服，经过精心的搭配，就会穿出不一样的感觉，让你焕然一新。但是要记住，精心不代表过度修饰。化妆要淡雅柔和，发式不必过于考究，但是不要随意穿袒胸露背的服装，也最好不要在鼻子、嘴唇或舌头上穿孔戴金属圈。

穿衣打扮是人的一种习惯，因此很容易形成定式。但是，随着年龄的增长，我们的身体也在发生变化，以前的做法现在也许已经不合时宜了。比如，有的女性习惯于每天都喷香水，可后来会吃惊地发现自己喷的香水太多了；在非工作场合中可能被人接受或鼓励的行为或时尚，在职场上却可能会损害你的职业形象。

现实社会中，女性在职场上扮演着越来越重要的角色，她们在各个行业领域内展现着自己的风采，实实在在地撑起了半边天。女人在社会交际中承担着越来越重要的角色，所以女人一定要珍惜自己的印象分，成为一条靓丽的风景线。

智慧女人物语 *Zhihuinürenwuyu*

衣着打扮会在短短的几秒钟内给人留下良好或者糟糕的印象，直接影响女人的交际，所以女人一定要意识到衣着打扮的重要性，把它当做一种终身课程来学习。假如你用心了，就能轻而易举地拿到较高的印象分，你离成功就更近了一步。若不用心，结果就会截然不同，相信聪明的女人一定会珍惜自己的印象分。

学习一点“美女经济学”

俗话说：爱美之心，人皆有之。自古至今，“美女”都不仅是一个名词，它给人美感，引人注目，可以催生巨大的“注意力经济”。

在现代社会，形成了以美女和欣赏美女的人们为目标消费人群的经济模式。经济学家说“美女经济”的出现适应了市场的需求，也适应了大众生活的需求。完善的市场经济需要完美的社会欣赏，利用天生丽质的美女的特殊价值来包装和促进经济是时代发展的一种必然产物，这对人们的精神生活有利无弊。

看看我们的周围：产品经由美女展示，得到无数订单；企业品牌经由美女形象代言，倾倒诸多“上帝”；报刊经由美女做封面，引来大批读者；服务经由美女一说“好”，周围人也都来“享受”。这些都说明，“美女经济”具有其他经济形式难以替代的发展“钱”途。其实，在日常社交中，也处处存在“美女经济学”。很多时候，遇到美丽的女人问路，人们会格外热心，甚至不辞劳苦亲自带路；而美丽的女人犯了错误，总会得到“宽大处理”；在职场，美丽的女人似乎更能赢得别人的帮助。所以，女人要懂一些“美女经济学”，明白“美女好办事”的道理。

每一个聪明的女人都要学会挖掘自身的“投资”潜力，把“美丽”当作“资本”，以“美丽”感染人、打动人，打开社交之门。

国内资深电视节目主持人、千万中国女性的偶像杨澜，有着出众的才华和能力，同时她也有着姣好的容貌。她的形象几乎已成为一种品牌了。

杨澜在写给女儿的忠告中有这样一条：让美貌成为你的资本。她说，在适当的时候让你的美貌掌握足够的发言权。漂亮的外貌并不是每个女孩都拥有的，让漂亮的外貌成为你的资本，在需要的时候用一下，可以帮助你摆脱人生中的一些困境。虽然有时候有人说漂亮的女孩都是花瓶，但是花瓶如果摆在了合适的位置，它就是艺术品。

杨澜的忠告会给大家很多启发吧！要把美貌变成资本，要让美貌为你赢得发言权。但是在这个世界上，不是每个女人都拥有美貌，有的人天生丽质，有的人却相貌平平。但你要知道，这世上没有丑女人，只有懒女人。

美貌除了一部分是天生以外，还有一部分是后天养成的。“懒女人”就是忽略了这一点，浪费了自己的美丽资源，拉开了与美丽女人的差距。从现在开始，让我们变成勤奋而美丽的女人吧。

首先，拿出一点时间和金钱进行“美丽”投资。不管你是职场白领，还是家庭主妇，都要关注自己的美丽和健康，拿出一点时间和金钱为自己的“美丽”投资。你可以每个月为自己分配一部分的服饰基金，金额可以根据自己的收入水平与消费水平来决定，之后定期去商场为自己添置新的衣物，并不需要多么昂贵，起码要适合自己，相信老板和老公都会喜欢衣着时尚、品味高雅的你；每周为自己安排一次美容，美白补水也好，祛斑祛皱也好，总之让自己放松身心彻底地美丽一次。不要把自己埋藏于繁忙的工作和琐碎的家务中，经常去健身房和瑜伽房锻炼一下，女人一生都要为自己的身材负责。对美丽的投资是一辈子的，收益也是一辈子的，女人，一定要善待自己。

其次，保持并利用自己的“美丽”。女人进入社交场合，要善于利用自己的“美丽”。精心打扮自己，给第一次见面的人留下美好的印象，这就是利用自己的“美丽”打开社交之门。在职场上，美丽的女人更容易引人注意，美丽的女人和长相平平的女人（能力相当）同时完成一项任务，往往是美丽的女人先得到人们的认可，也许你会觉得不公平，但这就是现实中的确存在的“美女效应”，所以千万不要做“美女效应”的受害者，从现在开始，让自己变成美丽的女人吧。但是，在任何场合，女人都要谨记：不能滥用自己的美丽。没有能力和涵养，一味靠姿色取悦他人，是不可取的。

湖南卫视自制电视剧《丑女无敌》曾风靡一时，在剧中有两个对比鲜明的角色：丑女林无敌和美女裴娜。林无敌名牌大学毕业，能力很强，工作认真负责，但是就因为长得丑，加上不懂打扮自己，处处受到奚落，付出和回报不成正比。而裴娜面容姣好，身材苗条，又十分懂得打扮自己，从面试那天起就一路先行。但是裴娜却是中看不中用的“花瓶”，工作能力差，态度也差，纯粹靠姿色拉拢上司，最终落得十分尴尬的境地。

裴娜滥用自己的“美丽”，一味地依赖姿色取悦他人其实是非常愚蠢的做法，女人的魅力只有在内涵充实的情况下才能焕发出来。聪明的女人应该是林无敌和裴娜的结合体，美貌与智慧并存，在适当的场合做适当的事情，而不是一味滥用自己的美丽。

其实女人是最了解自己的，自己的美在哪里要靠自己发掘。早上起床洗漱完毕，站在镜前仔细端详自己，也许你的眼睛不够大，却非常有神；也许你的肤色并不白，却非常健康；也许你的五官没有什么出众的地方，但是整体却给人很强的亲和力。不要因为自己不够完美就不爱美，用一点时间和金钱为美丽投资，在“美女经济学”的指导下，你的“美丽”投资终究会有回报的。

智慧女人物语 *Zhihuinürenwuyu*

学一点“美女经济学”，会让你对自己有一个准确的定位，并据此进行必要的投资。你可以不倾国倾城，但是至少要面貌清新，即使不做打扮狂人，也要做个勤奋的女人，让自己与“美女”的称号无限接近。那时，你就会发现，做个美女很幸福。

永远不要给女人的服饰“中差评”

在日常交际中，女人与女人间的交往是非常特殊的。俗话说，“三个女人一台戏”，“有女人的地方是非多”，女人之间的交往比男人之间或者男女之间的交往难度更大。女人作为一个社会角色，她们的和睦相处常常关系到一个小范围或者局部的和谐，甚至也关系到整体和全局的安定。我们常常听说某办公室两位女职员不合，一进这个办公室就会感觉到十分尴尬的气氛。所以说，和谐幸福的家庭往往是有一个好女人，协调有序的社会往往是有一群好女人。

那么，与女性朋友交往时要注意什么呢？最重要的一点就是千万不要妄自评价女伴的服饰，你可以给她以适度的赞美，但是不能给中差评。

有些女人和孔雀有相似之处，她们和自己的同类在一起时，都会不自觉地竞相攀比或炫耀。对比自己优秀的女人，她们往往变得尖酸刻薄；对比自己差一些的女人，她们往往又变得盛气凌人，这两种情况都是不可取的。有些女人会在无意识中指责对方的服饰，评价对方的家庭，以发泄自己的嫉妒或者不屑。这会给人留下非常糟糕的印象。

李冉是学校里最漂亮的女老师，家境优越，有足够的经济能力为自己梳妆打扮，穿衣也很有品位，但这并不能给她带来好人缘。老师们都是工薪阶层，平时不爱在买衣服上花太多钱，穿戴都很普通。李冉在这些女老师之中，很有优越感，经常评价别人的服饰。

在同一个办公室，有一个刚分过来的女老师小刘，性格腼腆，打扮也朴素。李冉时常批评小刘的服饰。“你今天穿的外套是从你妈妈衣柜里掏出来的吧？”“小刘，你要谈男朋友了，怎么打扮这么土呢？”“说实在的，白色搭灰色显得你无精打采的……”每遇到这种情况，小刘都以沉默相对，但是别人都对李冉很有意见。时间长了，老师们都怕李冉评价自己的服饰，自讨没趣，就离她远远的，也因此，李冉在学校里没有一个朋友。

李冉自恃懂得打扮，经常批评别人的服饰，结果却把自己孤立了起来。可见，评价女人的服饰最好有所保留，应多寻找优点并赞美之，这样更容易拉近彼此的距离。要让她知道你是她无须设防的人，你真心把她当朋友。

某县的妇联主席李大姐，因为工作原因经常接触一些女性，调解各种纠纷。她深谙赞美之道，在与女人的交往中游刃有余。每次接触陌生的女性，她总忘不了找一个合适的机会，赞美对方的穿着打扮、身材或者皮肤，交流生活经验。“你这条裙子是什么牌子？你穿着真有气质。”“你穿这身衣服显得真年轻！”无论是什么样的女人，听到这些话都会非常高兴，李大姐也能够顺利地开展工作，而且私下里结交了很多朋友。许多女同志都亲切地称她为“大姐”或“大妹子”。

所以，评价女人的服饰时，要记住以下几点：

1. 最大限度地寻找对方穿衣的亮点并加以赞美。假如对方的服装没有出彩之处，就赞美她的丝巾颜色很高雅；假如对方穿衣的风格不是你喜欢的，你可以表示对她衣服牌子的关注，并适当赞美这个牌子……

当然，赞美之词要真实自然。女人是非常敏感的，她们很容易分辨出真实和虚伪，平实自然的赞美才能让人信服。

2. 不能赞美时就不要评价。也许你是一个非常执拗的女人，不屑于赞美对方的服饰，那么就不要评价。这个做起来很简单，赞美对方浓密的秀发，赞美她包包的款式，哪怕谈论一下当天的天气也好。总之不要轻易给对方的服饰打分，这也许会让你失去一个交朋友的机会。

每个人都有那么一点点虚荣心，不愿意被别人批评。女人之间交往，一定要记住这个信条：“永远不要给女人的服饰中差评。”相信聪明的女人都能做到。

智慧女人物语 *Zhihuinürenwuyu*

女人的美貌和青春很重要，但有的时候，经验和智慧更重要，而有宽容心的女人才能得到真正的尊重和信赖。在与女人的交往中，切忌言辞刻薄，尤其是对女人的服饰，更不要妄加批评。适度的赞美会让你得到尊重，也会拉近你们之间的关系。

女人要善用眼神攻略

相对于男人来讲，女人的心思往往更加细腻，面部表情更加丰富。有的时候，一个眼神，一个微笑，甚至是嘴角微动，就能传达出很多信息，这是女人的优势。在人际交往中，要善于利用这种优势，以眼神传达信息，达到只可意会不可言传的境界。

香港著名歌星蔡琴在歌中唱道："像一阵细雨洒落我心底，那感觉如此神秘。我不禁抬头看着你，而你不露痕迹。虽然不言不语，叫人难忘记。"眼睛不仅可以表达瞬间心灵的感应和波动，还会传递你的人生阅历、生活态度、价值观、喜好和性情。眼神是一种深情的、含蓄的无声语言，可以表达有声语言难以表现的意义和情感。

胸怀坦荡的人，其眼神如无云之苍穹；心地纯善的人，其眼神如澄澈之湖水；真诚实在的人，其眼神如晴空之朗月；机智敏锐的人，其眼神如夜空之灿星……人的目光最能体现其自身内在的魅力。

美国第一夫人米歇尔·奥巴马，在支持丈夫竞选时开始与公众见面，她出现在不同的场合，以具有亲和力的语言和优雅的着装赢得了大批的"粉丝"。虽然媒体有时会批评她的演讲"杂乱无章"，但是不能否认她的自信和亲和力感染了很多人。听过米歇尔演讲的听众说："她的眼神坚定而充满自信，又不乏温情，总是在不知不觉中吸引别人。"

米歇尔作为黑人"第一夫人"，竟然荣升为美国最有魅力人物之一，这不得不让人惊叹。她的眼神传达出来的信息，让她魅力四射。

相对而言，米歇尔并不是大美女，但她却赢得了美国人民的喜欢，帮助丈夫赢得选举，她走的是个人魅力路线，靠的是眼神攻略。女人要想成功，就要善用自己的眼神。

怎样提升我们眼神的魅力呢？很多人在与人交往的时候，目光是躲闪的，缺少自信的，其实没有什么比抬起头来看着对方更能传递自信和个性的魅力了。这里要注意几点：

1. 注视的时间。必须根据所观看的对象和场合把握好注视的时间。与他人交谈时，不可长时间地注视对方。一般情况下，50% 的时间可以注视对方，对东方人来讲有 1/3 的时间注视对方就可以，自始至终注视对方是不礼貌的。在社交场合，无意与别人的目光相遇不要马上移开，应自然对视 1 ~2 秒，然后慢慢离开。女人的盯看或者躲闪眼神都是不妥的，可能会让对方困惑，对方也许会因此对你产生不好的看法。

2. 注视的位置。用目光注视对方，应自然、稳重、柔和，不要死盯对方某一部位，或不停地在对方身上上下打量。而要依据不同场合、不同对象而选择具体目光所及之处和注视的区间。关系较为亲密的，可以注视对方的眼睛和嘴部；在酒会、聚会等社交场合，注视谈话者的脸部，可显得亲切自然；在演讲的时候，目光要始终关注台下，眼神要充满自信，以赢得别人的关注。

有人说，从女人的眼睛可以看到一切，这话一点儿不假。有时候眼神胜过世界上最华丽的词藻，所谓"脉脉含情、暗送秋波"所带来的效果，是任何语言都无法比拟的。正如古罗马诗人奥维特所说："沉默的眼光中，常有声音和话语。"

另外，在一些不适合说话的场合，眼神还可以起到传达信息的作用。

从上述例子我们可以看出，只要眼神运用得好，就会给人留下良好的印象，巧妙地化解生活中的尴尬。女人在交际中，不妨多用用眼神攻略。

遇到失意的人，多说话可能会伤害对方的自尊心，不妨用眼神表达自己的关心；需要展示自己的时候，尽量让眼神充满自信和坚定，让别人相信你一定能做好……这些有时是难以用语言表达的，说出来，反而冲淡了某种特定的味道。

智慧女人物语 *Zhihuinürenwuyu*

传神的目光可以让人感觉到女性的魅力，宁静的目光可以让人体验到女性的稳重，快乐的目光可以让人感觉到女性的青春活力，诚挚的目光可以使人建立起对女性的信赖。在人际交往中，如果你善于借助眼神表达信息，善于从眼神中了解对方，往往会给对方默契和善解人意的印象。聪明的女人不要小看眼神的作用，它能为你打开交往的大门哦！

女人的微笑是最有效的名片

女人在交往中，千万不要忘记微笑的巨大魔力。微笑传递着动人的情感，微笑会使人感到亲切、安慰和愉悦。女人的美丽和迷人，一点一滴蕴涵在微笑之中。作为女人，我们应该经常保持微笑。

想想看，你的旁边坐着一位面带微笑的女士和一位板着脸的女士，你会更愿意与哪一位交往？不管男人和女人都会选择那位微笑的女士作为朋友。在生活中，女人友好、真挚、楚楚动人的微笑，总会散发出无穷的魅力。

微笑是女人最动人的谈吐，在无话可讲的情况下，就保持微笑吧；微笑是女人最有效的名片，也许你的相貌难以给人留下深刻的印象，但是人们谈到你时会说："哦，就是那位爱笑的女士吧。"微笑能让女人变得更加美丽，难以想象，板着的脸、怒气十足的脸、凶悍的脸会令人产生好感。所以，在社交场合，女人一定要微笑、微笑、再微笑。

在女人所有的装饰品中，只有微笑是不用花钱的。无论你是贫穷还是富裕，微笑对你来说都不是难事，但是它产生的效果却会令你受益良多。

陌生人见面时，一个微笑便是彼此心灵沟通的钥匙，它能够打开人们心灵的窗户，减少彼此的拘束，增加信任；朋友心烦意乱时，一个鼓励的微笑，也许就能使他心平气和地走出颓废的低谷；发生矛盾时，彼此一笑，便能"化干戈为玉帛"；分手时，一个微笑，蕴涵了美好的祝愿与悠长的牵挂。

微笑确实能增加女人的魅力，但是有人严肃成习惯了，变得不太爱笑，即使笑也显得十分拘谨。其实微笑是可以训练的，即使不爱笑，也要坚持微笑，总有一天会有意想不到的效果。一位心理学家做过一个微笑训练的实验，他要求受试者每天坚持对人微笑。一个月后，有的受试者说："我原本不爱笑，但从实验开始我每天坚持微笑，我在家庭中和工作中得到的快乐，比过去一年中得到的还要多。现在我已养成微笑的习惯，而且我发现人们也常常对我微笑，以前对我冷若冰霜的人现在也热情起来……"外部的体验越深刻，内心的感受越丰富，有了外部的"笑容"，也就有了内心的"欣喜"。所以，从现在开始坚持训练自己的微笑吧。

首先，每天晚上睡觉前，想想今天开心的事情，然后对着镜子微笑几分钟，最后含笑而眠；早上起来，心中充满对一天的期待，出门前再面对镜子微笑，你会发现因为有了笑容，你的心情也变得好起来。好心情的女人会把这种快乐传递给周围的人，让周围的人和你一起快乐。

其次，在陌生的环境里坚持微笑。女人在生活和工作中，难免会接触或置身陌生的环境。在陌生的环境里，很多人都习惯板起一张面孔，保护着自己所谓的尊严，以免受到来自外界的侵犯和伤害。假如大家都这样保护自己，那么就会使陌生的环境更加陌生。其实，最好的方法就是保持微笑。女人在陌生的环境里保持微笑，是一种心理的放松和坦然，能结交更多的朋友。

最后，女人要杜绝“暧昧”的微笑。在特定场合，特定时间，要把握微笑的时机。对于女人来说，微笑有可能让人家误认为“同意”或者“鼓励”，甚至被人误解为“不屑”。这样的微笑甚至不如不笑。女人一定要把握好微笑的分寸，配合适当的语言，让人清楚你并不是“别有用心”。试想，对方在谈论自己很悲惨的一件事，你却一直没心没肺地笑，是不是也会让人心里难受？在交际场合，绝对要避免这样不合时宜的笑。

微笑是女人交际时的一张名片，女人要学会微笑着应对人和事，时时刻刻珍惜这张名片。当周围的人认识到你的真诚与善良，就会对你打开心门，对你伸出友谊之手，这对于一个女人的成功来说是十分重要的。

智慧女人物语 *Zhihuinürenwuyu*

繁重的工作和巨大的压力都不应该成为严肃的理由。冷漠，构成了陌生的人际环境，制约着心灵的沟通和交流。只有学会微笑，才能让彼此的内心不再疲惫和紧张，并给周围的人带来温暖。用好“微笑”这张名片，女人办事将会更容易。

气质是女人的最佳装饰

不知从什么时候起，耳边常常听到这样一个词——气质。某某虽然长得很漂亮，但是没有气质；某某穿什么衣服都显得很有气质……气质对于女人来说非常重要，在精心打扮自己的同时，女人一定要懂得彰显自己的气质，让自己变成气质美女。

一个人的气质是内部修养、外在的行为谈吐、待人接物的方式与态度等的总和。优雅大方、自然的气质会给人一种舒适、亲切、随和的感觉。

气质是内在的不自觉外露，而不仅仅是表面功夫。一个人如果胸无点墨，那么用再华丽的衣服装饰，也是毫无气质可言的，反而给人肤浅的感觉。

我们身边不乏气质美女的例子，她们身上散发出一种独特的美，这些有气质的女人举手投足之间都让人觉得很舒服，热情而不轻浮，大方而不造作。她们的气质透过外在的言谈举止、衣着打扮表现出来，化无形于有形。

说到气质美女，很多人都会想到赵雅芝。赵雅芝，从20世纪70年代末80年代初至今都是亿万人的心中偶像，她以自己影响了几代人的审美观，被大众誉为最具有中国美的妩媚女子。她的美不仅仅来自美貌，她善良、贤淑、认真、独立，50年来风风雨雨，总是那么坦然淡定。

赵雅芝说："我已经老了，早已配不起'美人'这样的称呼了。我不知道为什么还会有那么多人觉得我依然美丽，我已经50多岁了，早就过了'美丽'的年代了，如果说我现在还不丑，那也只是化妆品的魔力。"其实，美丽就是一种平和、自然的心态，即便不是一个天生丽质的人，只要拥有这种乐观、健康的心理，也一定会很好看。

世上只有一个赵雅芝，她的美也许是模仿不来的，但从她的话里我们会得到更多启示。爱美是女人的天性，但是许多女性只注意化妆穿衣，却忽略了自己的气质、修养，盲目追求时尚。俊美的容貌、入时的服装、精心的打扮，确实能给人美的享受，使人精神愉快，给人留下美感。但这种外表的美是短暂的、静态的、肤浅的，似天空中的流星，倏忽即逝，没有生命力。如果想长久地保持美丽，还是从修炼气质开始吧。

那么该如何培养自己的气质呢？

温柔坚韧的性格是培养气质美的开始。女人的气质很大一部分取决于性格。性格急躁易怒的女人给人的感觉很粗俗，假如在公共场合难以控制自己，更会给人留下糟糕的印象。这就要求女性朋友时刻注意自己的涵养，要忌怒、忌狂，能忍让人、体贴人。那些盛气凌人、傲气十足的"铁娘子"，会使大多数人敬而远之。但是温柔并不代表优柔寡断、逆来顺受，温柔是女人灵活应对周围环境的一种表现，毫无主见的女人很难被大家欢迎。不管是开朗还是内向，都要真诚地面对他人，善待他人，这是另一种善良，它会让你更有亲和力。

要提升自己的气质，除了要穿着得体，说话有分寸之外，还有十分重要的一方面：就是要不断提高自己的知识、品德修养，不断丰富自己。

1. 在社交场合，女人不要变成“话匣子”，要在适当的时间说合适的话。不说并不代表不懂，无知的女人是不会有气质的。不要沉溺于时尚和八卦杂志，可以读一些书，涉及天文、地理、政治、文学、财经，不必深入研究，但是要了解起码的常识。不要只看偶像剧和喜剧电影，看完一笑了之，可尝试看一些文艺片，提高自己的感悟力，思考人生的种种问题。读书对于女人来说总有好处，杨澜曾告诫女性朋友：“多读几本好书、多交几个好朋友甚至养成几个好习惯。二十岁是投资和储蓄的时候，要养足未来的资本。魅力的三十不会从天而降，如果之前的二十九年不够努力，那么过了三十岁也不会有奇迹出现。”

2. 品位决定气质。品位差的女人不会有好的气质，在日常生活中要处处注意提高自己的品位。读灵秀的诗，听美好的音乐，选精美的杂志，看优秀的著作，选择适合自己的品牌……

3. 发展一项爱好或者特长。闲暇时间，女人可以学学跳舞，练练瑜伽，这些都是让你身心放松又保持体型的方式；也可以学习绘画和书法，在书画中浸染诗意，这样的女人会显得与众不同。爱好可以让你更充实，假如爱好发展成特长，就会让你更富有魅力。

4. 结交有品位的朋友。“近朱者赤，近墨者黑”这句古语很有道理，你可以接近一些气质优雅的人，她们会在不经意间感染你，让你在不知不觉中改变。

5. 好的心态造就好的气质。患得患失的女人没有气质，心胸狭窄的女人没有气质，悲观绝望的女人同样没有气质。好的心态造就好的气质，假如你能看淡得失，乐观待之，你的世界就会格外不同，你给人的感觉也会与众不同。

6. 选择自己的气质类型。气质可分很多种，如张扬、灵性、清秀、妩媚、高贵。有些气质是与生俱来的，如果没有天生的气质就只能靠后天培养，比如张曼玉，我们看看她十年前的照片，再看看今天的她，都会惊叹竟会是如此不同的两个人。我们要相信自己能培养出自己的气质，先要了解自己是哪种类型的人，然后再为自己打造后天的完美气质。

气质确实有天生的，但是后天的教育和培养也非常重要，如果在短期内无法改变天生因素和教育背景，你可以试着培养自信！有自信的女子才会美丽，你可以经常对自己说："我是最美的、最有气质的。"在生活中要这样做：接受自己的容貌，信任和关心别人，仪态端庄，充满自信，不要斤斤计较，不要自命清高，不要卖弄聪明，不要忽视仪表。

记住：女人特有的气质在很大程度上决定了其一生的幸福。

智慧女人物语 *Zhihuinürenwuyu*

气质不是时髦、不是漂亮，也不是金钱所能代表的生活方式，它常常是一种纯粹的细节所衬托出来的点点滴滴。气质是能力、知识、情感、生活的一种综合外在表现，来自丰富、深厚的信仰与底蕴。气质是女人的最佳装饰。气质之树只有扎根在文化、人格的沃土中才能枝繁叶茂。所以，气质的养成不是一朝一夕的事情，需要日积月累地修练。

守时的女人离成功最近

在我们的生活中，时常会有这样的事情发生。你和某人约好时间见面，你等了她将近一个小时她还没有出现，你会很恼怒，甚至会想以后再也不见这个人了。

这就是不守时的例子，我们都讨厌不守时的人，所以我们一定要做一个守时的人，守时的女人离成功最近。

在社交中，不守时是十分忌讳的，迟到是浪费别人的时间，是对对方的不尊重，因此也就很难得到对方的尊重了。

李倩是一名财经记者，一直都想采访某投资公司的朱总经理，但是朱总经理时间非常紧张，经过多次联系，朱总经理答应抽出时间，约好周六下午 3 点在公司附近的咖啡厅见面。李倩十分重视这次机会，早早收拾好东西出门了。但是对于那里的地理位置，李倩不熟悉，出了地铁找了好长时间才找到，赶到咖啡厅已经 3 点 15 分了，而且在咖啡厅也没有看到朱经理。李倩给朱经理打电话，朱经理说："我到了，已经等了你 10 分钟，很抱歉，我先走了……"李倩非常生气，觉得不过是迟到了 10 分钟怎么就走了呢。后来李倩说起这件事，同事们提醒她说："这是你的不对，你浪费了别人的时间，哪怕只有 10 分钟。"李倩后悔不已，她失去了一次难得的机会。

守时是一种素质，德国有一句话"准时就是帝王的礼貌"。虽然现代的通信工具给我们的工作和生活带来便捷，但有些人依然不能做到守时、准时。守时就是遵守承诺，按时到达要去的地方，没有例外，没有借口，任何情况下都要做到。女人要想获得成功，就需要这样的素质。不管是在工作中还是在生活中，遵守时间、约定都是必需的。这不是一件小事，它代表了你的素质和做人的态度。如果你不能做到守时，就表示你不尊重别人的时间，那么你也不要期望别人会尊重你的时间。

守时就是遵守职业道德。职业女性更应该做到守时，如果你是一个新人，参加面试时迟到了，那么不管你有什么理由，都会被视为缺乏自我管理和约束能力，给面试者留下非常不好的印象。如果你要在约定时间为公司送一份紧急文件，但是你却因为耽误了时间，给公司造成巨大的损失，那么你肯定会失去上司的信任和更多的工作机会。守时是纪律中最原始的一种，无论上班、下班、约会都必须准时，守时既是信用的礼节，公共关系的首要环节，也是做人最基本的要求。

林菲在一家对外贸易公司做秘书，她做的事情非常繁杂，每天都有数不清的邮件、电话要回，稍微有一点疏忽，就会出错。林菲为了提高效率，总是把一天中要做的事情，按照重要程度和先后顺序一一列出。

这天正好是林菲生日，朋友们约好聚会为她庆生，林菲打开效率手册一一检查后，确认工作都做好就放心下班了。朋友们吃完饭，一起去唱歌，一直到凌晨1点还没有散的意思。这时林菲突然想起一件事，有一家公司等待林菲的一份文件，说是明天上班前必须发到对方邮箱，因为明天一早他们开会要用。林菲赶紧向朋友们道歉，说要回去准备文件。朋友们说："先回去睡一觉，明天上班再发也可以，几个小时就弄好了。"林菲心想对方明天开早会，一定会用到，几个小时可能就误事了。林菲坚持回去，并承诺下周请朋友们吃饭表达自己的歉意。林菲回到家中，熬夜整理出文件并发到对方邮箱，第二天对方打电话来表示感谢。

也许只是几个小时，对方的会议可能就会推迟，甚至会造成更大的损失，林菲在约定的时间内发出邮件，正体现了她的职业素质，当然林菲若在下班前做好这件事就更好了。

在守时方面，女人要记住一些原则。在参加拜会、会见、会谈等活动时，应提前做好准备，正点准时到达；参加招待会、宴会、聚会等，可正点到达或略迟两三分钟，千万不要超过10分钟，迟到时间太久了会打断正在进行的活动和谈话，对人是十分不礼貌的；对于特别正式、隆重的大型宴会千万不要迟到，行前要考虑好种种因素，有所准备；参加会议、听演讲、出席文艺晚会等，应提前到达，因为这些活动都是准时开始的，提前到达找到自己的座位，会节省工作人员更多的时间。对于一些私人的约会，特别是比自己身份重要和职位高的人，千万记住不要迟到，最好提前几分钟到，即使是好朋友之间的约会，也不要耽误朋友太长时间。记住，准时只是守时的下限，早到5分钟更好。但是也不要早到很久，比如早到半个小时就会给别人一种压迫感。如果你因为特殊原因不得不失约，则应该提前打电话通知对方，向对方表示你的歉意。

一般女人出门前要用比男人更多的时间，化妆，找衣服，选择搭配的丝巾、首饰、皮包等。如果第二天要出席重要的场合，女人要提前准备好要穿的衣服，选好鞋子、包包；另外，临睡前检查一下化妆品是不是都在梳妆台上，洗手间里是不是还散放着重要的东西？把需要带的文件放在显眼的位置，提前查好路线，给手机充好电，这些都是一个办事效率高的女人应该做到的。到第二天早上要预留更多的时间洗漱化妆，假如在不堵车的情况下用一个小时能到目的地，那么你在路上就要多预留半个小时。世界上有太多意外，搭车会迟到，等电梯也会迟到，所以时间一定要充足。

如果这样做，你还是迟到了。你一定要想办法弥补，不要找一堆理由掩盖自己的过失，最好的办法是真诚地道歉，并争取弥补过失的机会。

时间与生命息息相关，珍惜时间就是珍惜青春、珍惜生命、珍惜机会。聪明的女人，一定不要做浪费别人时间的人，因为那也是浪费自己的机会。

智慧女人物语 *Zhihuinürenwuyu*

守时看起来是小事，有时却会对你的形象产生很大影响。在交际中，女人要想为他人留下一个好印象，必须学会守时、做到守时，这样才能离成功更近一步。一个守时的女人，能赢得他人的尊重，也能为自己赢得机会。千万不要输在“不守时”上，那样你肯定会后悔。

知性、理性、感性三性合一的女人魅力无穷

女人是情感动物，所以感性是女人身上非常鲜明的标签，但是随着女性在社会生活中的作用越来越重要，许多“女强人”产生了，她们更加理性，常常像男人一样思考问题。一听“女强人”这个称呼，我们就会觉得缺乏魅力和亲近感，让我们想起冷漠、专制、规则等词语。除了感性和理性，女人还需要一点知性，知性介于感性与理性之间，是一种文化涵养自然散发的气质。人们不喜欢哭哭啼啼的哀怨女人，但也不欢迎冷若冰霜的

女强人，只有知性、理性、感性三性合一的女人才最有魅力。就像《美人心计》中的窦漪房，美丽、聪慧、善良，在后宫中生存，却心存悲悯、善待他人，最终成为一代国母。

知性的女人有文化、有涵养，有一种高雅的外在气质，让人一看就觉得很舒服。相对于感性，知性的女性更加聪明敏锐，不滥用感情，并能扮好自己的女性角色。知性女人，是成熟、睿智、大气的。

理性就是能看清事态和物质的本质，有针对性地作出判断和决定的行为。生活中不乏让人们失去理性的事情，如发生车祸了，当事人死亡，家属就去打司机，这些都是冲动的表现。而理性的做法是认识到对方带来的危害，把握整个事态，按照合法的手续来执行，而不是用暴力解决。理性的女人是十分冷静的，她能在有利的环境中发现自己的弱势，绝不得意忘形，能在不利的环境中寻找反败为胜的机会。这需要女人遇事认真思考，不感情用事。

心哲和咪咪都是公司的销售主管，为了争销售第一，两个人竞争非常厉害，私下里关系也十分紧张。一次偶然的机会，咪咪的客户来公司考察，而咪咪正好出差了，所以公司就指派心哲接待了这个客户。在考察的过程中，心哲与客户建立了良好的关系，并争取了一个大单子，在咪咪回来之前客户就与公司签订了合作合同。因为这个大单子，心哲还受到了总裁的表扬，然后被定为销售总监的人选。咪咪回到公司，听说了这一切，非常生气，到心哲的办公室大吵大闹，还把一杯水泼到心哲的衣服上。正好在这时总裁带着合作伙伴参观公司，这尴尬的一幕给公司带来了十分恶劣的影响。第二天，咪咪就被炒了鱿鱼。

咪咪的做法是职场的大忌。面对已成定局的事，她感觉自己是“受害者”，于是失去理性，感情用事，最后受伤的还是她自己。

感性是遇事时在处理中以个人情感为依据的心理过程。和理性相比，它没有理性的深度思考和琢磨。但是有时候女人需要感性，只知冷静分析思考的女人总是缺点儿人情味。感性的女人感情细腻，对生活过的地方、工作过的公司都有感情，即使成为叱咤风云的成功人士，也愿意伸手帮助那些需要帮助的人，对老朋友充满眷恋，这样的女人总能让人感觉到温暖。

知性是内涵的外化，理性是冷静的思考，感性是情绪的外露，三者相互制约，相互辉映。一个完美的女人，三者缺一不可。

萨利·克劳切克30岁就被金融杂志《机构投资者》连续3年评为"全明星分析家"。在《财富》杂志的封面标题上，她还被称为"华尔街最后一个诚实的分析师"。40岁后，在《财富》杂志"世界最具势力的女性企业家"排行榜中，她被选为第9名；她也是时事周刊《时代》选出来的"全球15位最有影响力的企业家"之一。

这样一位职业女性，行事作风却非常感性。她幽默机智，性格坦率，善于处理各种人际矛盾和纠纷；当危机来临之际，她懂得调整自己的心态，用鼓励带动身边的人；假如有下属出了一点小问题，她会在第一时间发出邮件问候，这些都让她聚集了更多的人气。不管是下属、上司还是合作者，都愿意与这样一位有人情味的职业经理人相处。

萨利·克劳切克简直就是成功女人的典范。作为金融分析师，必然拥有理智的大脑，同时她开朗、坦率，深得合作者的喜爱；她拥有美丽的容颜，浑身散发着女人味，吸引了众多媒体的关注。萨利·克劳切克就是一位知性、理性、感性三性合一的完美女人。

怎样才能做到三性合一呢？这对女人的要求是非常高的。女人在管理好自己的仪容的同时，还要让自己的大脑充实起来，平时多读一些好书，接受艺术的熏陶；要经常打扫内心的尘埃，不要让孤独、哀怨、愤怒等不好的情绪所左右；要有意识地锻炼自己的理性思考能力，遇到事情不要慌乱，也不要很快下结论，因为在事情发生的那一瞬间大脑往往是混乱的，冷静一段时间后再做决定也不迟。做三性合一的女人，并不是一朝一夕的事情，要经过长时间的修练，让这种行事作风成为你的习惯。总有一天，你会发现，周围的人看你的目光不一样了，你已成了人们眼中最有魅力的女人。

智慧女人物语 Zhihuinürenwuyu

女人的眼神中流露出沉着、智慧和些许不刺人的锐利；穿着得体、饰物精致，有一种不张扬的优美；说起话来，声音和缓，条理清晰，用词精准，同时又充满感性和热情，这就是知性、理性、感性三性合一的女人，这样的女人是最有魅力的女人。

聪明女人能通过说话获得对方好感

语言的含义十分丰富，而说话更称得上一门艺术，能赢得大家好感的女人一定是会说话的人。女人一定要认真对待说话这门艺术，先学会“说话”。

俗话说：“酒逢知己千杯少，话不投机半句多。”在生活中，我们往往会选择说话投机的人做朋友，有时我们也会因为售货员一句不合适的话放弃一件心爱的衣服。说话在人际交流中占有十分重要的位置，合适的话语会拉近两个人的距离，能展示自己的与众不同，会让所有的人认识你，让你结交更多的朋友。聪明的女人要学会通过说话获得对方的好感。

1960年，法国总统戴高乐偕夫人访问美国。尼克松为他们举行宴会，宴会之前，尼克松夫人费了很大的劲布置了一个美观的鲜花台：在一张马蹄形的桌子中央，鲜艳夺目的热带鲜花衬托着一个精致的喷泉。戴高乐夫人一眼就看出这是女主人为了欢迎他们而精心设计制作的，不禁脱口称赞道：“为举行一次正式宴会，女主人要花很多时间来进行这么漂亮、雅致的计划和布置吧？”尼克松夫人听了，十分高兴。事后，她说：“大多数来访者要么不加注意，要么不屑为此向女主人道谢。”自此，戴高乐夫人给尼克松夫人留下了美好的印象。在以后的岁月中，不论两国之间发生什么事，尼克松夫人始终对戴高乐夫人保持着良好的印象。

细心观察对方的付出并给予赞美，这就是说话的艺术，所以戴高乐夫人一句简单的话就赢得了美国第一夫人的好感。但是，并不是每个人天生就很会说话，与外界接触较少或者刚刚走出校园的大学生们，也许很难一下子适应社交场合，这就需要他们不断地实践和摸索。有的女人认为，办事最实在，会说话岂不是“花言巧语”？其实说话的艺术并不仅仅指说“好听”的话，说话是一门高深的学问。初入社交场合，要记住一些原则。

1. 首次见面做好自我介绍。有人在自我介绍时，只简单地把名片递上或简单地说出自己的名字或姓，其实这是浪费了给人留下好印象的绝佳机会。女人自我介绍的本事越强，就越能引起他人与你交谈的兴趣，应善于把握自我介绍的机会，清楚地介绍自己的名字。名字在聚会场所中代表一个人的独特性，在介绍名字时，应该正确告知对方念法和写法。另外，还要简单地介绍自己的背景、爱好、兴趣等，这些信息是你们日后交谈的“谈资”。

2. 选择愉悦的话题。愉悦的话题是很快与对方建立良好关系的技巧之一，可以使谈话自然顺畅地展开。没有人会喜爱闷闷不乐的人，没有人想听你述说不幸的命运。假如你新结识的女伴，一上来就和你抱怨她的婆媳矛盾、夫妻危机，相信你肯定恨不得马上离开。社交场合应该是令人身心放松的愉悦之地，选择能烘托气氛的轻松话题是最明智的。因为沉重的话题往往会使大家心情不快，有争议的话题又容易引发冲突。

3. 优雅的谈吐很重要。在交谈过程中，谈吐也很关键，女人优雅的谈吐就像整洁的仪表，会使人觉得十分愉快。这包括谈话时的眼神、动作和用词。不要做那些令人讨厌的举动，如在谈话时从不看对方的眼睛，而是看自己身后或周围是否还有其他更重要的、更值得与其交谈的人物；或是盯着人家的服饰漫不经心地说话；更不要用比你年轻得多的人常用的俚语，最好不要夹杂外语。如果你能习惯运用文雅的辞令，即使偶尔开个玩笑，说些俏皮话，对方仍能够感受到你内在的涵养和气质而乐于与你交谈。

4. 不要自说自话，要投其所好。唠叨是女人易犯的通病，在社交场合，女人要时刻提醒自己，不能“婆婆妈妈”。有的女人话格外多，反反复复，述说着自己的喜乐哀愁，也不管别人爱不爱听，一直讲个没完，沉溺于一时的宣泄中，搅乱了别人的情绪，这样的女人是很不受欢迎的。聪明的女人在与人谈话时，首先是个好听众，其次又能随时注意对方的反应，从而调整谈话内容，而不是一味地自说自话。

5. 善于运用礼貌语言。礼貌是对他人尊重的情感外露，是双方相谈投机的基础。人们对礼貌的感知十分敏锐，说话有礼貌的女人会得到大家的尊重。

在某城市，有一路公交车非常出名，因为车上有一位非常优秀的女售票员。这位售票员相貌平平，但是非常受欢迎，因为她说话非常有特点。她说话非常温和，从来不对乘客发脾气，总是“请”字当先，“谢”字结尾。如：“请哪位同志让个座，照顾一下这位抱婴儿的女同志。”有人让座后，她便立即向让座者说：“谢谢！”再如：“请出示月票。”然后说：“谢谢，请您把月票收好。”有时候天气变冷，她会亲切地提醒大家多穿一件衣服，有时候天气预报下雨，她还提醒大家出门带伞。这样，使整个车厢的乘客都感到温暖，气氛和谐，在她的感染下，车厢中也没有吵架、抢座这样的事情发生。

售票员的说话方式让乘客如沐春风，假如在生活中我们也能这样说话，也会轻而易举地赢得别人的好感。

6. 灵活运用聆听的技巧，使对方觉得你是一个好的谈话对象。

智慧女人物语 *Zhihuinürenwuyu*

会说话的女人好办事。在社交场合，一定要注意自己的言谈举止。不同的场合，应选择不同的话题，使用合适的词汇；要耐心地倾听别人说话，并表示出兴趣。另外，还要巧妙运用自己的动作、表情和感叹词等。女人学会了说话，在社交场合就能如鱼得水，赢得他人好感，为自己的成功铺平道路。

不随便与他人争是非

我们常常看到这样的情景，两个女人在公共场合争论不休，发展到严重的程度，竟然会破口大骂，大打出手。原因不过是我挤了你一下，你踩了我一下。虽然我们在心中常常会看不起这样的女人，但在生活和工作中，我们也常常会陷入这样的争论。一件小事，非得争出谁对谁错，结果让别人看了笑话，也丢了自己的面子。所以，聪明的女人，一定不要随便与人争论是非。

争论是非是情有可原的，有些时候，如果我们认为一件事是对的，我们就会相信它的正确性，如果有人对我们的看法有了质疑，我们就会很反感，会想尽办法去辩护。

生活中的是非都是小事，无非超市几点关门、某某明星长得怎么样等问题，对错都无关紧要。有的时候，女性在职场受到歧视，就是因为女人留在别人心中的斤斤计较的形象。我们把自己的注意力都放在了一些小事上，就没时间去思考其他事对我们的意义了，因为我们过于计较小事的对错和是非，就会把自己的热情和能量都释放到这里。最后分清了对和错，又怎么样呢？对工作、对家庭会有更大的好处吗？

生活不是辩论赛，有时候争论会使你陷入更无助、更孤单的境地，固执的争辩是没有意义的，反而会使问题更加严重化。

商场里一位女士站在某品牌服务台大声质问销售员："我有贵宾卡，明明能打八折，这次怎么不能？"销售员道歉说："您刚才没有出示贵宾卡，我没有办法打八折。"这位女士一下子提高了嗓音："那你不能查一下吗？你们电脑没有备案吗？"说着就指着另一位销售员："上次就是她给我打的八折！”争吵声引来了经理，经理劝解说：“没关系，我们马上给您查会员号，还可以打八折的。”这位女士反而更加生气，大声嚷道：“好像是我要讹你们，你们这是什么服务？”她争论的声音吸引了很多人，那位经理非常冷静地说：“女士，您这样大声有什么意义吗？您小点声说话我们也能听见。”

购物的女士显然把自己放在“上帝”的位置上，但是“有理不在声高”，对方已经道歉并着手处理了，就没有必要争论下去了，否则最后只能让自己处于尴尬的境地。

林肯曾经说过：“要想有大作为，就不要在小事上与他人斤斤计较，失去自制。在冲突的事情上，不妨谦让对方一下，这样做有百利而无一害。”聪明的女人，在社交场合，要记住：“永远避免正面的冲突。”

有的女人容忍不了不同的意见，但是不妨换个方式思考问题。不同的意见可以使你避免错误，你甚至可以为反对者关心你的事情而真诚地感谢他们。任何肯花时间表达不同意见的人，必然和你一样，对同一件事很关注，既然你们的关注点是一样的，那么就能做朋友。所以，争论也许是一次把对立者转换成好友的机会。

假如在公司，经常有人与你争论是非，那么要思考一下问题是不是出在自己身上。爱争论的女人几乎都有气量小的毛病。那怎样才能克服气量小的毛病呢？

首先，要提高自身修养。“往事如烟俱忘却，心底无私天地宽。”要想改掉自己心胸狭隘的毛病，就要加强个人的思想品德修养，遇到与个人得失、荣辱之事有关的事，要经常想想周围的人，问问自己：“这样争论有必要吗？”“对我们两个人有好处吗？”这时，心中的结也就解开了。

其次，用知识充实自己。一个人的气量与知识面有密切的关系。一般来说，一个人的立足点会随着知识的增多而提高，知识面扩大了，眼界也会相应开阔。此时，就会对一些身外之物拿得起、放得下，而且也会看得开，这样才会使自己的情绪好起来。在这件小事上，你和他人有不同意见，你大可以一笑了之，承认他人是对的又怎么样呢？这并不有损于你的形象，反而显示出你的宽容和大度。

雨果说过："世界上最广阔的是海洋，比海洋更广阔的是天空，比天空更广阔的是人的胸怀。"懂得宽容，减少争论，生活会变得更加美好，更加和谐。

当我们遇到争论的情况，可以这样做：与容易冲动的人打交道，说话做事要非常小心，不要因为某一个词语或一个手势而触犯别人的忌讳，造成沟通障碍。发生争论时，要保持冷静，反复告诫自己，哪些话不要说，哪些事不要做。假如你的合作伙伴正在抨击你心目中的偶像，你真的要站出来维护你的偶像吗？那可不是聪明女人所为哦。

智慧女人物语 *Zhihuinürenwuyu*

随便与人争论是非，往往暴露出女人粗俗狭隘的一面，特别是在公共场合，为了一些鸡毛蒜皮的小事大声争吵，是非常不明智的，除了吸引更多的人围观以外，没有任何好处。在好友之间，或者生意伙伴之间，争论是非更是没有必要，正确的自会被证明是正确的，没有必要让所有的人都赞同你。斤斤计较只会让你失去更多的朋友和机会。

第二章

广结善缘，女人要懂得为办事做好准备

会办事的女人，总是会有意无意地帮别人一些小忙，对别人多一份体贴，这些“润物细无声”的感情投资会让别人铭记在心，产生好感和感激之情，在她们遇到困难的时候，别人就会“涌泉相报”。

长期进行感情投资

在现代社会，女人理财已成为一种时尚，有人投资股票，有人投资楼市。但是对女人来讲，还有一种十分重要的投资，那就是感情投资。感情投资，顾名思义，就是用感情来代替其他一些具有价值的投资资本来进行投资。其实在这个人情社会，感情投资才是一切投资的最终境界，通过金钱、实物等投资出去的，无形中已经转化为感情投资，得到的回报也有意无意地体现在感情当中。

许多成功的企业家都懂得感情投资，感情投资是最有效的投资策略。日本麦当劳董事长藤田田著有一本很出名的书——《我是最会赚钱的人物》，在书中他说道："感情投资是在所有投资中，花费最少、回报率最高的投资。"

会办事的女人，懂得长期进行感情投资，看望生病的同事、为客户制作节日卡片、帮助上司生病的孩子联系医生……这些看起来都是非常小的事情，但是时间久了，她必然会积累很多的人脉，当她需要帮助的时候，一定会有人伸出援助之手。有的女人所处的位置比较高，那么更需要真诚关心下属，处处为下属考虑，这些感情上的付出，也许不像物质那么直接，但是可以捕获人心，让人心甘情愿地为你工作。

日本松下电器总裁松下幸之助有"经营之神"之称，从他生活中的小细节就可以看出他深谙感情投资之道。

有一次他在一家餐厅招待客人，一行六个人都点了牛排。等六个人都吃完主餐，松下让助理去请烹调牛排的主厨过来，他还特别强调："不要找经理，找主厨。"助理注意到，松下的牛排剩了一半，心想一会儿场面可能会很尴尬。主厨来时很紧张，他担心地问：“是不是牛排有什么问题？”松下和蔼地说：“烹调牛排，对你来说已不成问题。但是我只能吃一半。原因不在于厨艺，我已80岁了，胃口大不如前。”主厨与其他的五位用餐者面面相觑，过了好一会儿才明白是怎么一回事。松下接着说：“我当面和你谈，是因为我担心当你看到只吃了一半的牛排被送回厨房时，心里会难过。牛排真的很好吃，你是位非常出色的厨师。”

那位主厨听到松下先生的说明，觉得备受尊重。客人在旁边听见松下如此说，更佩服松下的人格，更愿意与他做生意了。作为他的下属，看到老板时刻以真情关怀别人的感受，心也将完全被捕获。

松下只是说了一番话，就赢得了所有人的尊重，看似很小的投资，却获得了巨大的回报。松下不是一时心血来潮才这样做的，在他漫长的商场生涯中，他一直都很注重感情投资。

女人一定要记住感情投资是长期的，甚至是不求回报的，要用你的真心换取别的真心。这不需要太雄厚的物质基础，也不需要花费太多的心思，“润物细无声”，一点一滴积累就可以了。日久天长，这些投资终究会有回报的。

姚虹大学毕业后在北京一家公司工作。她觉得只要自己能力强，就没必要刻意与老板拉关系。时间久了，她成了公司有名的清高之人。有一次，姚虹和男朋友逛街遇到一个小乞丐，她不仅给了他50元钱，还关心人家半天。男朋友便笑着说：“对一个不相干的人你投入这么多感情，但对每天与你朝夕相处的上司你却吝啬多说一句话。他是上司，但也是你的同事啊！”姚虹突然意识到自己原来的想法是错误的，老板也是人，也有软弱的时候，也需要别人的关心。

从此以后，姚虹改变了自己的态度。她开始向上司微笑；赞扬他得体的穿着和良好的决策；记住他的生日，到他生日时不忘说一句“生日快乐”。在与上司的接触中，姚虹慢慢理解了自己的上司，开始站在上司的角度去思考问题，许多心结都慢慢解开了。因为她能力较强，和上司的关系也很融洽，一年后，有个去国外培训的机会，上司便推荐了姚虹。

姚虹的转变给自己带来了好处，感情投资也有了回报。假如她还是一味地清高，也许她的职场就不会那么顺利。在职场，女人清高要不得，要适当放低姿态，进行长期的感情投资。

有的人觉得感情投资就是施一些“小恩小惠”，然后可立竿见影，这样想是不对的。目的性太强，会让当事人觉得很不舒服。感情投资的回报是长远的，人脉的打造也不是一朝一夕的事情。

另外，感情投资不要太滥，要注意度和量。频繁地接触一个人，会让人感觉是在讨好，甚至会给人带来心理负担，所以要注意度和量。特别是女性的角色比较特殊，如果对男同事、男老板表现得过于亲密，会让人产生不必要的误会，造成许多不愉快。假如男老板是“妻管严”，就不要在生日、节日时赠送女性化色彩浓重的礼物，不妨在工作中多给予一些帮助，这样可以避免不必要的麻烦和纠纷。

懂得进行感情投资的女人，会让人觉得她热情而又善良。懂得祝福别人的女人也会得到更多的祝福。长期坚持感情投资，积累人脉，当你遇到困难的时候，自然会有人伸出援手。

智慧女人物语 *Zhihuinürenwuyu*

就现在社会来看，有时金钱买不来的东西，用真情却能得到。感情投资投入虽小，但是收益却很大。女人要想在社会上立足，必须有自己的人脉。人脉就是古语所说的“人和”。想要创造“人和”的局面并稳定、长期地保持下去，最好的办法就是进行长期感情投资。

“废话”也有其好处

很多时候，“废话”是人际关系中不可缺少的，很多美丽的故事都是由“废话”开始并累积而成的。许多女人不是太明白这个道理，矜持的女人不应该是少说话的吗？啰唆的女人不是很讨人厌吗？

其实过度矜持就是冷漠，说话太多才是啰唆。“废话”也有其好处。

潘莎大学毕业后与同学合租了一套一居室的房子，然后开始到处奔波找工作。她早上出门时总在楼前碰到一个遛狗的老太太，见面多了，潘莎就主动打招呼：“早啊，狗狗长得真漂亮！”“今天空气真新鲜。”老太太每次都微笑点头。有时偶尔在小区遇到，潘莎就帮老太太拎东西。时间久了，老太太就问一些问题，比如老家是哪里呀，工作找得怎么样了。潘莎的同学见了还怪潘莎话多，说：“跟一个老太太有什么好聊的？”潘莎说：“我每天都见她一个人，就想跟她说说话。”

这天，潘莎去一家大公司参加笔试，觉得非常不好，垂头丧气地回来了，正好在小区遇到老太太，老太太看她这个样子，就问：“怎么了？姑娘，不顺利。”潘莎说：“笔试都通不过，肯定没有面试的机会了。”老太太仔细地询问了她所应聘的公司的名字，然后拍拍她的肩膀走了。第二天潘莎就接到面试通知，这让她感到十分惊喜。老总亲自面试潘莎，说：“本来以你的笔试成绩是没有资格参加面试的，但是我母亲向我强烈推荐你，她说你非常懂事、热情，我也觉得很满意，你在一周内尽快来上班吧。”原来那位老太太就是总经理的母亲！

人们都说潘莎十分幸运，能和总经理的母亲住在同一个小区，但是为什么潘莎的同学没有和老太太建立交情呢。交情是从废话开始的，潘莎无意结识总经理的母亲，只是对经常见到的人礼貌性地搭讪，慢慢建立了交情，在关键时刻得到了帮助。有时候，“今天空气真新鲜”之类的废话还是要说的。

“今天天气真好!”这就是一句废话。但是包括国家元首在内的问候都可能是这句话。每个人活在同一个空间里，都知道今天天气好不好，可是为什么有人就要说出来呢？其实说这句话的目的就是要引申出其他更多的意思，包括心情好不好，想不想活动等。于是乎，后面就有了对答：“嗯，今天天气真的很好!”“想不想去哪里玩?”“本来准备去郊游。”“可为什么没去呢?”“手头工作太紧张了?”“是吗？你是做什么工作的?”“电子商务”……废话可以引出这么多东西，有助于进一步交流，甚至建立友谊。聪明的女人可以靠“废话”摸清对方的喜好、性格等，可以靠废话沟通思想，促进感情交流。

另外，废话可以让人更加快乐。有心理学家做过统计，说的话有90%以上是废话的人感到比较快乐；说废话少于50%的人，快乐感便不足。在心理咨询门诊，有很多很内向的人，他们之所以患心理疾病，就是因为他们废话太少，交不到朋友，没有地方宣泄感情。这种现象在女性的生活中也是比较常见的，她们觉得失礼是最大的事，怕讲错话失礼，所以尽量不讲话，以至于更加不愿意讲废话，结果交不到朋友。其实人们在交流的过程中，废话发挥着特定的作用。

大家常常看到这种情景。酒桌上，几个人有这样的对话。“我们是不是兄弟?”“是!”“是不是比亲兄弟还亲的兄弟?”“是!”“有了困难你给兄弟说不说?”“说!”在车轱辘般的废话中，快乐产生了，信任和交情建立起来了。你不得不承认废话的好处。

女人要在合适的场合说一些必要的废话。在严肃的场合，最好说一些天气之类无关紧要的废话；和男人不要有太深入的探讨，可以问“吃了吗?”或者直接说“早上好”“晚上好”；和女人可以说一些服装的品牌，皮肤的保养，适当的夸奖也是不错的。不要有太强的目的性，即使是在电梯经常遇到的保洁阿姨，也可以问候几句，她可能帮不上你什么忙，但是多一个朋友多条路，尤其是成功的女人需要更多的朋友。

在生活中有的女人不爱说废话，有的女人嫌别人说的废话太多。在此提醒女性朋友，当觉得别人“废话”多的时候，也请反思一下自己是否变得冷漠，是否真的言行有失。其实所谓的“废话”就有时也包含着真诚、热情、与人为善，所以我们要善于运用“废话”。

智慧女人物语 *Zhihuinürenwuyu*

“废话”的含义并不明确，可是“废话”却不可少。语言是人类最重要的沟通工具，而语言本身却并不一定完全都趋于某种目的，没有目的的语言，更能让人亲近，更能让人信任。所以，生活中，废话多的人总能让人感到亲切，使人愿意接近并总能让人羡慕他们，感觉他们是开心、快乐、幸福的人。因此，你要想成为一个快乐、幸福、有许多朋友的女人，一定要讲好“废话”。

不做“平时不联系，一联系就有事”的女人

说不准哪天，我们会接到这样的电话，“小陈吗？我是欣欣，最近怎么样呀？工作还顺利吧……”这个欣欣已经五六年没有来电话了，怎么突然联系上了？果然，一阵寒暄后，欣欣开始说：“哦，小陈，听说你男朋友在某某地产公司，我们这儿有个设计案，想与他们接触一下。你男朋友做到什么职位了……”原来如此，现在想起来了，原来干吗去了，我们听了不免有些生气，可能也不会给她太多帮助的。但是想一下，我们平时有没有这样做过呢？觉得无关紧要的人不联系，等到有事需要帮忙的时候，才找出一张放在角落里的名片。

这可是交际中的误区哦，千万不要做“平时不联系，一联系就有事”

的女人。

女人想拥有良好的人际关系，就要经常联系朋友、同学和熟人，经常见面，不要等到有事时才来联系。心理学家研究得出结论：经常见面，彼此的好感才会增加；但如果是印象不好的人，那么经常见面反而会更讨厌他。所以，我们可以这样做：第一，要想和谁增进感情就经常跟他见面；第二，尽可能地接近他；第三，在这个过程中不要引发不愉快的事情。

大学毕业时，大家都在忙着找工作，而张敏却早早就签了一家很不错的公司，同学们都觉得很惊讶。按照常理，没有经验的应届生是很难进入这家公司的。同学们问起张敏，张敏说是一位师兄介绍进去的。原来大一的时候，张敏参加了学校的骑行社团，每周骑自行车去郊外。在活动中，她结识了正在上大三的一位师兄。因为相处愉快，两人互留了邮箱地址和QQ号。后来师兄毕业了，张敏还送给他一个U盘作为留念。3年来两人的联系已经很少了，但是张敏见到他都会问候一下，到各种节日还会制作电子贺卡。毕业前夕，师兄问她工作找得怎么样，张敏把自己的苦恼告诉了他，师兄说："我这里有个机会，工资不是很高，但是很锻炼人，你愿不愿意来?"张敏喜出望外。原来师兄已经成为某家公司的项目主管，能给张敏提供一个岗位，张敏十分顺利地解决了自己的就业问题。

看似幸运的张敏，其实是因为在不经意间为自己打造了人脉。很多学生刚刚走出校园，还不懂得人脉的重要性。所以要像张敏那样，经常与熟人保持联系，人脉广了，机会就会更多一些。

作为职场女性，即使你现在没有找工作，似乎也没有事情需要别人帮忙，但是关注关系网也应该是你日常生活的一部分，至少要每周或定期地和关系网的成员联系。你永远都不能预知自己什么时候要找找别人帮忙。如果你有一个关系网，并且一直都保持联系，那么，利用这个关系网要比你从零开始简单得多。

即使你没有太多时间和关系网内的朋友见面，或者根本没见过面，但是给他们发封邮件并不需要花很多时间。保持联络是很有益的，这样不仅可以知道他们生活或工作上发生了什么事情，将来有一天如果你需要帮助或建议的话，他们也可以帮上忙。

如果可能的话，亲自去见见平常只在网上联系的人也是有益的。尤其是你能够将一个人的名字和个性对号入座的话，这样的见面就更有意义了。比如，在各地旅游的时候，挤时间出来和平常只在邮件和电话中联系的朋友见见面，喝杯咖啡，或一起吃顿午餐。

随着成长，我们会认识越来越多的人。但是，见过一次面后就中断联系，那么印象再怎么好，也不会有交集了，何谈帮助呢？女人切记不要做下面四种人：第一种是平时没事时连一通问候电话都不打，只在有困难的时候跟你套近乎的人；第二种是过得很好的时候一点消息也没有，郁闷的时候就打来电话诉苦的人；第三种是只在自己需要帮助时才联系的人；第四种纯粹是在需要你推荐或介绍的时候来送礼的人。

世界上没人会喜欢这样的人，他们只有在关系到自己的利益、需要你的时候装得比谁都和你亲，不需要你的时候就毫不理睬，好像不认识一样。相信你不想给人留下这样的印象吧！

其实，平时保持联系并不是一件困难的事情，关键是看你是否有心。聪明的女人会这样做，把认识的人的邮箱地址分成亲人、朋友、同学、同事、业务伙伴等几个类别，然后在不同的节日，如圣诞节、感恩节、春节、中秋节发送祝福邮件，能抽出时间制作一张电子贺卡就更好了；过节发送短信，不要转发或者群发，最好编辑有个性和特色的短信，让朋友感觉到你是用心的；对较为亲近或者对你帮助比较大的人，要时常打电话联系，询问对方的工作情况和生活情况，有机会可以一起吃饭、唱歌。经常保持联系，真诚关怀对方，你们自然会成为好朋友。

智慧女人物语 *Zhihuinürenwuyu*

只有需要帮忙的时候才来套近乎，这种友好并不是发自内心的。要想跟别人保持良好的关系，就要从平时做起，时刻关注朋友的动态，精心经营自己的人脉。

积累人情要从小事开始

人情世故是我们日常生活中积累的约定俗成的行为规则，人情世故能够帮我们缓和与他人之间的紧张关系，也比较容易让他人享受到与我们交往时的愉悦感。女人办事要懂人情，但人情不是一朝一夕就有的，需要长时间的积累，积累人情要从小事做起。

有些小事，我们常常觉得无关紧要，比如跟门卫打招呼，扔垃圾时顺便捎上邻居的垃圾，或者帮同事热饭……有的人没有养成关注小事的习惯，往往眼中无事。聪明的女人要想办成事，一定要关注小事，从小事积累人情。

台北“身心灵成长协会”的创办人赖淑惠曾经办过房产中介，当时她就是靠“结交小人物”积累人情的。当时赖淑惠住在一个大厦里，同时兼营这个大厦的房产中介。她将任何人都当成家人般关心，每天出入大门，必会向当日值班的管理员打招呼，出差返回也会顺道带些当地特产略表心意。久而久之，大门管理员就成了赖淑惠的耳目、亲信。

凡是对大厦有兴趣的买家，第一个总是先询问大门管理员：“最近有没有住户要卖房子啊？价钱多少呢？”每次管理员的回答几乎是：“你去问住在8楼的赖小姐，她很喜欢买卖房子，这样就不必再去找其他中介商了。”此外，该大厦谁急着用钱要卖房子的消息也总是靠管理员第一个传到她的耳朵里。也因此，赖淑惠在首都大厦一个物业上整整赚进一千多万元。

赖淑惠是个聪明的女人。看似复杂的事情，却又有很简单的玄机，大厦管理员的一句话无形给她做了最有利的广告。为什么管理员对她这么好呢？就是因为她在日常生活中做足了人情功课，从小事积累了人情。

生活中还存在很多这样的小事，我们来看看你是否关注了。

我们身边有很多平凡的人，但也要经常用请教的态度和口吻与他们说话，让对方觉得自己受到了尊重。即使你不是服务人员，在朋友或者同事有客人来的时候主动倒水，既会让朋友与同事很有面子，也会让客人觉得你的朋友与同事很有威望。记得在别人不在座位的时候热情地帮助接听与记录电话、接收信件、传递信息，对于团队中的同事与同学，多提醒他们一些你知道的重要日程。有不同性格的朋友所在的场合，要保持微笑，体贴地招呼那些内向的、不为人注意的、可能有点自卑感的朋友，在社交中对弱势者的帮助会得到别人特别的感激。有好东西吃的时候与大家分享，主动告诉他们你知道的好消息，在有好事的时候能想到别人。

这些看起来都是小事，但是日积月累，会让周围的人觉得你亲切、周到、细致，会主动接近你，也愿意帮助你。处理好小事，在不知不觉中会为你赢得更多的朋友。

李潇在物业公司工作多年，从最早收取采暖费、物业费开始，终于等到了竞聘某高档小区物业主管的位置。公司考虑让小区业主投票选择。李潇是公司的“老资格”，没有人跟她竞争，只有新来的小秦参与竞聘。没想到结果非常出人意料，小秦的支持率竟然超过了李潇，并成为物业主管。

后来，小区的业主说：“我们根本不认识她，我们只知道小秦。”小秦刚来几个月，是协调技术人员维修各种设备的。只要有业主打电话，没有技术人员时，小秦都亲自上阵解决小问题，常常被下水道的脏物、厕所的污水弄得满身异味。日子久了，小区业主对他好感倍增，什么事情都愿意求助于他，代收快递、换灯泡、帮忙找钥匙……往往这时，其他人都乐得清闲，却不知道小秦在不知不觉中俘获了人心。

李潇是“老资格”，不屑于做一些小事情，以至于小区业主对她没有什么印象，于是她输给了不怕苦、不怕烦的小秦。

女人经营人情，一定要把握“顺其自然”的原则。平时“未雨绸缪”，不能事到临头刻意“拉关系”。与其刻意结识“大人物”，不如善待身边每一个人，身边的每一个人都可能是一笔财富。帮助别人是“顺手”的事情，只要心里真正想着他人，才能随时随地为他人提供帮助。比如，下班之后，告诉你的同事，哪里有打折的商品，这对你是小事一桩，而你的同事却可能因此心头一暖。这些小事积累起来就会拓宽你的人脉。打造人脉，就是这么简单，从积累人情开始，你只需从手头的工作做起，从身边的人做起，帮助你遇到的每一个人，敞开心扉和每个人沟通，把“干好工作”与“维系人脉”当做一件事来做，把与人沟通当做一件快乐的事情。长此下去，你一定能拥有帮助自己事业发展的人脉。

聪明的女人，从现在开始关注你身边的人，从小事积累人情吧。对于一个连身边的人都懒得结交的人来说，更不要指望她结交四面八方的朋友了。人情的好处在于在以后的工作和生活中，你可能会得到大家不遗余力的帮助。从小事做起，能为自己轻松编织一张人际网，占尽主动的先机，何乐而不为呢?

智慧女人物语 *Zhihuinürenwuyu*

现在的社会，在很大程度上是靠人际关系网来工作和运作的，我们偶尔需要别人帮忙，有时也会帮助别人，人情就是在这种交往中产生的。女人不能忽略小事的作用，要善于利用身边的小事，积累人情，打造自己的交际网，推动自己的成功。

施恩不图报

乐于助人的女人是很受欢迎的，但是帮助了别人切记不要时时等待回报，女人需要一种施恩不图报的心态。

感恩、报恩是一种美德，俗话说：“滴水之恩，当涌泉相报。”“受人以桃，报之以李”是正常的礼尚往来。然而，帮助别人却时常记挂着让别人报恩，就会为两者的关系蒙上功利色彩。其实，施恩不图报比知恩、感恩、报恩的思想境界更为高尚。只求帮助别人，不图回报，能以一颗平常心看天上云卷云舒，无疑是人生至高无上的境界。

没有人能强大到不需要别人帮助的地步，帮助别人就是帮助自己。有了这样的心态，才能放下姿态，放下功利心，真心去帮助别人。要诚心诚意地跟周围的人好好相处，不要为了眼前利益只对特定的人好。真诚帮助别人的女人，要出于真心，没有沽名钓誉和施恩图报的想法。让一切需要帮助的弱者，守住自我尊严，去坦然接受别人的帮助，这样的人际圈才会充满和谐，充满阳光。

施恩不图报，也是一种长期投资。独立开办广告公司的范女士经常给别人讲述自己的经历：

现在生活节奏很快，朋友各忙各的事情，也不可能经常在一起。但我的原则是在朋友需要的时候，绝对随叫随到。我记得有一次正好是我的结婚纪念日，朋友刘芳的公司倒闭，她打电话给我，几乎要崩溃了。我二话不说拉着丈夫一起去陪她。那天，我们陪着她，听她絮絮叨叨地讲述从创业到现在的一切。整整 24 个小时，身强体壮的丈夫累得在沙发上睡着了，我却一直坚持着，陪她度过这最黑暗的一天。刘芳东山再起需要资金时，我更是毫不犹豫地把自己的私房钱全借给她。很多人说我傻，但朋友如果在关键时候伤了心，以后你再陪她逛多少次街，聊多少次天都没用了。其实我没有想过让刘芳回报我什么，也没有任何功利之心，但事实上，我很快得到了回报。去年我开广告公司，刘芳动用一切人际关系为我找客户，可以说我现在的一半客户都是她帮我搞定的。

范女士的事业非常成功，和她这种施恩不图报的性格有关系。她急人所难，在朋友最困难的时候伸出援助之手，当自己遇到困难时，得到了更多人的帮助。

卡内基说过一句话：“别指望别人感激你。”因为忘记感谢是人的天性，如果你一直期望别人感恩，多半是自寻烦恼，如果想通过自己的施恩而追求别人的报恩，那就失去施恩的意义了，同时，从施恩之日起，就为自己套上了一副精神枷锁。

有的女人处于比较重要的位置，的确帮了别人许多忙。在别人困难时拉过人家一把；在别人需要扶持时，曾尽力相助、鼎立推荐；或者在别人落难之时，伸出双手。每每提起这些事就喜形于色，甚至经常向别人炫耀吹嘘。有的人把这点小事挂在嘴上念念不忘，甚至主动要求她帮助过的人为自己办事，对方有能力办则皆大欢喜，对方没能力，或因时间、环境、情况变化爱莫能助时，就落入非常尴尬的境地。这样的女人往往给人留下心胸狭窄的印象，久而久之别人就会对她敬而远之，以后即使主动要求帮助别人，别人也未必会接受。

在电视台里，敬一丹是大家最亲切的“大姐”。尤其在《东方时空》节目组，敬一丹用自己的人格魅力影响着周围的人，使这个节目组的人亲密得像一家人。在这个“家庭”里，“大姐”敬一丹实际上就是“家长”。白岩松说，求敬大姐办事有一点让人印象深刻，你把事儿跟她说了，几天之中，她都没有跟你谈起这件事，你以为敬大姐忘了。几天以后，她把办好了事的结果告诉你，然后和你聊起其他话题，让你连说感谢的机会都没有。

敬一丹就是用一种十分平和的心态去帮助他人的，不邀功，不炫耀，帮人于需要中，如“春风化雨，润物无声”，所以她在节目组成为最受欢迎的人。女人要学习敬一丹的这种境界，在别人需要时尽心尽力地帮助，但是不要以这种帮助为资本要求别人什么，那样只能让人对你敬而远之。

给别人一点好处，就天天惦念着别人的回报，这种施恩就是别有用心。施别人一点恩，就觉得自己了不起，以一种救世主的心态对受施者居高临下、盛气凌人，这更是女人不能做的事情。一味要挟他人报恩与绑架他人又有何不同？施恩者如果有强烈的要求和目的，那将是受恩者的苦难和魔咒。

从另一方面来讲，女人施恩不图报也是有原则的。首先，一定要维护受恩者的尊严。帮了别人的忙，人家发自真心感谢，就不要太固执，要接受别人的感谢，这样才能让人心安理得。不然会产生矛盾，好事没办好，是最不值的。其次，不要刻意作出一副受苦受难的姿态。帮助别人不求回报，却作出自己受了很多委屈的姿态，这样会让受恩者十分不舒服。总是，要真诚地帮助需要帮助的人。

智慧女人物语 *Zhihuinürenwuyu*

你能帮助别人，有一天也会需要别人的帮助，所以不要因为为别人做了一些事情就以救世主自居，时刻想着让别人报恩。施恩不图报是一种心态，反映了一个女人虚怀若谷的心胸，有这样的心胸的女人才更有魅力，才能结交更多的朋友。

好人有好报，建立好人缘

我们经常听到前辈告诫："职场好人"做不得。他们所指的"好人"应该是没有原则的"滥好人"。好人也可以有原则，善良体贴，为他人着想，你一定愿意和这样的女人共事。所以女人要做好人，建立好人缘。"人缘"，其实就是指一个人的人际关系。一个人的人际关系状况是否良好，是否有好人缘，直接关系到其工作、学习和生活顺畅与否。

俗话说："种瓜得瓜，种豆得豆。"这条朴素的哲理也可以运用到社会交往中，也就是说，当你尊重别人的时候，别人也会尊重你，尊重别人其实就是尊重你自己。曾听到这样的故事：一个小孩见到大人不懂得主动问好，对同伴也不友好，缺少礼貌意识。聪明的妈妈为了纠正他这个缺点，把他领到一个山谷中，对着周围的群山喊："你好，你好。"山谷回应："你好，你好。"妈妈又领着小孩喊："我爱你，我爱你。"不用说，山谷也喊道："我爱你，我爱你。"小孩惊奇地问妈妈这是为什么，妈妈告诉他："朝天空吐唾沫的人，唾沫会落在他的脸上；尊敬别人的人，别人也会尊敬他。因此，不管是时常见面，还是远隔千里，都要处处尊敬别人。”

在职场上，这种现象就表现为“好人有好报”，付出了真诚和努力，就能获得别人的尊重。平时做个好人，关键时刻就会有人帮。

电视剧《宫心计》上演的故事和现代职场女性的竞争如出一辙。主人公刘三好坚守亡母遗训“说好话、做好事、存好心”，以此作为行事做人的宗旨。她心地善良，忠直孝顺，轻名利，重情义，有同情心，感恩图报，富有正义感。她在勾心斗角的内宫不求自己的安危，多次帮助别人。因为被好姐妹利用，她多次被人陷害，但仍本着一颗仁心，坚守亡母遗训，最后虽身陷囹圄，仍心存善念。刘三好这样的人得到了大家的爱惜和帮助，不管处于什么情况，都有人挂念她，帮助她，使她最后化险为夷。与她相反、不惜一切向上爬的姚金铃，最后失去了所有的朋友，结局非常悲惨。

刘三好的故事印证了“好人有好报”这句话。做个好人，以一颗善良的心，处处帮助别人，就能建立好的人缘，刘三好就是这样的女子。

但是，作为女人要记住，在职场做好人首先要做好自己的本分。职场中处理好人际关系自然重要，做“三好学生”也无可厚非。但现代职场考虑得更多的是你的能力，你能否胜任本职工作，而你要把你该做的事情做好，否则，你的上司和你的工作伙伴都不会迁就你。

所以，要做好人，但不做不会做事的庸人。好事要做，不要影响企业运作；好话要说，但一定要有立场；好心要存，但不要好心办坏事。这样的好人才是大家欢迎的好人，才能赢得尊重，建立好的人缘。

刚刚入职的小雨为了尽快与同事搞好关系，对同事们的要求几乎没有拒绝过，有时还主动为同事分担工作，结果在小雨还未能单独做项目的一个月内，她就迅速变成办公室里最忙碌的人。买早餐、吃饭订座、发快递……琐碎的工作让小雨自动升级成高级打杂工，完全没有时间做她的正职——设计图样。上周日有同事因为有事，想和小雨换班，小雨正好也有事只好拒绝了她。之后，女同事明显冷落小雨，甚至背后议论她：“领导的要求有求必应，同事的请求就摇头拒绝”。小雨觉得委屈：“我帮她是人情，不帮她是道理！”然而，当习惯成自然的时候，你想改变角色定位、不再当老好人就难了。

小雨帮助大家没有错，但是先做好自己的工作才是最关键的。为了做好人连正常的工作都丢了，还值得别人信任吗？职场中的“老好人”，事实上最终将成为一个碌碌无为的人，他们常常会因为分担了别人的工作而使自己职责范围内的工作一团糟。

要做好人，但是不要做老好人，首先，需要建立正确的人际关系观。女人要明白不可能通过帮别人办些鸡毛蒜皮的小事而成为别人的至交或得到提升。其次，善于拒绝别人的不合理要求，要确定你承诺帮助别人的事情，是一个能够强化你和他人关系的机会，如果你只是为了维持关系而应承不愿意做的事情，就完全可以拒绝。安乐尼的人际成功学告诉我们：好人缘是精彩人生的资本；好人缘是成就人生事业的阶梯；好人缘是人生的财富之源。记住好人有好报的箴言，做个有原则的好人，赢得好人缘，为自己的成功铺路。

智慧女人物语 *Zhihuinürenwuyu*

会办事的女人要学会做个“好人”，修好自身的品德，心胸宽广、做人厚道、谦虚和善、真诚待人，多交朋友，多帮助他人，多关心周围的人，成为人缘好的女人。好的人际关系会给你带来更多的机会，让你办成事，办好事。

帮忙帮到底

我们也许在洗手间能听到这样的抱怨：“烦死了，一点小事都来找我，我就帮她介绍给人家认识，以后的事情我就不管了……”这是一个帮助别人办事的人，但是她很不耐烦，多往前走一步都不行。这时，我们心里可能会想：“假如我是这个人的朋友，一定不会求她办事的。”洗手间是个能了解到很多人私事的地方，往往在无意中就会了解一个人的真实面目。既然帮忙了就好好帮，不要不耐烦，尽量帮忙帮到底。

一般开口向你求助的人，应该是你身边重要的人，如熟识的朋友或者重要的同事。他们既然向你开口了，就认为你有这个能力。你如果答应帮忙了就要尽力去做，即使其中有你解决不了的阻碍和困难，也不要抱怨，尽力向朋友说明并坚持下去。如果是你主动帮助别人的，那更要帮到最后了，半途而废是说不过去的。即使是陌生人，心存善念，真诚帮忙，也会收获友谊。

张然是在校大学生，待人热情，心地善良。晚上她和一个朋友散步时，看到两个外国人正在灯下费力地研究手中的地图，她便主动走过去，问是否需要帮助。两个外国人一开始有点戒备，当他们看出张然非常友善，并无恶意时，才指着地图上的一家饭店询问。这是个不出名的饭店，但地图上标得很清楚，张然按图索骥告诉这两位来自澳大利亚的旅行者：就在马路斜对面的第二条胡同里。

然而，分手几分钟后，张然忽然注意到对面的东西两侧已全被高楼大厦所代替，原来的胡同荡然无存。便对同行的朋友轻喊一声："不好！错了，你在这儿等我一下。"朋友说："反正他们已经走了，你不用管了。"张然说："帮人帮到底嘛。"接着急忙向他们走的方向跑去，终于追上他们，两人也正在那里转向呢。后来张然连续问了两个摊贩，带着他俩七拐八绕总算找到了"藏"在楼群后面的那家饭店。两个外国人看到眼前这个女孩气喘吁吁的样子，十分感动，友好地索要了张然的手机号，后来一直和她保持着联系。

张然的做法看起来有点过度认真，但是她奉行了"帮人帮到底"的原则，展现了中国人的热情，给人留下了良好的印象，还交到了好朋友。

怎样才能帮人帮到底呢？

1. 自己办不到的事情不要轻易许诺。有的人很慷慨，遇到求助往往不假思索就答应下来，这确实能让朋友觉得你很讲义气，但是仔细想想你能做到吗？说不准还会帮倒忙。遇到别人求助，应先思考一下这件事的难易程度，然后想想自己是否有办法解决。邻居家的小孩要上幼儿园，听说你同学在那里工作，向你求助，你应该先想一想自己和那个同学是不是经常联系，那个同学的职位能不能帮上忙。答复的时候可以委婉地说：“我试试看吧，不一定行，有消息再通知你。”千万不要说：“没问题，这是小事。”如果说办不成就会将自己置于很尴尬的境地。

2. 自己能办到的事情要尽心尽力，不要半途而废，否则自己白费力气，还给朋友增添麻烦。同时，答应去做的事情，不要流露出抱怨或不耐烦的情绪。本来是自愿的事情，你的不耐烦会让求助的人非常有压力。

3. 事情没有办成之前就向求助的人邀功是大错特错的，推三阻四也不可取。如果能力所限，只能做到这个地步，就真诚地向对方道歉，并向对方说明原因和苦衷，真正的朋友一定会理解你的。另一条途径就是，你所认识的人中如果有可以帮忙的，就帮你的朋友联系，动用一些社会关系。交朋友本来就是人情换人情，你的努力别人能看到。

智慧女人物语 *Zhihuinürenwuyu*

女人要经常帮助别人，而且也要善于帮助别人，帮助别人的时候要么尽心尽力，要么婉言拒绝，千万不要半途而废。

大家需要相互帮衬

社交的本质就是不断用各种形式帮助其他人成功，共享知识与资源、时间与精力、朋友与关系、同情与关爱，从而持续地为他人提供价值，同时提高自己的价值。在某个团队或者某个圈子里，人与人之间存在着千丝万缕的联系，有时候一荣俱荣，一损俱损。

李培芬是上海伊诺尔印务有限公司总经理，是印刷界公认的细致、周到、善良的女性企业家。她的经商之道就是“与人方便就是与己方便”，对同行，她奉行互相帮衬的原则，然后实现最大共赢。都说同行就是最大的竞争对手，但是伊诺尔公司却全天开放，多年来接待国内外同行参观交流，无形中帮助了一些起步晚且技术落后的公司进行改进。这些落后公司的业务得到了发展，但是并没有挤占伊诺尔的市场份额，反而积极响应伊诺尔，帮助李培芬建立良好的行业环境，使票据印刷行业健康发展。李培芬说："我不仅求伊诺尔一家发展，而是希望全行业企业共赢。"

李培芬深谙商场生存之道，懂得利用行业内互相帮衬的关系，在壮大自己企业的同时带动整个行业的发展。她的做法避免了恶性竞争，为企业赢得尊重，同时在行业发展中起到龙头作用。

处于不同团队的人可以互相帮助，处于同一个团队的人更要互相帮助。女人在团队中，最主要的是懂得团队协作，这是一个职业女性必备的素质。

职业女性在团队中不妨这样做：

1. 凡事站在对方角度。在工作和生活中经常换位思考，多考虑对方的情况、需求和感受，多为团队成员提供尽量完整的信息，以便更顺利地完成任务。假如部门新来了大学毕业生，工作热情非常高，但没有任何工作经验，在必要的时应给予帮助，说不定他以后会成为你的得力助手。

2. 及时提示团队成员。有的时候一个人埋在一项事务中很难考虑周全，而做过相关工作的同事稍微提示一下则可以提高效率，在工作中，自己需要被提醒，也要经常提醒周围的人。

3. 乐于分享信息和经验。每个人的经验都是一点一滴慢慢积累起来的，在这个过程中，有的人非常幸运，因为在起步阶段就有人耐心地引导，故当新人接替自己原来的工作时，我们要怀着感恩之心帮助新同事。

我们应希望每个团队成员都好，而不是看他们的笑话。每个人都可能会遇到由于自信不足或知识技能欠缺而不得不接受挑战的情况。当一位新同事被要求写一个相对复杂的活动方案时，你可以把自己做过的模板分享给他，或者给他讲清楚框架，帮他理清思绪。

4. 主动帮助别人渡过难关。当一位团队成员遇到困难时，假如你不能竭尽所能帮助他渡过难关，那么也不要视而不见，甚至说风凉话，否则你也不会得到别人的帮助。

在团队合作中，既要团结他人，帮助他人，也要懂得求助于他人，这样才能把所有资源综合利用起来，达到最佳效果。热心帮助他人，这不仅体现了人们之间的关爱之情，也体现了人间的温暖，更展现了一个人的和善与无私奉献的博大胸襟。团队合作可以调动团队成员的所有资源和才智，并且会自动地驱除各种不和谐、不公正的现象，同时会给予那些诚心、大公无私的奉献者以适当的回报。

另外，我们要乐于求助别人。有的女人非常矜持，不愿意向别人求助，甚至不愿意接受别人的帮助。其实，学会向人求助是社会生存的法则之一，而接受别人的帮助则是一种礼貌。乐于求助可以创造机遇，你应当像乐于帮助别人一样，乐于向别人求助。但是一定要记住，要做好别人说“不”的最坏打算。

求助也是一门学问，要在合适的时间求助合适的人。至于什么时候求助什么人才适合，那就要在实践中慢慢摸索和总结了，然后再找准机会，具体运用。要说明的是，求助别人并不是什么丢人的事，只是一种合作方式，生活在这个大群体中，谁也不是独立的，都是彼此关连的。所以，女人要明白大家需要相互帮衬，那么求助就是一件很正常的事了。不会求助的人，一定会失去很多，或许你没有发现，求助既能帮助自己解决问题，还能结识一些朋友，减少陌生感和距离感。彼此求助一些事情，可以互相增进沟通和交流，了解更多。陌生人之间的求助会一下子缩短距离，让人熟悉起来，互相得到帮助甚至是温暖。

女人要记住：帮助别人，成就自己；成就他人，辉煌自己；善于求助，少走弯路。

智慧女人物语 *Zhihuinüirenwuyu*

在社会上，人的力量是单薄的，女人要做成一件事就要明白互相帮衬的道理。在别人需要的时候伸出援助之手，在自己有所需要时，别人也会用同样的方式回报。人和人之间是有感情的，在平时要主动帮助他人解决问题。聪明的女人要善于利用友谊的资源，共享互助，这样可以使事情办得更加顺利。

与其锦上添花，不如雪中送炭

俗话说："锦上添花易，雪中送炭难。"患难之中朋友的帮助是十分可贵的，可以成为一生最好的回忆。人都是需要关怀和帮助的，对于自己困境中得到的关怀和帮助则分外珍惜，并把它看成是"雪中送炭"，视帮助者为真正的朋友。

看到同事升迁，大家带着礼物去他家里贺喜，但却忘记了刚刚受到职业挫折的另一位同事。其实遭受挫折的同事更需要朋友的帮助和安慰，也会更加珍惜这样的朋友。不要只去关注那些得势的人，多关注失意的人，你会赢得更多的朋友。

雪中送炭是急人所需，是在别人最需要的时候站出来，你的举动或许会左右别人的前途和未来。女人在交际中，千万不要老是做那种锦上添花的事情，也多做做雪中送炭的事情，这样更能赢得别人的好感，让人对你心存感激，向你伸出友谊之手。

方心的老公是某国企的中层领导，一度被人诬告隔离审查，当时是方心最艰难的时候，好多人都出于避嫌不愿意亲近方心，但是同乡晓红不计较这些，在那段时期无微不至地关心方心，还帮助方心照顾孩子和老人。后来，方心老公的问题澄清了，两年后升任为单位第一负责人，这时那些曾经躲得远远的人开始亲近方心，赞美方心穿衣有品位，夸奖她老公年轻有为。但是方心还是与晓红关系最好，自己境况好了，就不断回报晓红当初对自己的帮助。有人问她为什么，她说："大家都知道锦上添花，却不知道雪中送炭最能温暖人心。在我最困难的时候是晓红帮了我，这份情谊是难以忘记的。"

锦上添花者没有给方心留下印象，雪中送炭者却让她难以忘记。晓红在方心最困难的时候站出来帮助方心，无疑是雪中送炭，无怪乎能感动自己的朋友，也在无意中赢得回报。

雪中送炭的女人心底坦荡，不求回报，但是能给别人带来温暖，能赢得别人的信任。也许只是一把伞、一袋纸巾、一杯水、一句温暖人心的话，就能给对方带来巨大的帮助，帮助对方脱离窘境，何乐而不为呢？

在日常生活中，不出于特殊目的热心帮助困境中的人，有时也能为你赢得更多的机会。

东湖中学高三应届毕业生张孟苏刚刚18岁，高考考了445分（文科），按照这个分数只能读个很一般的大学，但新加坡一所大学却在一次面试之后就预录了她，还给了她20万元的奖学金。这就是一件小事意外赢得的机遇。高考结束后，张孟苏到武汉大学参加一场招生咨询会，不巧下了暴雨，她赶到时招生人员已在撤展了。张孟苏失望地离开时，看到西南大学的一位女老师在拆雨篷，因为个子矮，显得分外吃力，弄了一身的污水，十分窘迫。张孟苏想也没想，就走过去帮她把雨篷拆下来。这件小事被坐在一旁的一位来自新加坡的老师看到了。张孟苏准备离开时，对方叫住了她。半个多小时，张孟苏时而用英语，时而用普通话，向5名面试考官推销自己。全国青少年机器人大赛二等奖，全国网络英语综合技能三等奖，全省书信作文大赛一等奖，英语口语三级……得知张孟苏综合素质如此全面，新加坡老师如获至宝，当即决定预录她为新加坡政府理工学院学生，并给她4年共20万元人民币的全额奖学金。

张孟苏的高考分数不高，却因为在别人最需要帮助的时候伸出援手，这样一个不经意的举动打动了新加坡老师的心，为自己赢得了宝贵的机会。

帮助别人不一定是物质上的帮助，特别是在别人需要的时候，简单的举手之劳或关怀的话语，就是雪中送炭，就能让别人产生深深的感激。

职场中尤其需要这种“雪中送炭”，这是帮女人铺开人际网络的有效途径。雪中送炭的做法也往往会给你带来意想不到的“收获”。

智慧女人物语 Zhihuinürenwuyu

在别人需要的时候伸出援助之手，是非常可贵的。聪明的女人要多关注周围的人，当发现别人身处困境时，应及时提供帮助。雪中送炭是十分可贵的行为，千百年来被人传颂，懂得雪中送炭的女人是善解人意的，这样的女人办事还会有困难吗？

第三章

方圆有道，女人的最佳办事哲学

办事有方的女人，总是能最精准地诠释一种中国的辩证哲学——做事要圆，做人要方，或者外圆内方的为人准则。在生活中，不要做太有棱角的女人，也不要做圆滑得让人讨厌的势利女人，只有掌握方圆之道的女人才能在交往中赢得别人的尊重与好感。

巧妙拒绝别人提出的某些事

答应是一种技术，拒绝则是一门艺术。技术只需经验累积就行，拒绝则要依赖天份与经验的共同凝聚。学会拒绝是女人在社会交际中必学的一门艺术。女人有时会面对这样的苦恼：明天要出席一个十分重要的会议，而且你还要发言，忽然老板打来电话让你和他一起去饭店陪客户吃饭、唱歌，怎么办？难道明天真的要带着黑眼圈发言吗？

学会拒绝是一种能力，拥有了这种能力的女人懂得如何选择，如何拥有自己想要得到的。拒绝这种能力需要我们在成长的历程中慢慢地培养，同时，学会拒绝也是一种精神，女人都是在精神的指导下过着自己的生活，走着自己的人生路，坚持自己的原则。把学会拒绝当做自己为人处世的一种精神，用这样的精神武装自己的灵魂，你会得到更多的心里平静。学会拒绝还是一种精神资本，物质资本不可少，精神资本更为重要。

厉娜在澳洲工作，一天，接到国内好朋友苏敏的电话。寒暄过后，苏敏说："我单位同事的孩子现在在澳洲读书，听说你和我关系不错，你又在澳洲多年，希望你多和那孩子联系，多照顾一些。"当时厉娜想了一下就回答说："你这份热心真让我感动，但我并不想认识他。因为这是澳洲不是国内，每个人靠的是自己的努力，我有自己志同道合的朋友圈子，不习惯和陌生人交往。所以，你要告诉你的同事，无论在哪里都要自强自立，无论有谁的照顾，最后都要靠自己努力。但是他要是有什么困难可以尽管找我，只要是我能做到的，我一定帮忙。"厉娜明确地拒绝了苏敏的嘱托，也说明了自己的理由，但最后，她也表示如果有困难倒是可以来找她，没有让苏敏太难堪。

厉娜的拒绝是出于自己的做人原则，也是基于澳洲交际的特殊性，不仅坚持了自己的原则，还巧妙提醒朋友，让她的同事知道一切都得靠自己努力。

女人在听到别人的邀请、要求的时候，首先要分清什么应该答应，什么应该拒绝。女人的角色比较复杂，要充当母亲和女儿的角色，很难像男人那样无所顾忌地让交际占用太多的空间，所以有些事更要分清是否能答应。

良性的交际应酬，如与合作单位举行的联谊，陪上司、客户参观，或业内知名人士聚会，这些都能在业余时间增长你的见识、加强你与他人的联系，体现你在团队中的重要性，值得参加。可以爽快地说："好!"但是在私人性的交际应酬之中，有许多是无意义且不必要的。例如，下班后同事相约去喝酒、去唱歌、打麻将等，有时真是既无聊，又浪费时间，可是因为怕被同事冠上个"不合群"的帽子，又不知道该怎么拒绝，你只好每次都硬着头皮跟着去了。其实，超乎正常范围的交际，有损健康并且浪费金钱，你完全可以拒绝。盲目地交际应酬，对女人来说是另一种形式的自杀。

怎样巧妙拒绝别人呢?

首先，要分析对方提出请求的本意，只答应那些你可以应付的部分。清楚地向对方表达为什么你必须拒绝那些你不能答应的部分，这样能减轻"拒绝他人"给你带来的歉意。

其次，要注意拒绝的语气。女人要善用语气，拒绝的同时必须让对方感受到你了解对方的需求，然后再用充满信任的语气表达"我相信你能够理解"。

秦丽是公司最漂亮的女孩，而且又是单身，所以上司每次约见重要客户都要带着她，慢慢地秦丽成了公司里有名的"义务交际花"。秦丽很不情愿，但是又很难开口说拒绝的话。这种应酬最直接的"后果"是，秦丽经常被一些或真心或假意的男人"骚扰"。上司总要发话："这是重要客户，不要得罪他们。"有一次，秦丽接待了一个客户，几次接触后频频向她发出私约邀请。上司也多次强调得罪客户就是断了生意，让秦丽随叫随到。终于有一天，这位重要客户带着鲜花和戒指让秦丽“表态”，秦丽一下子懵了，只好说：“我有男朋友了。”“我问过你们老总，他说你没有啊。”然后一直不减攻势，严重影响了秦丽的生活和工作。秦丽终于鼓足勇气对上司说：“首先，我不是公关小姐，如果工作需要我去出席某种场合，我可以去，但是像这样的骚扰我不希望有。而且，我希望您能尊重我的隐私，不要将我的私人情况告诉客户。”上司想了想对秦丽说：“对不起，以后不会再有这种情况了。”事后上司不再要求秦丽做接待客户的事情，但是在公司也几乎把她“雪藏”了，她越来越不受重视。

秦丽的上司也许没有什么恶意，他也许想既赢得客户又让她有一段好姻缘。何乐不为。秦丽最初的不拒绝，使事情变得很糟糕，最后又直接拒绝，让上司难以接受，并为自己的职场设置了障碍，所以女人学习一些拒绝的技巧是非常必要的。

职场女性有时还要替自己的团队决定一些事情，甚至会坐在谈判桌前，这就需要了解谈判中常见的几种拒绝技巧：不要简单拒绝，找个借口；拒绝的同时，给予某种补偿；拒绝别人时，保持你和对方的友谊；在拒绝对方前，先要求对方满足你的条件，这样可以避免自己的损失。

不管是在生活中，还是在职场上，女性都要在适当的时候拒绝对方的不合理要求，而且要选准方法，巧妙拒绝，为自己赢得回旋的余地，也留给对方尊严和体面。

智慧女人物语 *Zhihuinürenwuyu*

学会拒绝可让女人果断地处事，果断地走自己的路。女人要善于拒绝，既要能拒绝对方，又不让对方太尴尬和难堪。一旦确定要拒绝对方，心意就要坚决，当然拒绝的方法是灵活的。巧妙地拒绝，可以很坚决，但也可以很真诚，拒绝不等于无情无义，也不是一意孤行，而是一种量力而行的原则。

自己放低姿态，让别人产生优越感

在人际交往中，人与人之间理应是平等互惠的。而那些谦让豁达的人总能赢得更多的朋友。相反，那些妄自尊大、高看自己、小看别人的人总会激起别人的反感，最终使自己变得孤立无援，让别人都敬而远之，甚至厌而远之。就像法国哲学家罗西法古所说："如果你要得到仇人，就表现得比你的朋友优越吧；如果你要得到朋友，就要让你的朋友表现得比你优越。"

女人在与人交往中，不管自己条件有多么优越，都要适当地放低姿态，把优越感让给别人，这样才会让人感觉舒服亲切。相反，如果习惯以自我为中心，以自己为主角，总把自己看得太高，把别人看得太低，恐怕就没有人肯与你交往了。

彭圆圆是名牌大学毕业的高材生，拥有美貌和高学历，在公司中很有发展潜力，只是非常不受人欢迎。她一进公司就觉得公司规模太小，自己早晚得走人，而且觉得同事们水平很差，和她根本没有可比性。她做了项目主管后还是以自我为中心，所有的人好像都应该围着她转，下属给她的创意提出意见，她就大发脾气，觉得是对自己的冒犯。这样最后导致的结果就是她被孤立起来了，分组进行创意策划的时候，没有人愿意跟她合作。后来公司的一位同事提醒了她："别人都觉得你条件很优越，和你合作有压力。"圆圆这才意识到自己犯了很大的错误。

彭圆圆从一开始就觉得自己很了不起，名牌大学和高学历给她带来了巨大的优越感，一心想干大事，创大业；总以为别人这也不行，那也不行，唯独自己最行。实际表现为独断、傲慢、骄横、盛气凌人。这样的女人大家当然都敬而远之，她在公司被孤立也是理所当然的。

很多时候，过多的优越感会让你输了朋友和人生。如果一个人太有优越感往往容易陷入一种莫名其妙的自我陶醉之中，自高自傲，无视所有人的不满，终日沉浸在自我满足之中，这样的女人得到的永远都是大家对她的不屑与蔑视。

女人有时需要放低姿态，纵然可以豪气万千，纵然有超人的才干，也不能目中无人。只有放低姿态，才不会太过自满，以至不愿意进一步去面对新的挑战；只有放低姿态，才会睁大双眼满怀好奇地去学习更多知识，探索新的领域；只有放低姿态，才会以真诚的谦卑待人，使大家折服并乐意与你共事。放低姿态是一种人生智慧。

台湾地区领导人马英九的夫人周美青被舆论称为“最不像官夫人的官夫人”。无论马英九处在什么高位，平日她仍是一袭牛仔裤之类的简便装束，自己搭公交车或坐捷运（地铁或城铁）上下班，就像普通的职业女性一样。她有别于历来“官太太”们的形象，既不妻以夫贵，也不珠光宝气，颇有个人风格，更展现了现代女性的独立自主。周美青在一家金融控股公司做法制部门主管，和马英九同样是学法律、留学美国，是典型的职业女性。

周美青是非常聪明的女人，她不像其他“官太太”一样，以高贵姿态出现在公众面前，让人觉得遥不可及，高不可攀。不管怎样，她都把自己定位在普通的职业女性这个身份上，她的低姿态形象，无疑是“亲民”的最佳体现，自然赢得了台湾民众的喜欢，也为马英九的政治形象增添了不少的分数。

放低自己的人总是很知足，对获得的成功备加珍惜。一个成功的女人能看低自己，就不会自傲和骄奢，从而就会淡化人们对自己的嫉妒心理，使自己在和谐的人际关系中继续发展。不管是在生活中还是在职场中，懂得放低姿态，能结交和团结更多志同道合的人，听到更多有益于自己发展的意见和建议。在朋友圈子里放低自己，你将会成为一个受欢迎的人。

低姿态的女人往往朴实无华、谦逊平和，也有包容万物、宽待众生的胸怀。这样的女人即使成就了不平凡的事业，却仍然和平凡人一样生活着，她们虚怀若谷，“不以物喜，不以己悲”，总是踏实地干着自己份内的事情。这样的女人是一道风景。

但是放低姿态，并不是鄙视自己，压抑自己，而是更加清醒地认识自己。放低姿态不是低声下气、奉承谄媚，失去做人的原则，而是以一颗诚挚的心去对待人和事。女人要放低姿态，像谦虚的稻谷，低低地垂下头，用饱满的谷穗证明自己的实力。

智慧女人物语 *Zhihuinürenwuyu*

女人要放低姿态，让别人产生优越感，这样才能够宽容他人的缺陷和过错，能够看到世界上更多的精彩，结交更多的朋友，化解更多的误会，使自己闪烁出智慧的火花。放低自己，能够不断地吸取教训，提升品质；放低自己，才会为别人的成功而欣喜，使自己在和谐的心态中生活。所以，女人一定要学会放低姿态。

获得荣誉，记得与别人分享

分享是人生的大智慧，懂得分享的人才能得到更多。女人要能与别人分享自己的时间、金钱和荣誉。人生中的许多东西，就像紧握在手的细沙，握得越紧，反而漏得更多。反之，如果打开手心，跟大家分享所拥有的一切，人际关系自然会好，别人自然会回馈，成功的女人要具备这样的气度。

把一个人的幸福和许多人分享，就变成了许多人的幸福。在工作中，若只知独享荣誉，可能会给你的人际关系带来危机。工作中取得的成绩会给你带来荣誉，当荣誉到来时，不同的人会以不同的态度面对它。心存嫉妒的人见到你获得荣誉时会眼红，总想去分一杯羹，你若不给，他便恶语中伤，假如你身边真的有这样的人，你该怎么办？嫉妒心是人类的本性，不要指望别人有多么高尚，谁都有人性的弱点，所以，聪明的人能够借荣誉之手，拉近自己与别人之间的距离，赢得尊重，获得好的口碑。

赫赫是杂志社里一位年轻的编辑，涉世不深，但很有才气，她主编的栏目很受读者欢迎。有一次集团评选最佳栏目，她负责的版块获得了一项大奖，还有丰厚的奖金。她感到非常自豪，自然十分开心，在领到那笔奖金后，她对同事没有任何表示，而是欢欣雀跃地去了一趟香港，满足了自己一直以来的愿望。

过了一段时间后，社里的同事，不管是上司还是下属，都在有意无意地冷落她，她还听到过别人对她不好的议论。赫赫非常不明白，自己不就是获奖了吗？难道周围的人嫉妒心都那么重吗？其实，她获奖后，社里的同事都等着她拿出一部分奖金请客呢，但是她一点儿表示也没有，这还不算，在表彰大会上，她不仅没有在现场感谢上司和其他同事的协助，还在工作中有意无意炫耀自己。大家虽然表面上不便说什么，心里却不舒服。

有些女人往往在荣誉到来之时，沾沾自喜，自以为这完全是自己的功劳，独享荣誉，结果往往为自己带来意想不到的麻烦。想想看，赫赫获奖，当然是和自己努力工作分不开的，但是没有周围同事的协作，也不一定能取得这样的成绩，她不是唯一的功臣。

一项工作的完成，当然会有功劳最大的那个人，但是缺少别人的帮助也不行。一个团队中，每个人只是分工不同，但是大家都有付出，都有功劳。聪明的女人，不管取得怎样的荣誉，都要记得与人共享。记住，当你在工作上有特殊表现而得到肯定时，千万别独享荣誉。

怎样和他人分享你的荣誉呢？

1. 要感谢周围同事的协助。同事是你最重要的工作伙伴，包括你的上司和下属。获得荣誉之时，你要感谢上司的提拔、指导、授权，要感谢同事的帮助、鼓励，要感谢家人的支持。不管是家人还是同事，只要为你做过什么，哪怕是很小的一件事，也要懂得感恩。

20年演艺路让张曼玉成长为气质女王，在2007年上海电影节上，她得了华语电影杰出贡献奖。她在发表获奖感言时说："谢谢支持我的朋友，还要谢谢不支持我的朋友，是你们坚定了我做一名好演员的决心。"随后，张曼玉还大力赞美和自己合作的导演和合作团队，称自己所有的荣誉都不属于个人。她的发言赢得了雷鸣般的掌声，人们第一次听到获奖人在台上感谢不支持者，也为她把所有荣誉与伙伴分享的大度和智慧喝彩。

连不支持自己的人都要感谢，更何况一起合作的伙伴？张曼玉毫不吝啬地把荣誉和每一个人分享，一下子赢得了所有在场人士的好感。

2. 要分享荣誉带来的实际好处。俗话说礼多人不怪，荣誉往往能带来物质奖励，可以与周围的人分享这种物质奖励。如果你主动地与大家分享，就会让别人有受尊重的感觉，也会赢得别人的尊重。分享的形式不拘，可以准备小礼物，可以请大家吃饭，还可以请大家唱歌。

3. 获得荣誉保持低调。女人在获得荣誉的时候，假如自我膨胀、得意忘形，很快就会被人孤立，甚至会碰钉子。所以获得荣誉时要更加客气，荣誉越高，头要越低，更不能把荣誉挂在嘴边，刺激同事和竞争对手。独享荣誉带来的苦海足以把荣誉淹没。

智慧女人物语 *Zhihuinüirenwuyu*

你的荣誉会让别人变得暗淡，所以千万不要独享荣誉。在获得荣誉时，采取合适的方式与人共享，你的感谢、分享、谦卑，既是对别人的尊重，也是对自己的尊重。学会与别人分享你的荣誉，不仅会使你拥有融洽的人际关系，而且会使你获得更多的支持与帮助。

宁得罪君子，勿得罪“小人”

我们的生活中总是不乏“小人”。他们善于打小报告，给同事穿小鞋；他们喜欢揭人的短，有鸡蛋里挑骨头的本领；他们甜言蜜语，把领导哄得团团转；他们会利用不正当手段赢得竞争……我们都知道小人卑鄙，有时却不知怎么应付，有时甚至不知道谁是小人，等到“中箭”了才恍然大悟。所以女人一定要学会辨别谁是小人，更重要的是不能轻易得罪他，一旦得罪他，可能会在今后的工作中连连栽跟头，落个惨兮兮的下场。

有的女人可能会说：“我身边的同事脸上又没写‘小人’两个字，我怎么知道谁是小人呢?”小人善于对新人伪装，但是时间久了，自然就会见分晓，女人刚进入一个新环境，要懂得察言观色，认真辨别小人和君子。

到了新环境先观察一下人际关系，一个环境里，小人看起来人缘不错，但是那都是表面的，大家对小人还是敬而远之的，也会尽量避免与其共事，即使共事也非常小心谨慎。再者，以下几种人，女人要注意远离：一是两面三刀、人前一套人后一套的人；二是喜欢挑拨离间，打击异己的人；三是无缘无故不切实际夸奖你的人；四是嫉妒心强的人。这四种人是小人的概率很大，即使不是标准的小人，也是不能深交的。初入职场，一定要多个心眼，远离这些人。君子坦荡荡，小人常戚戚。君子有什么事情直截了当，从不耍阴谋诡计，得罪了也能找到原因，说不准还能发展成朋友。故分清君子和小人是女人社交的必修课。

有的女人有侠义心肠，有时会想到惩奸除恶，其实你的“狠”比不上小人，阴暗比不上小人，睚眦必报的精力也没小人旺盛，对付人的花招和心眼更没小人多。所以，最好还是别跟小人斗，别去得罪他们。有的时候小人宁可伤害自己，也要毁了得罪过他们的人和遭他们妒忌的人。所以，还是别得罪小人的好，免得小人还没落败，自己先吃了哑巴亏。

圆圆从一流学府毕业，年纪轻轻，已经是一家大型外商公司的研发经理。她胸怀大志，花了大部分的时间、精力，投注在目前的工作上，她的表现深受上司的肯定！但是在工作中，圆圆往往直接否定别人的建议，即使是在集体会议上，圆圆说话也很直接，虽然事实证明圆圆的看法是正确的，但是她也因此为自己埋下了人际隐患。这天圆圆在卫生间听见两个员工在厕所谈论她，“这么年轻就当上经理，据说和总经理关系暧昧……”“总经理才看不上她呢，其实你不知道内幕，据说她窃取了某个下属的研发成果才坐到这个位子上……”圆圆听了十分震惊，不知道原来人们这样说她。随后总经理就找她谈话，说最好在公司收敛一些，不要对同事态度那么恶劣，也要适当给下属发展空间。圆圆这才意识到自己平时的一些举动招致别人嫉妒，也得罪了一些小人，有人到总经理那里告状了。虽然后来谣言不攻自破，但是她感觉非常受伤，一时之间对人性充满了怀疑，不由得心生了离职的念头。

这就是不知不觉得罪小人的典型例子，善良的女人往往容易在不经意间得罪小人，弄得自己很受伤。

女人一旦遭遇小人，千万不能乱了方寸，要多用心思，智慧地化解各种危机。

1. 不要轻易动怒。与小人相处久了，难免会吃哑巴亏，但是不要让自己陷入抱怨中，以至于耽误自己的工作，那样就等于给了小人更多的可乘之机。不如集中精力做好本职工作，这是最有力的反击武器，一切造谣中伤的话都抵不过事实。

2. 不要太自傲。你的自傲会让同事疏远你，不愿意和你沟通，小人会趁机挑拨离间。

3. 要和领导保持沟通。做得越多，出错的概率越大，一旦出现失误，小人就会借题发挥，在领导面前诽谤你，在同事面前诋毁你。不管什么时候，你都需要及时跟领导沟通，良好的沟通会化解更多的误会，小人也就无法得逞了。

4. 一言一行都要谨慎，做好本职工作，不给小人可乘之机。

5. 女人要以一颗平常心看待小人制造的闹剧，不用为流言解释太多，不要把情绪写到脸上。小人在短时间内得志，并不代表永远都得志，公道自在人心。当没有好的办法时，就保持沉默吧。

当然，不得罪小人，不代表就要受欺负。女人不能软弱到任小人欺负的地步，一定要用智慧摆平小人。不要主动和小人来往，也不拒绝和小人来往；不和小人深交，但也不和小人绝交；可以给小人一些好处，但绝不要占小人的便宜；不要进小人的圈子，更不能让小人深入自己的领域和心灵；不去刻意帮助小人，但不阻拦小人想做的事。遇到小人危害自己时，不要直接和他起冲突，同时要提醒周围的朋友提防他。总之，千万不要小看小人，碰上小人，一定要小心。

智慧女人物语 *Zhihuinürenwuyu*

对于女人来讲，在任何时候都要用心观察，分清小人和君子。小人手段阴险，不讲道德，女人最好远离小人，不要与之太亲近，但也不要得罪小人，以免深受其害。

坦然应对流言飞语

有一天，当你听到别人说你和某位男上司关系暧昧的时候，你会怎么想？在女人的一生中，不管你处于什么地位，不论是问心无愧还是心存愧疚，总有可能遇到这些莫名其妙、令人寒心的流言飞语，给你带来心灵的伤害，或者成为你生活或事业上的障碍。流言是无法避免的，有的时候它就像一把利刃，把女人伤得体无完肤。有人的地方就有流言。

女人怎么应对流言飞语呢？有的人遭遇是非，采取远走高飞的方式躲避，但是不管在哪里，都有可能存在流言；有人愤怒出击，寻找造谣生事的人，但是流言的传播者不是一个个体，就算是找到了，也可能会越描越黑。一位智者说过：“假如我们都知道别人在背后怎样谈论我们的话，恐怕连一个朋友都没有了。”所以女人要坦然面对流言，既然世上少不了流言，就练就适应环境、建立良好人际关系的本领，真正做到避免或减轻流言飞语的伤害。

女人也要做到不在背后议论别人的是非。经常议论别人的是非，是非也会找上门来。当听到同事的议论别人的是非时，最好不要介入，更不要在人后说别人的坏话。每个人都有自己的做人原则，当你觉得别人真的做错了，应当在没有第三者的场合，以不损害他人自尊心的方式正大光明地当面指出。背后道人是非的女人会让人觉得很狭隘、很小气。不要传递别人的流言，有的时候你也许是无心，但是也会给人造成伤害。传递流言也会让你陷入是非的旋涡，对己对人有害无益。传递是非，容易引起他人的厌恶和反感，容易在不经意间为自己树敌，成为人际交往中的阻力。

那么，当面对关于自己的流言时，女人应该怎么做呢？

过自己的生活，让别人说去吧。纠缠于是非之地往往得不偿失，让你为流言所烦恼、偏离正常的人生轨道正是搬弄是非者所希望得到的结果。在这个世界上，我们在乎自己的亲人、朋友和爱人，别人有什么可在乎的呢？别人爱说什么，让他们去说吧！只要我们没有做错，又何必去在意？何必耿耿于怀呢？越是在这种时候，我们越要好好生活，不让流言影响我们的心情和生活。

在演艺界，关于王菲和李亚鹏的流言飞语很多。相对于王菲的“天后”地位来说，李亚鹏真的不算什么，所以在很多人的眼中，李亚鹏是为了出名才和王菲结婚，加上记者还经常拍到李亚鹏和美女“约会”的照片，这就更让他们的婚姻生活蒙上了流言飞语的阴影。可是他们并没有理会这些，而是过好自己的生活，忙事业、忙照顾家庭、忙慈善，幸福得不亦乐乎。在“被离婚”多次后，还是经常出双入对地出现在公众面前，以此让流言不攻自破。

王菲和李亚鹏并没有因为流言就闹离婚，反而过得更好，本来婚姻是两个人的生活，别人有什么资格指手画脚呢？

另外，面对流言飞语最好一笑了之。有气度的女人面对流言飞语的表现就是一笑了之。流言止于智者，流言只是流言，当你有勇气去面对时，它就起不了任何作用了。不必解释，不必澄清，时间会解释一切。只要我们能够正视自己，接受现实，看到自身的价值，任何流言飞语都不能把我们打败。

美国前国务卿赖斯，因为是单身，经常惹上绯闻。有一次媒体炒翻了天，连《纽约时报》、加拿大电视新闻台这样严肃的主流媒体都参与进来，而且在一向谈论国际大事的美国国务院记者会上，也有记者就赖斯的绯闻进行提问。这一回她的“传说恋人”是小她11岁、英俊潇洒的加拿大外长彼得·麦凯。对于绯闻传言，赖斯的反应是哈哈大笑，麦凯则保持沉默。赖斯本人似乎对谈情说爱没兴趣，人们总是见她马不停蹄地在世界各地奔走斡旋，忠实地捍卫着美国的政策。对于有关个人的流言飞语，精明能干的赖斯从不多加评论。媒体也是炒上一阵，就不了了之。

对流言飞语最好的谴责就是不加理睬。赖斯从来不解释什么，但是绯闻不了了之了，制造绯闻的媒体反而很尴尬，这才是智慧的女人对待流言飞语的正确态度。

当流言飞语降临在自己头上的时候，不妨抬头看看天空，把目光投向海洋，不斤斤计较一时一事之长短，更不要想方设法去报复。女人要乐观豁达，为人处世要光明磊落，这样，就没有什么流言可以把你击垮了。拥有笑看流言飞语的气度，即使再可怕的是非之地，也奈何不了你。

智慧女人物语 *Zhihuinürenwuyu*

生活中总有一些人心理阴暗，爱搬弄是非。人说别人的是非多了，接触的阴暗面多了，久而久之，就会侵蚀自己的健康心态。女人平时要宽以待人、闲谈莫论人非，既不相信流言，也不传播流言，更要坦然面对流言。

要和你的男上司保持合适的距离

职场女性十之八九有个男上司，与男上司怎么相处也是一个无法逃避的问题。我们偶尔会听到别人议论某位女员工靠着男上司升职，或者因为与男上司不合而受排挤。也许你聪慧、敬业、有能力，有点看不起你的男上司，但是这并不意味着你就可以忽视他；也许你十分崇拜你的男上司，对他心生好感，但是这也不意味着你可以像结交朋友一样去接近他。作为女下属，怎样与男上司相处确实是一门很微妙的艺术，这直接关系到你的工作、家庭和社交关系。职场经验告诉我们，和男上司不要太近，也不能太远，要保持合适的距离。

不能与男上司太亲近。虽然我们不再有男女授受不亲的陈腐观念，在职场上，女下属协助男上司完成工作是十分常见的事情，男女分工协作、各司其职也能提高工作效率，但是这些并不意味着可以与男上司发展成朋友甚至更加亲密的关系。

所以职场女性要坚持自己的原则：

1. 不轻易接受男上司的礼物。有时候男上司送下属小礼物犒劳一下也情有可原，但是礼物是送给你一个人还是送给大家呢？礼物是不是有什么特殊含义？礼物是不是很贵重？考虑清楚这些问题再去接受礼物更好。

2. 不轻易接受男上司的邀请。因为工作的缘故，同事之间难免会一起吃饭娱乐，但是不要频繁接受男上司的邀请，上班下班时间都要和男上司分享就有点不正常了。

3. 不要介入感情问题，不要介入男上司家庭的私事，也不要轻易把自己的感情问题向男上司倾诉，这样都可能会带来不必要的麻烦。

4. 最好不要做男上司的朋友，因为有了友谊，期许会更高，两个人反而更难相处，让人误会的概率也更大。

5. 做好本职工作。如果你和男上司很亲近，而且你聪敏能干，还赢得了想要的职位，这时总有人觉得你耍了小手段，俘获了上司的心，一下子就抹掉了你所有的功劳。所以，女人还是不要离男上司太近，做好本职工作，辅佐好男上司，不要成为流言飞语的女主角。

周珊在一家规模很大的医药公司做销售，这是一份极具挑战性的工作，周珊做得很卖力，业绩一直节节攀升，因此大受顶头上司、销售部徐总经理的青睐。周珊刚进公司时，就碰上了一个对公司来说非常重要的国外大客户，她一遍又一遍地研究对方的资料，挖掘对方的弱点，用自己的认真和敬业来感化对方，一个星期下来，谈判终于成功了。周珊非常兴奋，在上司面前也顾不上矜持，欣然接受了上司出去吃饭和跳舞的邀请。

此后，徐总便经常请周珊吃饭、泡酒吧、打保龄球、桌球、壁球。多半是借口庆祝周珊的出色表现和业绩。有时周珊并不想答应，但是又怕驳了徐总的面子，自己以后的工作不好开展，就只能半推半就地一次次答应了。这些都逃不过别人的眼睛。不久，公司开始有人在背后议论周珊和她的上司。更让周珊苦恼的是：相恋两年的男友听到传闻后深信不疑，他揣测好强的周珊一定是利用了上司和自己的暧昧关系才做出那么骄人的成绩的。周珊怎么解释他也听不进去，最后只能分手。

周珊面对上司的邀请没有委婉拒绝，以至于俩人的关系在外人看来越来越暧昧。虽然周珊工作十分努力，但还是被人误会，甚至失去了自己的男友。

可见，女人无论什么时候都要有自己的原则，工作中要服从上司的安排，其他方面更要学会以诚相待，不卑不亢。有时候对一些不当的邀约要善于拒绝，这样会让人对你产生敬重，也有助于提升你在他人心中的地位。如果你实在没有勇气拒绝男上司的邀请，那么就拉上朋友、同事，甚至上司的太太一起去。

和男上司不宜走得太近，但也不宜太远。在工作中，因为避嫌刻意保持距离，时间长了，会让你与上司产生隔阂。假如你自命清高，觉得不屑于讨好上司，或者本身对上司就有成见，上司一定能感觉到，难道你能绝对保证上司不会给你穿小鞋？再说下属与上司有必要很好地交流和合作，这样才能提高工作效率，采取隔离策略，对工作没有半点好处。

要保持适当的距离，女人应该这样做：不要刻意躲避男上司，只要是男上司出现的地方你都躲得远远的，这样大可不必，即使你对他没有任何意见，他也会觉得你对他有意见；不要有敌视心理，人总有自己的好恶，假如你进人这个公司就觉得你的男上司很讨厌，不想看到他，那么难免会把情绪带到工作中来，这对于你来说是十分不明智的，不管怎样他是上司，一切应以工作为重；不要草木皆兵，有时候神经质的女人很难让人家喜欢，男上司给你必要的犒劳，不要动不动就误解对方对你有意思，要是拿这种事情乱说，那就更不明智了。

女下属和男上司是工作伙伴和上下级的关系，女下属最好做好本职工作，要注意学习上司的长处，不断地在职场完善自己。相处时顺其自然，不要刻意追求什么，也不要刻意回避什么。在日常交往中，女下属要大方、自然，以尊重对方是异性工作伙伴的关系来处理办公室中的一些事务，将会使某些复杂的事变得简单一些。

另外，上司就是上司，即使你们关系很不一般，也并不意味着你对他可以没有敬畏。何况保持适当的距离也很有必要，再优秀的人也是普通人，有才华横溢的一面，也有平淡无奇的一面，适宜的距离可以让你们更好地欣赏彼此。

智慧女人物语 *Zhihuinürenwuyu*

女人要处理好与男上司的关系其实很简单，就是保持合适的距离。不要多想，做好份内的事情，工作时一心一意地负责，不要管别人如何做、如何说，都要做好自己的本职工作。当然，在处理自己的问题的同时，也要坚守自己的原则，不要对别人的上下级关系议论纷纷。

别为办不好的事大费周折

聪明的女人往往只做自己能做好的事情，从来不为自己根本做不好的事情大费周折；可有些女人头脑一热，明知道做不好的事情还要坚持去做，结果浪费了时间和金钱，到最后落下个“无能”的名声，真是费力不讨好。

会办事的女人懂得用心用脑。办事之前，要把这件事放在心里先掂量掂量，这件事该不该做，能不能做，如何才能做好？一定要耐心细致地思前想后，反复权衡。最后把要办的事情分解开来，将其中的关系整理清楚，在此基础上细致谋划，最后自然能使要办的事情水到渠成。假如经过思考发现这件事办不好，或者意识到自己考虑有所欠缺，那就不要大费周折了，可暂时搁置或者直接放弃。

沈芳是一家国有化工公司的老员工，对化工原料市场十分了解，也掌握了不少货源。有一次她的朋友开了一家日化品小厂，急需一批原料，就向沈芳求助，希望沈芳给他找到价格适中的货源。这件事对于沈芳来说，是很简单的小事情，她毫不犹豫地答应了。但是她连续和几家公司联系，人家都回答说最近货源比较紧缺，已经把原料预留出去了，而且价格也比较高。沈芳觉得这些公司很不念旧日情意，再加上自己已经在朋友面前夸下海口，心里十分不快，就在电话里斥责对方：“当初你们原料堆积的时候我是怎么给你们解决的，现在你们却开始推三阻四了。”对方很为难，就说如果沈芳的朋友愿意出同样的价钱，就先给沈芳的朋友，沈芳没有征求朋友的意见就答应了。没想到，朋友听到报价后表示根本无法接受，怪沈芳自作主张，沈芳有苦难言，赶紧通知那家公司，但是人家已经和谈好的客户解约了，就等着沈芳的朋友打款发货了。沈芳一下子落入非常尴尬的境地，费力不讨好，最终得罪了两边的朋友。

明明是办不好的事情，沈芳不但动用了自己的人际关系，还欠下了人情债，却没想到三方都没有得到好处，弄得自己也非常尴尬。其实，沈芳在知道这种原料紧缺时就该告诉朋友，以原来的定价根本买不到了，更不该用人情胁迫对方，也不应为朋友做主。

其实，这个事例说明女人在有些时候要懂得示弱，认为自己办不好的事情就要坦诚相告，不要为这样的事浪费自己宝贵的人际资源。世界本来错综复杂，每个人都不是万能的，总有可以办好的事情，也有办不好的事情，懂得放弃，承认自己在这件事上无能为力并不是一件丢人的事情。

另外，在职场上，女人要懂得，“把事做对”比“把事做完”更重要。如果总是急着要把事情做完，而很少考虑如何将事情做对、做到位，结果只能是轻则做无用功，重则把正确的事做错。女人要忙而有序，忙出成效。忙碌是为了结果，一旦没有结果作为指引，那忙碌就可能变得毫无价值，甚至得不偿失。

明明知道做不好，只是为了交差，或者是为了显示自己的能力而把这件事做完，就失去了做这件事的本来意义，所做的一切也都是无用功。其实，不妨和老板或者朋友说：“对不起，这个领域我不太熟，恐怕做不好，你还是换个人吧。”真诚、委婉的拒绝反而会赢得别人的信任，轻易不做自己做不好的事情，答应下来的事情则竭尽全力去做，而且要做好，这样的工作伙伴或者下属谁不喜欢呢？

人贵有自知之明，作为女人，要正确评价自己，做事不冲动，理智思考，事情要么不做，要做就做好。

女人要善于认识自己，去做自己能做好的事情。生命中总有很多可能让我们一步步地去实现我们所追求的人生，但是也有很多不可能将我们引向失败。有的时候，女人无法把握不确定的未来，这就需要读懂和认识自己，知道自己会做什么，可以做什么，擅长做什么，在哪些方面拥有天赋和潜能，这样才能做成自己想做的事情，才能让自己在职业发展的道路上走得更远，爬得更高。

智慧女人物语 Zhihuinürenwuyu

女人一定要记住，不要为办不好的事情大费周折。办不好的事情既浪费了你的时间和金钱，也浪费了你的人际关系，到最后还可能让你贴上“无能”的标签。遇到办不好的事情，一定要懂得放弃，诚恳地说：“不好意思，这件事我办不好。”

掌握见机行事的“蘑菇战术”

在社会交往中，女人要学会见机行事，从“蘑菇战术”中寻找灵感。“蘑菇战术”就是隐藏主力，消耗敌军，等到时机成熟的时候出手，这种战术的好处就是避免自己伤元气，等时机合适的时候，再战胜对手，是一种弱者常用的战术。其实，从某种意义上说，女人是职场的弱者，当自己力量弱小和时机不成熟时，韬光养晦，在有利条件下击败竞争对手，这就是见机行事。

怎样学会见机行事呢？这里给女人一些有益的建议。

1. 学会观察上司的脸色。人的脸色是心境的晴雨表，喜怒哀乐往往能从脸上表露出来，女人要善于观察上司的脸色，见机行事。比如公司刚刚遭遇一些大项目丢失、客户被抢、产品问题、客户退货等事情，上司的心情大多是极糟糕的。如果这时你看不出来，居然还在老板面前提出加薪的要求，表现出对工作、项目、客户的不以为然，这极容易引发上司的怒火，即使不对你发火，但是对你的坏印象也留在心中了。而上司心情好的时候，就是提出建议和要求的时候，即使他不答应也不会放在心上。

2. 学会在合适的时机出击。职场有许多机会，也暗藏杀机。有能力的女人需要时机崭露头角，这个时机什么时候出现，全靠用心捕捉。遇到强大的竞争对手，要及时避开风头，善于选择时机出击，在对的时间和地点，可能就能以弱胜强。所以女人平时不要太张扬，韬光养晦很必要。

秦丽伟高考落榜后从江苏的一个小镇来到北京打工，几经周折后，在一家汽车销售公司找到一份工作。她的工作是前台接待，有时还做一些为客人端茶倒水、为员工订餐的杂事，工资很低。公司高学历的人很多，有些人在心里都瞧不起只有高中学历的秦丽伟，公司有位老乡劝她跟老板要求看能不能做销售，做前台没有前途。但是她毫不在乎，工作依然、认真负责，对待同事也是非常友善，私下里还学习英语，提高自己。

有一天，她又是最后一个离开公司，锁门时接到一份传真。这是一份全英文传真，秦丽伟英语水平有限，但是也能懂得大概意思。她打电话给上司，可上司关机。她本打算第二天上班再处理，可忽然意识到英国和中国的时差问题，说不定对方还等着回传呢。于是她坐下来，拿起英汉辞典及汽车专用英汉辞典翻译起来。完全搞懂后，她又用不是很标准的英语回了传真。

第二天上班老板接到电话，然后欣喜若狂地让人喊来秦丽伟，因为她及时给英方回了传真，才使得他们抢了先机，为公司争得了一单大生意。老板对这个前台接待刮目相看，找机会让她加入了营销团队。三年后，秦丽伟成了这家公司的销售主管。

高中毕业的秦丽伟在公司属于没有发言权的弱势群体，看起来也很难在职场中脱颖而出，但是她不急不躁，用心做好本职工作，于是在关键时机赢得了老板的信任，击败了无数潜在的对手。她的事例告诉我们，女人不要急于成功，要见机行事，等待属于自己的机会。

3. 学会和不同的同事相处。在办公室里，由于家庭背景、文化程度、兴趣爱好以及观念的差异，我们所遇到的同事也是形形色色的。不同类型的同事，具有不同的性格和为人处世原则，与之相处时，要选择合适的应对策略。对善良的同事，可以真心相处，发展成朋友，这对自己的事业也有帮助；对傲慢无礼的同事，要不卑不亢，长话短说，把需要交代的事情简明交待完就行，但是千万不要低三下四，也不要同样傲慢；对于沉默寡言的同事，要展现友好的一面，多发掘话题，一旦谈到他擅长或感兴趣的事，他可能就会滔滔不绝地向你倾诉起来；对待草率决断的同事，和他相处最好的办法就是经常给他泼泼冷水，让他保持清醒的头脑，切莫感情用事，草率做决定。总之，千人千面，对不同的人采取不同的相处方式，能让你广交朋友。

4. 学会利用细节。在日常交往中有许多小事情，也需要见机行事，千万不要忽略小事。比如在酒桌上敬酒，从最大的领导敬起，无论什么原因，千万不可两个或者三个领导一起敬，如果遇到两个领导不和的情况，尽量不要介入。透过这些细节最能看清当下的形势，有助于你见机行事，所以一定要注意细节，把握时机。

5. 扩大个人的交往范围。无论家庭、学校还是小团体，都是社会的一个缩影。只有学会应对各种各样的人，提高自己在较小范围内的应变能力，才会懂得见机行事，才能应付各种复杂的环境和社会问题。应变能力强的女人往往能够在复杂的环境中沉着应战，而不是紧张和莽撞行事。

女人时时会面临来自各方面的困扰，只有努力提高自己的应变能力，掌握“蘑菇战术”，才能保持健康的心态，并有效化解来自各方面的压力。即使再强大的对手，面对“蘑菇战术”时也常会显得无能为力，女人在力量弱小的时候，在对自己没有把握的时候，不妨多用这个战术。

智慧女人物语 *Zhihuinürenwuyu*

在工作、学习和日常生活中，遇事沉着冷静，学会自我检查、自我监督、自我鼓励，有助于培养良好的应变能力。如果迟疑不决、优柔寡断，就应主动锻炼自己的应变能力，并迅速做出决定。如果因循守旧，半途而废，那就从小事做起，培养创新思维，要求自己不达目标不罢休。相信你只要下定决心，并付诸行动，你的应变能力一定会不断增强。

在夹缝中也能游刃有余

随着社会竞争日益加剧，女人也承受着来自家庭和社会的各种压力。我们总能听到人们感叹："工作越来越难找，同事越来越难相处，业务指标越来越难突破。"一些职场女性遭遇到事业、婚姻的瓶颈，在夹缝中艰难生存。女人在遇到压力后，有的是咬牙死扛，有的是发火抱怨，不仅给自己的身体带来隐患，还可能会被人讥笑"更年期提前"。

曹熙是公司的老员工了，工作很稳定，公司环境、待遇都很好，但是她整日愁眉苦脸，唉声叹气，她向朋友倾诉："公司上司太多，为了协调各种关系，筋疲力尽。公司有些问题如果继续发展下去，对公司会产生不好的影响，但是顾及各个层面的关系，我只能不说。这些上司间的关系已经形成，一旦自己向其中一个领导说了这些意见和想法，就会打破这种关系。而且，我平时做了很多工作，如果跑去提意见，我担心会被老总说成添乱或者挑拨离间，自己的所有工作成绩将很可能被抹杀，甚至有可能被公司开除。平时我工作很努力，有一天，一个女上司不知什么原因，突然对我态度很恶劣。我没有做任何解释，我认为只要工作认真就好。但一次开会时她又直截了当地批评了我。我吓坏了，到现在还不知道怎么面对她。"

像曹熙这样，工作的幸福和快乐完全没有了，工作越来越没有起色，只能陷入无休止的抱怨中。

公司关系复杂难以相处，繁重的工作影响了家庭生活，同事不配合，上司故意刁难，客户朝三暮四……这些会让女人难以应付，不免烦躁易怒，身体健康也会受到威胁。这时女人一定要调整好心态，学会在夹缝中生存。

首先，不要认为自己是唯一一个受苦的人。放眼周围，你就会发现很多女同胞都面临这样的问题，其他人也在遭受类似的职场困扰，甚至可能比自己的处境更困难。如果能泛化思考，会让自己感到放松，摆脱孤单感，将心态放平和，不去计较太多，积极努力地去寻求解决的方法。

其次，反思一下自己是不是有的地方做得不好。梳理自己的情绪，找到各种问题产生的根源，为解决问题找准方向。也许是你太大意才招致老板的不满，也许是忙于工作才疏于经营婚姻，也许是因为没有很好地服务而流失客户。发现自己的问题，就会心平气和。及时解决问题，你就能更好地投入工作。

另外，多和家人、同事沟通。在遭遇误解、冲突时，一定不要把不满和意见藏在心里，应及时把自己的想法告诉别人。沟通是消除误会最有效的办法，要寻找解释的时机，任何人在激烈的情绪状态下都很难保持冷静，所以要学会至少暂停24小时再去解释。由于记忆的关系，最好在冲突发生后的三五天之内，即情绪平静后，对方对问题还有记忆的时候，主动与其谈话，并一道寻找解决问题的方法。

所有人都希望自己有和谐的工作环境，良好氛围的营造需要每个人在看到别人错误的同时，学会运用积极的态度和方式去解决问题。每个人自己的言行其实就是在告诉别人要如何对待你。女人要相信自己，主动发起自己的正向影响力。

张兰是一家小公司的行政助理，在她看来这是一个吃力不讨好的岗位。因为她要严格执行老板制订的奖惩制度。每一次同事因为迟到早退、上班聊QQ这种小事要登记并罚款时，她就会遭到大家的白眼。更可怕的是按照老板的指示去工位巡视，她总是遭到冷嘲热讽。她有的时候为了不惹众怒，就对大家偶尔的散漫睁一只眼闭一只眼，但是被老板撞见后，就会批评她办事不力，公司同事非但不领情，还说她“狐假虎威”。时间长了，张兰也学会了一些技巧，执行老板的规定时更灵活了一些，先是和老板商量给每月迟到早退者两次机会；又联系技术部门安装了内部联络工具。巡视工位时也不是黑脸一张，而是准备了一些零食，对同事嘘寒问暖，记录同事的一些实际问题，以便和行政部门协调解决。这样一来，大家都看到了她的努力，对她的态度也好了起来，为了不让她在老板那里挨训，大家都尽量遵守公司纪律，违规现象也减少了很多，她还受到了老板表扬。

张兰面对这样的“夹缝”工作，并没有消极对待，而是在工作中摸索出了一些技巧，灵活利用规章制度，人性化执行老板的指示，渐渐赢得同事的好感，还使自己的工作上了一个新台阶。

有的女人可能很不幸运，和自己的上司有了过节，那么在工作中可能时常要面对上司的刁难，她不甘心辞职，又不甘心忍受，实在是处于水深火热中。其实，女人完全不必那么痛苦，与上司硬碰硬自己大多没有好结果，不如找到一种合适的方式与上司和解。

上司对你的刁难可能因为你冒犯了他的权威，也许他只是显示一下自己的威严，服个软，给上司一个台阶下，上司也许就会放你一马。

用人情感化上司，人都是有感情的，真情能感化人，真情能拉近两个人的距离。假如你真心诉说自己工作中的困难和真实心境，说不准上司可以接受。

以敬业感动上司，在受到上司的刁难时，敬业永远没有错，不论什么样的上司，都喜欢敬业的员工。当你不愿意向上司解释的时候，不妨用实际行动向他说明你的能力和努力。

化解上司的有意刁难就是要学会斡旋，给上司找台阶，给自己找出路，给上司留面子，给自己留退路。

女人要记住，没有一个人的人生是一帆风顺的，遇到任何事情都要乐观对待，用心解决，只要保持一颗平常心，这一秒不放弃，下一秒也许就有奇迹，人生难免有跌倒和等候，阳光总在风雨后。

智慧女人物语 *Zhihuinüirenwuyu*

怎样在夹缝中生存是女人必学的“技艺”。遭遇“夹缝”时，女人要调整心态，真诚待人，不断沟通，努力工作，以实际行动赢得别人的喜爱和尊重。只要有良好的心态，强大的韧性，处理好各种关系，就能在夹缝中游刃有余。

过头的话不说，过头的事不做

有这样两类女人，一类人缘好，受欢迎，事业成功，家庭幸福，心境坦然，处事不惊；还有一类人际关系很糟，事业毫无起色，心浮气躁。这就是成功者与失败者的区别。女人说话、做事要知道应该怎么说、怎样做，不说过头的话，不做过头的事，这样才能赢得好人缘，每件事做起来才能得心应手、游刃有余。

一个人失去了分寸，做事说话便经常有过火之虞，看看自己的周围，有太多的女人因此而丢盔弃甲，活得狼狈不堪。能把握分寸的女人，是空谷幽兰，不会因为身居山野而失了自身的价值。

不说过头的话，不做过头的事，就是指说话做事有分寸，有分寸的女人让人信任，有分寸的女人比较容易成功。那怎么才能做到有分寸呢？

1. 在不同的场合说不同的话。看场合说话是女人有分寸的表现之一，在医院不说过于消极的话，在庄严的正式场合不要说轻浮的话。除了说话的内容，还要注意说话的语气。设想一下，公司正面临着一场巨大的危机，你却兴高采烈地说你过生日请大家吃饭，是不是很不合适，不管是上司还是普通同事都会对你有意见的。

2. 对不同的人说不同的话，而且还要看对方的心态。不同的人在不同的情况下会有不同的心态，而且有时候未必会明显地表露出来，那么你应当洞察对方的心理，以便进行有效交流。另外，要注意性别和年龄的差异，根据职业、地域的不同选择合适的语气和话题，当然还要考虑到对方的性格和文化程度。会说话的女人跟年长的人说话语气尊重，跟年龄相当的人说话语气亲切，会说话的女人从来不对文化水平低的人卖弄知识，对文化水平高的人说话也不故作文雅。说话懂得分清对象，说的话让人心里舒服，你这个人也会受欢迎，反之，说不准你还会把重要的事情办砸。

几年前，中国政法大学的几个即将毕业的研究生到司法部去联系工作安置，接待他们的是一位60岁的局长，局长看到这几个毕业生，面有难色，解释说："你们个别的可以考虑吸收，但是全部都来不好安排，因为机关的许多部门编制有限，没有名额。"听了这番话，一位女研究生大发感慨地说："这些老家伙早该离退休了，就是赖着不走，阻碍青年人走上工作岗位……"话没说完，局长的脸色就变得非常难看，他说："你们回去吧，我们再研究研究。"事后，他们才知道这位局长正为即将离休的事情犯愁呢。

局长已经到了退休的年龄，就是那位女研究生口中的"老家伙"，听到她的话心里怎么能舒服呢。女研究生不分场合、不分对象乱说话，只能惹人反感。

另外，还要记住不说过激的话。过激的话会使自己陷入绝境，也会把对方逼入死胡同。比如对上司，不完成任务就辞职之类的话最好少说，这会让自己很被动。在交际中，少用"必须"、"绝对"、"一定"、"我发誓"这样的话，多用商量的语气给自己留有余地。有的时候不能保证自己不说错话，那就保持缄默，只说有把握的话。

生活中没有做不成的事，只有做不成事的人，所以，做事和做人是分不开的。做事是做人的体现和延伸，做人是做事的指导和依归。做事更要讲分寸。在职场要讲原则，不要轻易破坏原则，做过头的事情；与人相处要懂得什么是合适的距离，不要轻易跨越。女人做事的时候一定要前思后想，不要被愤怒、财富和喜悦冲昏了头脑，激动的时候不要轻易做事，先让自己冷静下来。

格力的总裁董明珠，被人称为"商场铁娘子"，她做事坚持自己的原则，说话做事恰到好处，有自己的分寸，具有别样的魅力。她明文规定，格力的市场人员不能和经销商一起吃饭，如果实在要吃必须AA制，以防员工被腐蚀。董明珠作为格力的掌门人，手中掌握着巨额的资产，但是她在钱上从不浮夸，不做任何过头的事情，也不说过头的话。请别人吃饭时也一定会仔细核对账单，而且还会打包，以免增加公司成本。客人有时会说："这么大的老板在乎那一点儿钱吗？"董明珠的回答是："积少成多。"她并不因为自己一年创造几百亿元就忘乎所以，她出差总是一个人，住很一般的房间，以此为公司节省费用。

"得意便张狂"的例子很多，董明珠和那些女人不一样，她说话做事有分寸，不炫耀、不浮夸，坚持原则，一切为企业的生存和发展考虑，这样的女人不成功都难。美国著名的人际关系学专家戴尔·卡耐基说："一个人的成功，只有15%是由于他的专业技术，85%则是要靠人际关系和他的做事技巧。"的确，成功有一定的游戏规则，说话做事有一定的制胜技巧。

"分寸"不可以用数目衡量，也不能用天平称重。分寸只是一种感受，它受一个人对某件事认知程度的左右。在很多时候，女人会凭直觉行事，对很多事物缺乏深层的认知和了解。如果一个女人具有很强的分析能力，同时还有敏锐的直觉，还懂得把握做人、做事、说话的分寸，那她终会获得成功。

智慧女人物语 *Zhihuinürenwuyu*

智慧的女人不会说过头的话，也不会做过头的事，说话、做事前总会仔细考虑，选择合适的时机和场合，不会因一时冲动造成无法挽回的损失。为人行事的分寸是一门学问，要想做好并不容易。说话做事有分寸的女人格外受人欢迎，也更容易成功。

女人要外圆内方

懂得为人处世的女人大多都是外圆内方之人，内心有原则标尺，行为要圆润周全。"圆"是一种高超的处世艺术，做人做事讲究技巧，该前则前，该后则后，能够认清时务，使自己进退自如、游刃有余，对人要豁达、大度、宽厚、善良。外圆可以适应外部各种环境，就像经历过千百次锤炼的鹅卵石，可以经得起任何流水沙石的考验。会办事的女人上可以和领导和谐共处，中可以和同事和谐共事，下可以和家人朋友和平共处。

学会外圆，首先要学会控制自己的情绪，理智面对生活中的不平事，不与人为敌。其次应以开阔的心胸处世，开阔的心胸让你有宽人严己的风范，有谦虚不躁的作风。外圆，还要讲究方式方法，把原则性与灵活性相结合。很多女人遇到分歧，常常得理不饶人，气势汹汹，言辞刻薄，这样只能失去朋友、亲人。没有人会无限度忍让你的脾气，就算是家人、朋友也有因为你的坏脾气放弃你的时候。

水至清则无鱼，太有棱角的女人让人难以接近，不懂得灵活处世的女人容易让人生厌，也很难做成事情。

孙皎洁是一位才貌双全的女上司，业务能力强，总给自己的团队赢得超出其他部门的奖金，但是她的人缘却很差。下属对她毕恭毕敬，但是有什么事都不跟她说，下班相约吃饭也不会叫上她。更让她备感失落的是，去年她跳槽到一家大公司，连送她的人都没有。

其实这和她平时的工作作风不无关系。比如她规定每月只给员工一次请假的机会，任务完不成全体加班，其实这并没有什么不对，但是她不懂得特殊情况特殊对待。她的下属青青的父亲做手术时请了一次假，后来有一天青青发烧了，想请半天假回去休息，但是孙皎洁没有批准，最后青青晕倒在公司；张杰的女儿过生日想早下班，她以集体加班为名就是不让张杰早走。因为这样的事情，下属都觉得她“心狠手辣”，根本不愿意和她交心，即使拿的奖金再多也从不感谢她。

孙皎洁可以保持自己的棱角，但是她更应该明白什么时候做什么事。制订严格的规章制度是没有错，但是有的时候还得灵活变通。孙皎洁不懂变通的性格使她即使做得再好也不会赢得别人的尊重，却为自己树敌无数，从这方面讲，其实她是很失败的。

当然，“外圆”并不是一味讨好别人，老练事故却没有任何原则的女人也是没有任何魅力的。所以，“内方”也是女人必备的素质。“方”，即方方正正，有棱有角，指一个人做人做事有自己的主张和原则，不被他人所左右。做人应该有自己的原则，有自己的想法，有自己的主见，这样你才会与众不同。

一个人如果过分方方正正、有棱有角，容易碰得头破血流；但是一个人如果八面玲珑、圆滑透顶，总是想让别人吃亏，自己占便宜，也必将众叛亲离。因此，女人要外圆内方。

外圆内方的女人，有忍的精神，有让的胸怀，有貌似糊涂的智慧，有关键时刻的清醒。在面临强大的对手时，在遭遇危机的时候，藏巧于拙可以避灾逃祸，转危为安；在与人相处时，时时微笑，处处礼让，能做成别人做不成的事情；在是非面前，坚持真理，爱憎分明，从不随波逐流，在关键时刻却会挺身而出。这样的女人可敬可爱，这样的女人才是能成事之人。

人们说《红楼梦》是一幅活脱脱的职场女性斗争图，在这里面有两个成功的职场女性——贾母、薛宝钗。两个人给人的感觉一方面是亲善，富有女性魅力，性格圆润，讨人喜爱。另一方面思维缜密，有条不紊，很少一时冲动。她们体察入微，善解人意，内心深处对人、对事都不免会有一种俯瞰的心态。贾母和宝钗多对人性有深入的了解，也有额外的宽容，是不怒自威的。她们是典型的外圆内方式的女上司，手下的丫鬟婆子们喜欢她们，又怕她们。外圆内方，貌似绕指柔，实则为百炼钢，这才是女人修炼的方向。

女人要把“外圆内方”作为人生修养的一个标尺，构建和谐人际关系的一个准则，让“方”与“圆”有机结合。只圆不方，就是圆滑；只方不圆，则是死板。要处理好两者的关系，就要做到大事讲原则，小事讲风格；要有“弯下腰当一座桥，挺起身做一架梯”的精神，以诚待人，以理服人，以情感人，热心助人，厚德容人。

智慧女人物语 *Zhihuinürenwuyu*

方为做人之本，圆为处世之道。“方圆”之人，行动时干练、迅速，不为感情所左右；退避时能审时度势、全身而退，而且能抓住最佳机会东山再起。真正的“方圆”之人，没有失败时的妥协，只有面对挫折与逆境积蓄力量的沉默。女人无论是在商界、仕途，还是交友、情爱、谋职，都需要掌握“方圆”的技巧，这样才能成事。

第四章

善良感恩，以德感人的女人办事畅通无阻

善良是女人最大的优点。善良的女人就像春风拂面，带给人温暖舒服的感觉。女人拥有善良，她就是美的。女人的善良让人间温暖；女人因善良所受的伤害让人同情；女人因善良为他人所做的牺牲让人敬重。

善良的女人暖人心

善良有着丰富的内涵，它是一种心态，一种为人处世的方式，是日常生活中的一点一滴。善良也是一种智慧，是一种远见，是一种自信，是一种精神的平安，是一种快乐。善良是女人心灵的营养素，不管做什么事，心存善良，不仅会温暖别人的心，也会滋养自己的心灵。

对于女人来说，容貌的美丽只是暂时的，只有善良的女人才能永葆美丽，因为这种美丽是用“心”评出的。善良的美丽是一种人格的美丽，无论何时、无论何地都让女人光彩照人。

真正优秀的女人都是善良的，善良是这个世界上最美好的情操，女人的善良是人类温情的源泉。假如我们身边的女人是善良的，那我们则是幸运的，我们肯定会受到善良女人的帮助，我们也愿意为善良的女人提供更多的帮助。

那么，怎样做个善良的女人呢？其实善良是发自内心的，我们应该从点点滴滴体会，用善良的心做事。

善良的女人善解人意、极富感情，她们善于观察，细心周到，为他人着想，有时可以牺牲自己的利益去成全别人。善良的女人不会轻易埋怨世人，不会牢骚满腹，她们会默默工作，同时不忘理解、体贴他人。善良的女人懂得宽容，她们会记住他人的优点，忘掉他人对自己的伤害，以阳光的心态面对生活。善良的女人在别人成功时，会送上真挚的祝福；在别人失意时，能给予贴心的安慰；在别人尴尬时，巧妙地加以化解；在别人无助时，又会献上暖人心脾的帮助。

因为这些，善良的女人办起事情来自然容易得到他人特别的关照，她们深谙处世智慧与交际哲学，懂得用细腻的心思做人做事。

在美国北方的一座小城，有位老人登了一个广告，要卖掉自己的牧场。老人从小就生活在这个牧场，他在这里结婚、生子，度过了人生的大部分时光，对这里的每一片草地、每一只牛羊都很留恋。只是因为年纪大了，精力不行了，再加上儿女想让他去城市居住，他只得卖掉牧场。广告登出后，有很多人来看这个牧场，几乎每个来看的人都很满意，都愿意出高价买下牧场。但老人似乎无动于衷，一直没有表态。来人以为老人对价格不满意，都答应出更高的价钱。

这天，有位衣着朴素整洁的女人敲开了他的房门，对他说："先生，我很想买这个牧场，可是我只有1万元。"老人望着面有难色的女人，善意地说："我这牧场起价就是6万元呀！"可是，女人望着老人真诚地说："如果您肯把牧场卖给我，先不用办理产权证，等我的钱全部到位再过户。您可以照样生活在这里，愿意住多长时间就住多长时间，即便钱全部付清您也可以住。我们会陪您读报、喝茶、散步、骑马，您的生活习惯还跟从前一样。"老人抬头看了看她，有些动摇。女人接着说道："我知道您很留恋这个地方，您即使去了城里，也可以随时回来，而且，我保证您的房间保持原样。如果您觉得不适应城里的生活，您也可以一直住在这里，我和孩子们会陪着您。"老人听完笑了，他没想到这个女人如此厚道、富有爱心。最后，好多出高价的商人都没有成功，老人把牧场卖给了这个女人。

这个女人是善良的，她用自己纯真的爱心、善心打动了老人。她十分了解老人的心意，每一句话都是为老人着想，真正把话说到了老人的心坎儿上。这些朴素的话语展现了这个女人善良的内心，让老人感动，毫不犹豫地把牧场卖给了她。

有的女人会说"人善被人欺，太善良岂不是会被人欺负。"其实，善良如果缺少智慧，没有清晰的是非方向，没有原则，往往容易纵容别人的缺点，付出的心思越多，得到的苦果也越多。善良而又懦弱的女人，发现问题的时候，不愿意往坏处想，不愿去面对并解决问题，所以只能用一种牺牲的精神去解决问题。善良的妥协和纵容，往往会被"恶"所利用，"善良"付出的代价也会很大。所以，真正的善良是智慧的善良，保持善良纯真的本性，保持健康清醒的头脑。善良是爱，是包容，但不是可怜、包庇或者纵容。女人要学会善用善良，善良如果被坏人利用很可能好心做成坏事，善良的树结出的可能是恶果。

智慧又善良的女人永远是我们心目中的一幅画，做个充满智慧的善良女人吧，你的人生定会异常精彩。

智慧女人物语 *Zhihuinürenwuyu*

善良的女人宽容、无私、善解人意、有涵养，善良的女人可以成为最珍贵的朋友。一颗善良的心，能让最平凡的女人也美丽起来。做善良的女人，把温暖带给周围的人，也必将收获别人给予的温暖。

善待他人，等于善待自己

送人玫瑰，手有余香。人与人之间的关系是相互的，善待别人，等于善待自己。善待别人，也就是处理好自己与外界的关系，让自己不是孤立地存在，让人与人之间的关系更加和谐。女人要懂得善待别人，只有善良真诚地为他人着想，才能得到别人的善待。

善待别人并不等于做什么轰轰烈烈的大事，有的时候一个动作、一件小事就能温暖别人的心。人很容易被感动，感动人的不一定是慷慨的施舍和巨大的投入，千万不要低估一句话和一个微笑的作用，一个微笑可以让一个素不相识的人在一瞬间对你产生好感，一句话或许会给另一个人造成难以愈合的伤痕。

生活中，处处有机会让你善待别人。做事的时候，设身处地地为别人想一想。把别人和自己放在一个同等的地位，真正做到公平善良，以诚待人，相信别人也会对你以礼相待的。

善待他人，要做到以下几点：

1. 己所不欲，勿施于人。古人反复讲的做事准则，很多现代人却不愿意遵从了。白人小姐可以随意歧视黑人，是因为她没有尝过被人歧视的滋味，当她被人歧视了，她才意识到了种族隔离政策的落后之处。

2. 用谦和的态度待人。谦和待人不是小心翼翼，也不是低三下四，而是一种礼貌和温暖。一个美丽的收银员，对着一个手脚不利索的老人发脾气，她的嘴脸会一下子丑恶起来，如果我们不愿意做这样的女人，那就学着善待他人吧。放慢语速，让声音柔和起来，用谦和的态度说话，这些对我们来说其实很简单。

3. 多帮助别人。有的时候对于我们来说是很容易的事情，却能给别人带来很大的帮助。举手之劳就能帮助别人，何乐而不为呢？公交车上让一个座位，帮别人拉一下门，时间久了就会养成善待别人的习惯。这样的女人也往往能得到别人的善待。

有一次女演员王珞丹随同经纪人去赴一个晚宴。席间，一位大腕导演谈起他初去法国的女儿，他女儿既不习惯那边的饮食，言语交流上也有些障碍，生活得很不习惯，言谈中流露出一位父亲对女儿的牵挂和不安。在一旁的王珞丹心生同情，她想到了一位定居法国多年的好友。晚上一打电话，才知道好友与导演女儿的住处只隔着一条街。王珞丹就拜托好友周末的时候做一顿中式大餐邀请导演的女儿做客，顺便指点一下她学习法语的窍门。王珞丹只是尽自己的能力帮助一位无助的父亲而已，没想到却为自己招来了意想不到的好运。后来，导演知道了这件事情，对王珞丹表示感谢，还力荐她去了一个剧组，她一试镜居然得到了主要角色。

王珞丹不过是打了一个电话，举手之劳却解决了导演的大问题，赢得了导演的好感，也为自己赢得了机会。假如王珞丹根本不把别人的事情放在心上，就不会想到拜托朋友照顾一个陌生人。懂得善待别人的她自然会得到别人的善待。

有的女人有功利心，总觉得这个人现在和自己无关，以后也不会有交集，没必要做那么多事情。其实，把所有精力都投注在对自己有用的人身上，或许短期内可以获致显著成果，可是长期来说，就危险了。女人最好诚心诚意地跟周围的人好好相处，不要为了眼前利益只善待特定人士。

人的一生非常短暂，为什么不选择活得慷慨一点，让别人感觉到我们的友善和关怀呢？多说客气话，多说关心的话，多用友善的态度，多做帮助别人的事，送人玫瑰，手有余香，善待别人，我们的人生会更有意义，更有价值。

智慧女人物语 *Zhihuinürenwuyu*

人与人之间的关系是相互的，善待别人，建立自己的好名声，给别人留一个好印象，一点一滴的小事，会让我们收获人生巨大的财富。女人懂得善待别人，必得别人善待。

为自己而活，为他人着想

每个女人都是一道亮丽的风景，要学会欣赏自己，要为自己而活；每个人都与别人有着千丝万缕的联系，无法摆脱人情，所以女人还要学会为他人着想。为自己而活，为他人着想，是人生的大智慧。

每个人都有不同的生活方式和习惯，每个人也都有自己的生活理想，并非所有人都喜欢挥金如土的生活，也并非所有人都热爱恬静的乡土气息。每一个人都有追求自己未来生活的权利，都有选择自己从事某项工作的自由，更有追求自己理想的决心。不必嫉妒别人的生活，也不必盲目跟随某种时髦，更不必为了迎合谁而改变自己的生活方式，在这个色彩斑斓的世界，要坚守自己的领地，那就是为自己而活。

为自己而活，就不必过于在乎别人的评价，不要惧怕别人的眼光。不必把赢得赞美当成生活的目标。你的打扮有你的风格，你的生活是你的选择，太在乎别人的评价，只会泯灭自己的个性，让自己变成一个平庸的女人。

有一位懂得打扮的女士，她的衣服不追逐名牌，也不昂贵，但是都非常适合她。别人向她请教穿衣之道，她说："最初我穿一件衣服，有的人说好看，有的人说不适合我，我自己也不知道怎么办了。后来，我明白了，别人的意见也不一定全对，我要坚持自己的风格。"坚持下来了，就形成了自己的风格，终于成为别人穿衣打扮的典范。只要自己穿着舒服，活得舒心，完全没有必要被别人的赞同与否定所左右。

为自己而活，并不意味着可以不顾及周围人的感受，想做什么就做什么。我们为自己而活，是忠实自己的心灵，但是还要为别人着想，创造和谐的人际关系。你喜欢弹钢琴，难道能不顾及邻居的生活，半夜起来弹钢琴吗？这不是为自己而活，而是自私。女人要活出自己的个性，但是也要处处为他人着想，只有这样，别人才能对你的个性报以理解的微笑。

浮躁的女人只为自己着想，只为自己的成功喝彩，很少为别人考虑，甚至会阻止别人成功来达到自己的目的。这样的女人失去了做人的平常心，会被嫉妒、急功近利的浮躁心态毒害，会失去一颗公正、纯洁的心，无法看到别人的长处，也就无从学习别人的长处。

大学毕业时，雯雯去应聘某家公司的一个职位，当时和她一起应聘的有二十多个人。应聘时其中有一项是演讲，介绍自己的经历、经验以及对竞聘岗位的见解。雯雯听得非常认真，每听到自己的竞争对手讲到精彩之处，都会情不自禁地鼓掌喝彩。而其他人都心不在焉，不是打电话、发短信，就是在下面窃窃私语。雯雯听完演讲，认为很多竞争对手的能力都超过自己，也就没有为自己抱什么希望，只当是一次锻炼，但是最后公司决定聘用的正是雯雯。雯雯感到十分意外，因为她并不是名校毕业，专业也不十分对口，演讲效果也不是很好。等她进入公司后，就问自己的上司，为什么不是选择其中最优秀的那些人，而选择了自己。上司告诉她，因为他们的主要工作是负责公司各个部门与资源的协调，因此不可能凡事都拿头功，作为本部门的职员必须有一种真心为别人的成功喝彩、甘做幕后英雄的奉献精神，所以不需要那些认为自己是第一、事事想出风头的人。

真心为别人喝彩，为他人着想，才是聪明的女人所为。雯雯的成功说明为别人着想就是为自己着想。如果别人比你更优秀，你应该真心地为别人喝彩，你的言行便向人们展示了你的美德、你的修养。当你真心赞美别人的时候，其实你也是在赞美自己的宽广胸怀！一位职业女性，要为自己而活，就要选择适合自己的工作方式和生活方式，发挥自己的优势，但是身在团队，还要对团队和同事有责任心，处处为团队利益着想。

大家都听过这个故事，一位盲者要出门远游，还提着灯笼，他说："许多人在黑夜里行走时，都曾经被别人碰撞过，但我就没有。虽说我什么也看不见，但是因为我提了这盏灯笼，不单单给别人照亮了路，也让别人看到了我自己，这样，我就不会被别人撞到了。"为别人点燃一盏灯，才能照亮你自己。这就是为他人着想的道理。

生命是自己的，我们应该脱下虚伪的外衣，好好地为自己而活；人生路漫长，我们需结伴而行，所以要处处为别人着想。无论在什么时候，我们点亮属于自己的那盏生命之灯，不仅仅能照亮我们自己，同时也能照亮别人。

智慧女人物语 *Zhihuinürenwuyu*

女人应该活给自己看，不要虚伪，不要在乎别人的眼光，无须背着沉重的包袱踏上人生之路，应正确认识自己，为自己谱写一篇优美的乐章！同时，女人应该为他人着想，用真诚善良的心与人相处，照亮别人，也照亮了自己。

宽容是女人与人交往的润滑剂

宽容是女人的美德，在人际交往中，如果你能宽容待人，那么一定会凝聚更多人心，交到更多朋友。宽容是一种良好的修养，宽容的女人是美丽的，也能得到别人的尊重。心胸狭窄、睚眦必报的女人是可怕的，她们在任何一个交际圈里都是定时炸弹，人们会与她们保持一定的距离。宽容能让一个女人化解各种人际危机，解决各种难题，宽容是与人成功交往的润滑剂。

在社交场合，要时时展现宽容的一面。侍者弄脏了你珍爱的礼服，笑一笑，说声没关系；相约的客人迟到了，相信他有特殊的原因，关切地问他有什么事情需要帮忙……宽容的女人是一缕微风，周围的人都能感到她带来的舒适。

1. 宽容自己的家人。当面对亲人的误解和伤害时，选择宽容对待，用爱营造幸福，用情化解矛盾，家和万事兴，家会成为你事业的强大的后盾。

2. 宽容自己的同事。一起工作的同事是你事业上的最佳伙伴，当同事的失误让你遭受损失时，要理智地分析问题，在矛盾激化之前解决问题。这样你的工作伙伴才会更加稳定，才会给你带来更多的机会。

3. 宽容自己的朋友。朋友也许只能陪我们一段路，但是却给我们带来了快乐和满足。当朋友做了对不起我们的事情，想想旧日的情感，用宽容挽救友谊。

宽容能让我们放下仇恨的包袱，轻松面对生活，面对人生，使我们拥有平静从容的生活，使我们活得更轻松、更洒脱。宽容别人，其实就是宽容自己，多一点对别人的宽容，我们的生命中就多了一点空间，我们的生活就会多一种可能。宽容能让我们赢得家人、朋友和同事的真情。女人要拥有一颗宽容之心，宽厚待人，宽厚做事。宽容于人不会失去什么，反而可以收获快乐，收获成功，会给生活增添更多的欢乐和温情，何乐而不为呢？

美美是一位才华、容貌都很出众的女人，可在事业上却一直不顺利，生活得也不快乐，最近她更是觉得心情差到极点，老是无缘无故地发脾气。她只好去求助心理医生。心理医生只听到她抱怨、指责别人，这些人包括她的合作伙伴、朋友以及下属，她会一针见血地指出每个人的缺点和不足，然后抱怨同这些人相处有多么困难。然后总结自己之所以不顺就是因为这些人。心理医生听完以后对她说："别人都有那么多缺点，那你自己呢？"美美一下子怔住了，没有回答。心理医生说："你很聪明，所以能看出那么多人的缺点，但是不懂得包容和接纳，所以你很苦恼，事业也一直不顺利。"

美美的问题就出在对人对事的态度上，不能宽容别人，只能看到别人的缺点，自己内心自然不会快乐。长此以往，无人愿意与她交往，事业能成功吗？女人要从美美的事中吸取教训。

也许你平时没有养成宽容待人的习惯，那就从现在开始一点一滴做起，换一个角度看问题。遇事待人，要学会换一个角度去想。假如我是她我会怎样？假如别人不原谅我，我会怎么办？这样设身处地为他人着想，体谅他人的难处就更容易宽容他人。我们身边肯定有自私、爱占小便宜的人，不要光盯着别人的缺点，学会放大别人的优点，这样看人的眼光就能更加宽容。

被人得罪，难免发火，当你开始觉得不愉快、气愤的时候，不妨尝试延迟开口说话和反驳的时间。"10 秒钟之后……20 秒钟之后……我再说话"，或者干脆在生气的时候不要说话，这样就能给人道歉的机会，也能给自己更多的余地。

当你发怒的时候，多"回头"想想：他原来对我很好，这次也不是故意的，我不能一味地责备他，原谅他一次吧。

女人多掌握一些控制和发泄愤怒的方法，会有利于身心健康，也有利于和周围的人更加融洽地相处。宽容待人能给别人、给自己都留有余地，让交际环境更加和谐。

在美国一个市场里，有个中国妇人摊位生意特别好，引起其他摊贩的嫉妒，大家常有意无意地把垃圾扫到她的摊位前面。这个中国妇人从来没有放在心上，只是宽厚地笑笑，不予计较，反而把垃圾都清扫到自己的角落。旁边卖菜的墨西哥妇人观察了她好几天，忍不住问道："大家都把垃圾扫到你这里来，你为什么不生气？"中国妇人笑着说："在我们国家，过年的时候，都会把垃圾往家里扫，垃圾越多就代表会赚越多的钱。现在每天都有人送钱到我这里，我怎么舍得拒绝呢？你看我的生意不是越来越好吗？"她说的话很快传遍了整个市场，在她摊位前倒垃圾的人有些无地自容了，从此以后，那些垃圾就再也没有出现过。

这个中国妇人用智慧宽恕了别人，也为自己创造了一个融洽的人际环境。如果说她针锋相对，得罪更多的摊贩，对她有什么好处呢？俗话说和气生财，她这样做生意自然会越做越好。

女人要懂得宽容别人，也要懂得宽容自己。有的女人不肯原谅自己的错误，对过去的事情耿耿于怀，那样就会活得非常累，她们将背着心灵的包袱终生受累。给别人一个宽松的环境，也要给自己一片广阔的空间，让别人好过，也要让自己好过。这才是聪明的女人所为。

女人要知道，宽容也是有界限的，宽容不是妥协，也不是忍让，更不是迁就。一味逆来顺受并不是宽容，而是失去自我，也是对别人的不负责任。女人的宽容更多的是爱，是在理解的基础上的大度，所以宽容需要女人懂得舍得的智慧。舍得是一时的不计较，但得到的却是长久的快乐，收获的是人生的成功。

智慧女人物语 *Zhihuinürenwuyu*

宽容是女人的美德，是一种非凡的气度，宽广的胸怀，是对人、对事的包容和接纳。宽容的女人拥有一份生存的智慧、生活的艺术，能在矛盾激化前让问题解决。女人要学会宽容，只有懂得宽容的人才能更快乐地生活。给别人带来幸福的同时，给自己也带来快乐，收获人生的成功。

感恩是女人歌唱生活的方式

在一次学术报告后，记者采访坐在轮椅上的大科学家霍金："疾病已经将你永久固定在轮椅上，你不认为命运让你失去了出路吗?"霍金用还能活动的三根手指艰难地叩击键盘，显示屏上出现了这样的文字："我的手指还能活动；我的大脑还能思维；我有终生追求的理想；我有爱我和我爱着的亲人与朋友。对了，我还有一颗感恩的心。"

在漫长的人生道路上，人总要面临各种艰难险阻，遭遇各种挫折和失败。在我们最困难的时候，有人向我们伸出温暖的双手，有人为我们指点迷津……在无数人的帮助下，我们战胜了一个个困难，在挫折中一次次爬起来，登上成功的峰顶，驶向幸福的彼岸。那些曾经帮助过我们的人不应该被忘记和忽略，我们应为自己所得到的一切感恩。

对哺育、培养、教导、指引、帮助、支持乃至救护我们的人心存感激，并通过我们十倍、百倍的付出，用实际行动予以报答，这就是感恩，感恩是女人歌唱生活的方式。

感恩大自然，因为大自然让我们呼吸到新鲜空气，看到繁花绿树，领略青山绿水，我们的生活才会变得如此美丽；感恩父母，因为他们给予我们生命，哺育我们成长，假如没有他们，我们无法拥有现在的一切；感恩朋友，因为他们在我们最困难的时候陪伴在我们身边，帮助我们度过一次次危机；感恩身边的务工人员，因为有他们，我们的草坪有人修剪，我们每天走的路有人打扫，我们能买到热腾腾的早餐……

职场女性要感恩给你提供机会的人，因为他们你才能脱颖而出，大放异彩，成就事业；要感恩你的对手，有竞争才有生存，因为对手你才不敢懈怠，才会不断提升自己的能力；要感恩严格要求你的人，因为他们提醒并规范你的行为，让你改掉坏习惯，向成功迈进了一步。

身在职场，总会遇到不公平的待遇，也许上司苛刻、同事自私、环境恶劣，只有改变自己的心态才能改变周围的环境。与其怨天尤人，不如自强自立。怀有一颗感恩的心，不管对公司、同事和领导都心怀感激，这样你的工作会更加愉快，收获会更大。一味索取，不懂感恩的人，在职场是没有市场的，势必会被淘汰。

某高新企业新聘了一名大学生，叫黎敏，因为刚走出大学校门，她除了会一些理论知识外，什么也不懂。公司考虑到她的学历和专业，想把她培养成公司的技术骨干，对她给予了周到的照顾，比如给她安排单身宿舍，在工资待遇上，也给予了相对不错的薪水。公司把她安排到公司各个关键部门去实习。黎敏头脑灵活，学习也非常认真，公司更加看重她，把一个去国外学习的机会给了她。两年过去了，黎敏学成归来，公司立刻安排她到技术部门做助理，委以重用。没想到，没过两个月，黎敏把辞职报告递交到老板的办公桌上。原来，另一家同行业高新企业许诺给予她更高的职位和高于她目前一倍的薪水。公司老板多次找她谈话，希望她能留下来，黎敏下定决心一定要离职。黎敏到新公司后，很快就担当重任，但是她抛弃第一个东家的事情也在业界传开了，下属和上司都知道了她的这段经历，对她有一些排斥，黎敏的日子越来越不好过，工作也没有人配合，最后不得不离开。

原来的公司为黎敏支付了不少的费用，还投入了大量的时间和精力，而黎敏几乎没有为公司作出任何贡献就走人了，从情理的层面来讲，黎敏真是有些见利忘义，最起码她也是个不懂感恩的人，所以看似非常优秀的她在职场上落下了坏名声，根本不会走太远。

女人要存有感恩之心，还要把这种感恩之心落实到现实生活中，养成习惯。可以利用适当的时机用语言表达自己的情感，多说几句“谢谢你，没有你我就不会……”“真的太感谢你了……”这样的话语；间接表达自己的感恩之情，在教师节、母亲节、父亲节这样的节日，用信件、卡片、短信、小礼物来表达你对他们的感激；向要感谢的人赠送礼物，以表心意，让对方明白你的感激之情，建立良好的人际关系。主动表达自己的感恩之情，是对人际关系的一种经营，是女人的一种生活方式。

感恩也像其他受人欢迎的品质一样，是一种习惯和态度。在感恩的氛围中，人们对许多事情都可以平心静气地接受，可以认真、务实地从最小的事做起，可以正视错误、互相帮助。女人怀有感恩之情，对别人、对环境就会少一份挑剔，多一份欣赏和感激。懂得感恩的女人对生活有着美好的信念，对未来有着美好的期望，所以她的人生也就格外不同。

心理学家认为：心改变，态度就跟着改变；态度改变，习惯就跟着改变；习惯改变，性格就跟着改变；性格改变，人生就跟着改变。女人从现在改变自己的态度和习惯，以感恩的心态生活，必将收获幸福的人生。

智慧女人物语 *Zhihuinürenwuyu*

我们生活在一个社会大环境之中，因为有很多人的帮助才有了生存条件和发展机会，所以要时时懂得感恩。感恩是一个人对自己与他人、社会关系正确的认识。女人对生活心存感恩，就不会有太多的抱怨。感恩之心足以稀释女人心中的狭隘和蛮横，还可以帮助她们度过最大的痛苦和灾难。常怀感恩之心，我们的人生资源会变得更加深厚，我们的心胸会更加宽广。

把自己的快乐传递给别人

快乐是一种感觉，是一种心境。有的人活在世界上天天都不快乐，苦恼了一辈子；有的人则天天快乐，舒心了一辈子。快乐不是别人给予的，而是自己寻找和体会的，同样一件事，有的人看来是不快乐，在有的人看来则是快乐的。

快乐的女人，总是微笑着面对人生，给家人带来快乐，给同事带来温馨，给工作带来成功，给自己带来自信。微笑装点着女人，也点缀着平凡的生活。快乐的女人知道怎样调节自己的情绪，善于从身边寻找快乐。“一个快乐让人分享，就会变成两个快乐。”快乐的女人把快乐传递给别人，快乐便增值了。

在传递快乐的过程中，应养成礼貌待人的习惯。有时，一个微笑、一声“您好”、一次让座、一次指路都会给人带去快乐。为别人带去欢乐，也为自己带来了好运。

大嘴美女姚晨通过一部《潜伏》红得炙手可热，不知道有多少人被她扮演的女游击队长逗得捧腹大笑。其实在生活中，姚晨也是一个快乐的女人，面对媒体，从没精心准备过哪种表情和何种发言的她，仅是对着镜头憨然一笑就会轻易调动轻松的气氛。她说，走红地毯的时候被人高喊名字是快乐的，回家卸完妆睡一觉也是快乐的。姚晨懂得让自己过得快乐，善于发现小事中的乐趣，所以每天都很开心。她经常把自己的快乐传递给别人，在片场，姚晨的笑点较高，通常别人被她逗乐了，她自己还没什么感觉。她总给身边的人讲笑话，开开心心聊两句，气氛自然会很愉快。姚晨的快乐感染了很多人，包括她的工作伙伴和媒体，大家都觉得和她在一起非常轻松愉悦，因此姚晨也被称为最有亲和力的女明星。

姚晨的秘诀就是“快乐”，让自己快乐，让别人快乐，生活不是喜剧，但是可以处处发掘快乐。快乐的女人就像清泉和微风，能给人带来意想不到的欢乐。比如，我们周围快乐的同事总会感染我们，当我们看到别人微笑时，心里也会十分高兴。

有人说，别人生活得那么美满，所以快乐，而我工作不好，薪水也不高，根本谈不上快乐，更别提传递快乐了。其实，快乐和金钱、地位没有关系，快乐与生活态度有关。我们要懂得满足和感恩，懂得珍惜生活中的小感动，懂得细心观察小事，天长日久，就可以储藏很多快乐。与其抱怨老天的不公，不如想方设法去发现快乐，并把快乐传递给别人，这个过程本身就是幸福的。

抱怨是某家公司员工的常态，大家总是在互相抱怨自己的种种不满，在工作中遇到不如意总是愁眉苦脸、唉声叹气，但是小金是个例外。她学历不高，在公司做前台，每天就做一些收发报纸接待客人的烦琐工作，但是她总是把微笑挂在脸上，从不抱怨自己的工作，也从不把情绪带到工作中，即使沏茶倒水也做得有滋有味。早上上班的同事总能听见小金甜美的笑声和问候，“哇，你今天真漂亮。”“这里有最新的报纸，有几个版面很有意思哟。”“怎么了，不开心，我先给你讲个笑话……”大家听了小金的话都会舒展眉头的。后来，小金被老总“钦点”为集团年度优秀员工，大家都毫无异议。老总说：“小金是我见到的最快乐的并把快乐传递给别人的员工。”

小金的工作很普通、很微不足道，收入也不高，但是这些因素并不能妨碍小金成为一个快乐的人，并把快乐带给别人，所以她赢得了大家的好感。女人一定不要因为自己生活得不如意就放弃快乐的权利，在平凡的生活中收获快乐，也就收获了快乐成功的人生。

怎样做个快乐的女人并把快乐传递给他人呢？

1. 懂得看淡人生得失宠辱。在乎的少了，就不会患得患失，即使是平凡的生活也会觉得有滋有味，这样就会更加快乐；在职场上，也要看淡种种小事，对人对事有气量，赢得好人缘。

2. 有情调地生活。在春光灿烂的日子里，带着孩子去放一次风筝；采摘一束鲜花插在精致的花瓶里，品味那份怡然的心情；高兴了可以赤脚在雨里奔跑。这些生活小事，能增加生活的乐趣，让你从中得到快乐。

3. 不管发生什么事，以快乐的一面示人。在交际场合，常谈快乐的话题，常带笑声，当朋友遇到难事的时候，学着开导化解，用自己的快乐感染别人。

快乐的女人就是一道明快美丽的风景，她们用自己的快乐感染周围的人，给别人带来快乐，也让自己更快乐。快乐的女人，把快乐传递给别人，就会拥有一份飘逸，一份洒脱，一份安宁，为自己赢得家庭的和睦、事业的成功。

生活中有很多快乐，女人要善于发现快乐，并把快乐传递给别人。会传递快乐的女人，是最受人们欢迎的朋友，是最佳的合作伙伴，是最好的同事。把快乐传递给别人，自己也会得到更多的快乐，人生也会因为快乐洋溢而格外精彩。

女人要学会与别人分享幸福

每个女人对幸福的定义是不同的，有人觉得拥有一处大房子就是幸福，有人觉得在公司做到某个位子就是幸福，有人觉得情人节收到爱人的礼物就是幸福，有人看到孩子的笑容就会觉得幸福。对于幸福的定义千差万别，但是幸福的本质是人对生活的满意感、和谐感和满足感。

幸福是一种感觉，它并不取决于人们的生活状态，而取决于人们的心态，所谓“知足者常乐”就是这个道理。人要学会自我满足。这里说的自我满足，并不是骄傲自满，也不是阿Q精神，而是对环境的适应。人应该学会改变环境，但更要学会适应环境，要做到这两样都不容易，这是人生存的能力。

那么，怎样做一个幸福的女人呢？

首先，要有自己的理想，也许理想很小，但为我们的人生树立了目标。理想可以促使女人做一些有用的事情，而不会仅仅为了生活中的不满而抱怨。有了小理想、小愿望，就增添了女人的幸福感和成就感。

其次，要克制自己的欲望。人的欲望是无限的，假如对任何东西都不知满足，那么永远都会缺乏幸福感。在生活上可以不满足现状，但必须有一个度，要通过自己的劳动、合法的手段去获取自己想要的一切。

最后，女人要善于发现生活中的幸福并与别人分享幸福。“发现”是一门学问，每个女人都要经历，只有用心感受，懂得发现，才知道其实自己是幸福的，假如能把这种幸福与他人分享，那么就增加了幸福的感觉。幸福快乐的女人肯定更加美丽、迷人，更加善解人意。

分享幸福，并不是炫耀幸福，你的家庭和睦、事业有成，你觉得很幸福，但是不要因此轻易判断别人是不幸的，也不要轻易向别人炫耀你的幸福。炫耀，并不是真正的分享，自己产生优越感，让别人自卑，会让你孤立起来。“我刚刚从夏威夷度假回来，真是太美了，这才是幸福的生活——你呀，也该让自己放松一下了，不要在乎钱。”对方正在为孩子上学的高额赞助费发愁呢，能感觉到你的幸福吗？

怎样分享自己的幸福？分享幸福其实是满足感、幸福感的一种传递。如果我们周围有人与人分享幸福，场面一定是非常温馨的。

琳琳一上班就对同事说：“昨天下了一夜的雨，今天早上空气特别新鲜，草坪上还挂着水珠呢！”然后她伸了伸懒腰，说了一句：“今天真幸福呀！”其实同事昨晚熬夜了，今天早上还在想着自己没完成的工作，根本没有注意早上空气是不是新鲜，琳琳的话一下子提醒了同事，她赶紧往外面看，“哇，确实呀，真美。”工作的烦恼一下子就没有了。

新来的大学生杨娇来到办公室，兴高采烈地说：“今天转正了，终于拿到全薪了，也可以双休了，我觉得很幸福，谢谢你们这些天对我的关照。”虽然只是转正，但是经她这么一说，大家都觉得好像和杨娇一样刚转正，都觉得非常高兴。

快要结婚的小梦在公司派发自己的喜糖，脸上洋溢着幸福的笑容，邀请每一个人参加她的婚礼，其中包括平时不合的同事。一时间，大家也被幸福的感觉充斥着，氛围一下子显得特别和谐融洽，她把幸福传递到每个人心里了。

这些都是生活中常见的情景，分享自己的满足感，带给别人快乐和幸福，就是分享自己的快乐和幸福。当面对不幸的人时，更不能炫耀自己的幸福，而要分享自己生活中的满足感，启迪她在自己的生活中发掘幸福。

痛苦和不幸与人分享，痛苦和不幸就会减半；快乐和幸福与人分享，快乐和幸福就会加倍。

分享幸福会让你身心愉悦。当你说出自己的幸福时，别人也会感觉到你的幸福，会有豁然开朗的感觉，这种感觉反馈给你，会给你带来更大的满足感。不管是皮肤更好了，还是收到新礼物了，不妨说出来听听，让办公室充满欢笑声，你的身心都会愉悦起来。

分享幸福会让你的人生态度更加豁达。懂得分享的人是豁达的人，常与别人分享，就会对人生有更深刻的认识。鸡毛蒜皮的小事不要过于计较，幸福快乐的心境才是最重要的。在与别人分享的过程中，女人会体会到人生的真谛，放下恩恩怨怨，珍惜每一个瞬间。

分享幸福会让你结交很多朋友。一个处处给别人带来欢乐和幸福的人朋友一定不会少，女人要建立好人缘，就要懂得与人分享自己的幸福和快乐。

懂得与他人分享幸福和快乐的女人总是能把快乐和幸福带给别人，而她自己也会变得更加幸福。

智慧女人物语 *Zhihuinürenwuyu*

人生总会经历种种坎坷，追寻理想的过程也时常会遭遇不顺，但在任何时候我们都要善于发现美和幸福，并把这种幸福与他人分享。分享幸福会让周围的人更幸福，也会让人际环境更加和谐美好。

女人的语言要充满人情味

与人交往，不同的人会给我们留下不同的印象。有的人让我们觉得亲切，有的人让我们觉得难以接近，有的人让我们觉得舒服，有的人让我们觉得讨厌。每个人的语言特点不同，给我们留下的印象也不同。有时语言仅仅得体是不够的，还需要有人情味，女人的语言要充满人情味，才能散发出巨大的亲和力。

人情味，源自人性之中最温情的一面，是人与人之间真挚情感的自然流露。说话做事有人情味的人，能由内而外散发出独特的魅力，闪现出一种可以温暖人心的精神。

在人际交往中，言谈要有人情味。在交际场合，说话要处处为他人着想，处处为他人考虑，表达出你的关切和钦佩，让人感觉到你的善解人意。例行公事的交际语言有时让人生厌，而富有人情味的语言更容易让人接受。

有一家建筑公司承包了一个建筑项目，建造一座规模巨大的办公大楼。在工程即将结束之际，负责供应内部装饰材料的承包商忽然宣布：他不能如期送货。这样一来，整个工程的进度就被耽搁了，可能会受到巨额罚金，遭受重大的损失。建筑公司派人去承包商那里交涉，每次都无功而返，最后派公司的谈判高手人事总监刘欣与承包商面谈此事。

刘欣来到承包商的办公室，微笑着对他说："很高兴见到您，一到您的公司我就打听您，他们都说您是位爽快的人，公司派我来，我觉得真幸运。"接着就称赞看起来十分年轻的承包商居然拥有如此大规模的一家公司。承包商非常高兴地说："这是我花了很多的心血发展起来的事业，我为之感到自豪，你是否愿意到各部门参观一下呢?”刘欣欣然应允。在参观过程中，承包商声称有一些机器是他自己发明的，刘欣马上向承包商请教机器的具体操作方法，承包商说：“到处都需要装饰材料，但是很少有人像你这样对这一行感兴趣的。”

后来，承包商坦言道：“你来这里的目的我自然知道，我是有难言之隐的。我们相处竟如此愉快，我保证你们要的材料能够按期送到。”那批材料后来按时送到，大厦在契约届满之前顺利交工了。

刘欣轻而易举地得到了想要的东西，并没有什么绝招，只是说话有人情味，每一句都说到了对方的心坎儿里，自然就容易成功了。

在工作中也需要人情味。工作中要公事公办，但是言谈也要有人情味。比如在服务行业的人，说话有人情味，才会让人觉得更加信服，服务也更有专业精神。我们在试衣服的时候，不想听到服务员一直在推销，而是希望她们根据我们的职业给一些更好的建议，这样的服务员业绩一定比别人好。只要是与人接触的行业，都需要使用人情味的语言。这样可以加强沟通，说服别人，也可以让自己更容易成功。

海丽是某小学三年级二班的班主任。她的班上有这样一位学生，性格孤僻，不喜欢和别人一起玩，也很少参加集体活动，好像自己不属于这个集体似的。在一次课外活动上，这个学生无意间摔伤了腿，海丽对他说：“无论是在校园还是在大路上，在学习中还是在和同学玩耍的时候，一定要小心，你要知道你的不小心会使牵挂你的人更加担心，在这个世界上不仅仅是你的父母在牵挂你，还有一个人在牵挂你，在为你担心，那就是老师。”后来这个学生在周记上写道：“老师，我听了您的话，心里暖洋洋的，相信我，我会改变自己的。”后来，他开始和同学交流了，上课回答问题也主动了，也开始帮助别人了，有时候思想上有了疙瘩还主动跑来和海丽谈心。正是海丽富有人情味的语言改变了他。

不管是大人还是孩子，都喜欢有人情味的语言，海丽的话没有给孩子任何压力，反而拉近了与孩子的距离，赢得了孩子的信任，最终改变了孩子孤僻的性格。

当女人作为领导者和管理者时，更需要有人情味的语言。有些管理者非常严厉，使人觉得一点人情味都没有；还有一些管理者，又管理得太松，以至整个部门显得松松垮垮。这两种管理者，都不太可能把员工关系处理得很好，都不太可能让员工为客人提供高效而又富有人情味的服务。好的管理者与这两种管理者截然不同，他们采用的是一种高效而又富有人情味的管理方法，即“严”与“爱”相结合的管理，这样的管理者会使用人情味的语言，严格要求的同时又能拉近与大家的关系。

聪明的女人会使用充满人情味的语言，能把话说到别人的心坎儿上，这样的女人必然讨人喜欢。在处世中，有人情味的语言容易说服他人，能使工作顺利进行；在生活中，有人情味的语言，能轻松化解许多不必要的尴尬和摩擦。说话人人都会，但表达的效果却大相径庭，以话攻心，至情至性，用亲切的、发自肺腑的真诚打动人，生活的道路会越走越宽，人生会增添无限光彩。

智慧女人物语 *Zhihuinürenwuyu*

女人可以没有很高的学识，没有很好的背景，但要会说充满人情味的话。这样的女人拥有一种智慧，即能够使周围的人变得更快乐，能赢得更多的朋友，在没有机会时能创造机会，把别人眼里的不可能变成现实，脱颖而出。

德行是女人的必修课

人际关系专家柯维说：“即使我可以运用手段使他人投我所好，为我赴汤蹈火，或对我产生好感，彼此同仇敌忾；然而只要品德有缺陷，尤其是言不由衷、虚情假意，终究成不了大器。”女人即便在很多地方注意自己的言行，学习很多社交礼仪，但是没有好的德行，所学的一切都是空中楼阁。所以，对女人来说，德行是必修课。

女人要重视自己的一言一行，重视品德修养，外化为言谈举止。要想达到这样的层次，就需要努力做到以下几点：

1. 负责任。不管你是管理者，还是一名普通员工，都要为自己的职位负责任。人可以追求自由，但是不能随心所欲、放任自流，任何时候都要想到自己所处的位置，想到自己的一言一行所带来的影响。

2. 守诺言。遵守诺言是一个女人必备的品德，说过的话要记得，答应的事要去做好，约定的时间不要轻易改变。遵守诺言的女人才能得到别人的信任和尊敬。

3. 自尊自爱。女人要爱惜自己的名誉，懂得尊重自己，假如连自己都不尊重自己了，就更没有人肯尊重你了。自尊自爱的女人懂得什么可以做，什么不可以做，做人做事都问心无愧。

4. 帮助弱小。帮助弱小、照顾弱小是女人的美德。能够站在对方的立场上体谅对方，能够向弱者和有困难的人伸出援助之手，能够容纳别人的弱点和不完美，拥有这样的温情，也是非常重要的。

雨晴和王娜是同事，平时关系很好。一次王娜邀请雨晴去家中做客。王娜家境很好，雇用了一个老保姆，行动不是很便利。王娜一边陪雨晴聊天，一边指挥那个老保姆干这干那，老保姆亦忙前忙后，一脸惶恐。饭后，王娜端坐在餐台前正厉声斥责那个老保姆，只因为她的玻璃餐台的台面上被水果弄湿，老保姆没有按她说的用牙膏去擦洗。后来，王娜还一字一顿地从牙缝里挤出几个字："还要我再告诉你吗？桌子没擦干净，再用牙膏擦三遍！擦到能照出你的影子为止！"老保姆战战兢兢地从卫生间拿出一管牙膏，却不小心碰倒了水盆，于是，水漫地面，老保姆脚下一滑，"扑通"摔倒，半天没爬起来。而王娜却连眼皮都没眨一下。

雨晴当时就惊呆了，这是她第一次脱离了工作场合见王娜，从来没有想到王娜会这样对待一个老保姆。经历这件事后，雨晴对王娜有了新的评价，有意疏远了她，王娜也失去了雨晴这个朋友。

王娜对待老保姆的方式暴露出她人性中丑恶的一面，即使她在公司中表现得再怎么友好善良，也会让看到她真实一面的同事望而却步。雨晴不愿意和这样的人做朋友。

5. 品德端正。女人可以爱发脾气，要小性子，但是不能阴险狡诈。品德端正的女人即使贫穷，也会散发出高贵的气质，即使容貌平平，也是美丽的。做个品德端正的女人，生活中被人信任，职场上被委以重任，离成功才会更近。

从农村来城市务工的小敏在一户人家做小时工，每周来打扫两次房间。女主人经常把一些穿过的或过时的衣服、鞋子、帽子、围巾送给她，小敏家境困难，还要供弟弟妹妹上学，每次接受礼物都非常高兴。有一次，大雪天，小敏打扫完房间后，女主人送给她两件棉衣、一件外套，小敏高兴地回家了。回家后她发现旧衣服里有一些零钱，赶紧骑车走了三个小时，把钱送了回来，说："你点点吧，别差了数额。"女主人早已经忘记了什么时候放的零钱，看到被冻得瑟瑟发抖的小敏，她心里十分感动，执意要留小敏吃饭。晚上男主人回来以后，女主人把这件事告诉他，他也为小敏的精神感动，还亲自开车送小敏回家。后来小敏和这家人建立了深厚的友谊，一直在这家做小时工，后来有一个机会，男主人还把小敏介绍到自己公司，没有学历的小敏终于有了一份正式的工作。

羽西品牌化妆品创始人靳羽西说："如果能拥有坚强，温柔、美丽和智慧的品格，将美姿美仪，善行与品德再次引导到你的世界里，一定会更加有女人的味道！"

智慧女人物语 *Zhihuinürenwuyu*

女人的美好品德能够为人际关系赋予生命，内在品质比外在言行更具说服力。女人要在日常生活中修炼自己的德行，让自己成为自尊自爱、品德端正、遵守诺言、帮助弱小的人，只有这样的人才能散发出自信迷人的气质，才能赢得长远的胜利。

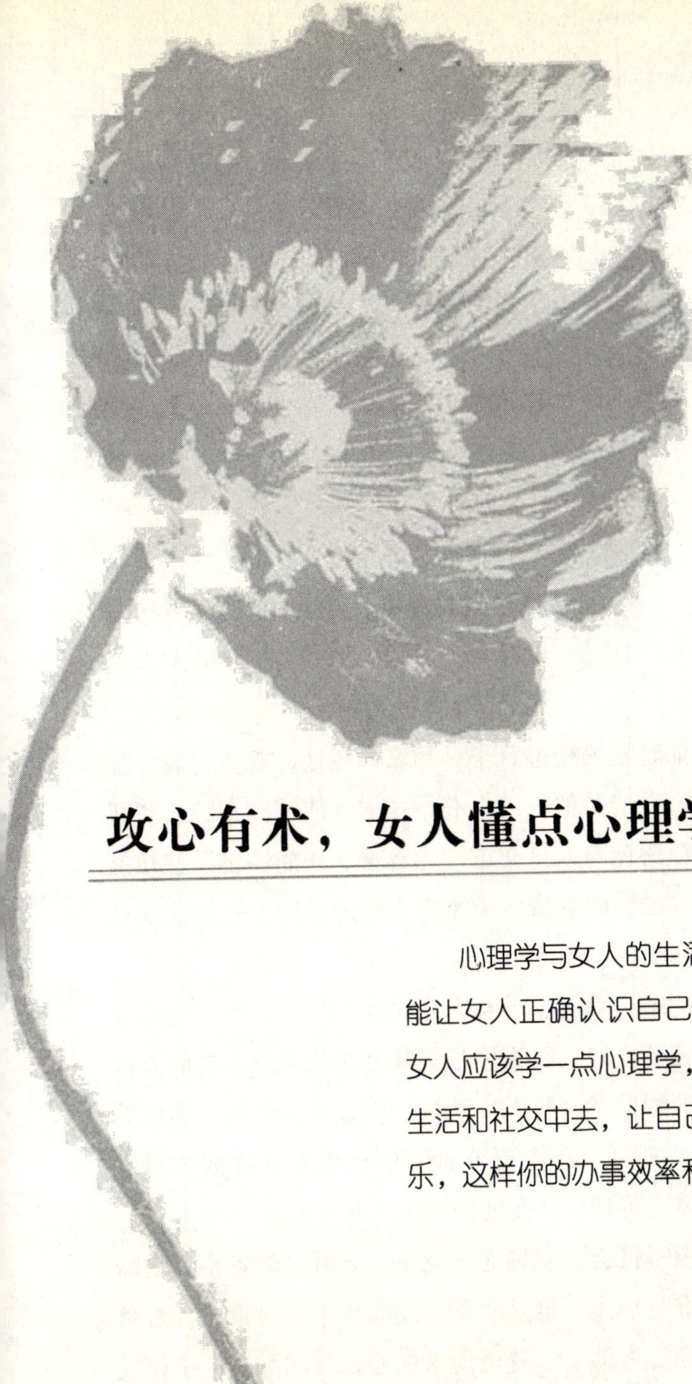

第五章

攻心有术，女人懂点心理学办事效率高

心理学与女人的生活息息相关，因为心理学能让女人正确认识自己、了解他人、领悟生活，女人应该学一点心理学，并将它们应用到自己的生活和社交中去，让自己更健康、更聪慧、更快乐，这样你的办事效率和质量也会大大提高。

看穿人世不如看穿人心

我们经常会听人说，“人心险恶”，“害人之心不可有，防人之心不可无”，“知人知面不知心”……由此看来，想看穿一个人的内心是一件十分困难的事情，但是在职场、商界、人际场上必须要有一些看穿人心的本领。

在生活中看透人心，能轻轻松松过日子。和家人相处，要善于观察细节，体味语言的言外之意，看清楚他们的内心，这样才能家庭和睦。和邻居相处，出去购物，都难以避免与人打交道，能看清邻居的性格，就知道如何办事可使邻里关系更和谐。能看清促销小姐真实的意图，就能控制自己的钱包，不买无用的东西。

在社交场看透人心，能结识真朋友。女人走向社交场合，要学会看穿别人的心思。有的人和你相处也许只因为你是某某公司的老总，有的人也许认为可以得到你的家人的帮助，这些人主动接近你是有目的的，你能看清事实，就不会沾沾自喜，觉得自己大受欢迎，就会想到合适的应对之策。要学会分辨别人的真诚与虚伪，从而结识真正的朋友。

职场里看透人心，能赢得机会。职场充满竞争，要时时防备小人的暗算。看透人心就能分辨出谁是小人，谁是君子，及时想出应对策略。看透老板的心，才可能做老板的得力助手；看透同事的心，互相配合，工作效率更高，这都可为自己赢得机会。

在商场中看透人心，可争取最大利益。商场如战场，在商场上，无论谈判还是考察，看穿对方的心，能制订最有利于自己的方案，能避免不必要的损失，更不会被别人欺骗。

加拿大设在我国的一家公司招聘销售经理，有100多人应聘，最终只录取了3人，陈菲是其中的一个。人们都说陈菲是比较幸运的一个，其实是她面试以前做足了功课。她上网查了公司的资料，又向熟人打听，得知面试考官是在国外生活多年的加拿大籍华人，她心里就有数了。面试的时候，考官问得很直接，考虑到考官的生活背景，陈菲回答得也非常直接，基本上都是实话实说，没有绕任何弯子，适当渲染优点、淡化缺点，薪水也说得高了一些。最后她成功地通过了面试。陈菲后来说："如果我遇到的考官是中国人，我肯定会含蓄一些，谦虚一些。但是，西方人却比较欣赏自信、有个性、有潜力的人，所以我就对症下药了。"

陈菲面试成功的关键是抓住了"加籍华人"这个特点，因为在国外生活多年，思维和国内的人不一样，话里也不会有太多潜台词，陈菲就采取了直来直去的方法，果真叩开了成功的大门。

上面的实例可以给我们很多启示。识人难，识人心更难！人心犹如一潭深不可测的湖水，口是心非之人并不少见。女人闯荡社会，必须练就一些"看透人心"的技巧，并能随机应变。

1. 看外貌。外貌不仅代表着一个人的形象，有时还能传递出一个人的精神和感情，反映出一个人的内在心理和性格特点，比如有时眼睛传达的信息就十分丰富。当然从一个人的外貌得出的信息也有可能有误，所以不能单凭外貌判断，也要参考其他信息。

2. 看装扮。一个人穿什么样的衣服，喜欢什么样的服饰，不但与其生活环境有关，也与身边人的眼光和看法有关，更与自己的个性有关。要想了解一个人的心理状态和性格特征，其服饰打扮就是一个非常好的突破口。

3. 听言谈。言为心声，言语交流不仅能够体现一个人的才智、能力，更能反映一个人的性格、品行。通过对一个人说话时语调、语速、声调、语气等方面的观察，可以看出其内在的心理和个性。所以，要想尽快了解一个人的本质，通过交流抓住言语上的细节是很有必要的。

4. 看举止。行为举止背后，都隐藏着大量的信息，而这些信息，也正是供我们识别人心、了解他人性格的直接依据。

假如是比较熟悉的人，除了这些外部特征，我们还可以根据他的日常生活习惯判断他的为人。有什么特殊嗜好？爱吃什么？喜欢结交什么样的朋友？这些问题虽然简单，但是长期以来，都可以泄露一个人的内心。假如是不太熟悉的人，我们可以从侧面了解他的教育背景、生活环境等，由此可以更好地看清一个人的心理和性格。

人的心理十分复杂，洞悉人心不是一朝一夕的事情。女人与人打交道越久，处世越有经验，越能看透人心。看透人心需要细心的观察，也需要机敏和智慧。若女人学会洞悉人心，心想事成就变得很简单。

智慧女人物语 *Zhihuinürenwuyu*

女人洞悉世情是远远不够的，还要学会洞悉人心。知道老板的心思，就知道怎么做事老板才会满意；知道员工的内心，就知道怎样管理不会被抱怨；知道朋友的心，才能使友谊更进一步；知道爱人的心，才能保证爱情的长久。

用“弱点”也可结交朋友

女人怎样才能交到朋友？自己优点很多，像孔雀开屏那样一一展示出来，就能交到朋友了吗？答案是否定的。想在交际圈游刃有余，想要结交更多的朋友，就一定要记住：用你的“弱点”去结识、结交朋友。

“我这个人就是善良，看不得别人受苦，总想帮那些笨笨的人。”“我做什么事情就有自己的原则，对朋友绝对是有求必应。”“我做事非常有条理，连老板都夸奖我呢……”听到这些话，我们不免会想：我不是“笨笨的人”吧，我不会也需要帮忙吧？

这样的女人把自己置于很高的位置，自己总有一种优越感，会让人感觉很不舒服，谁愿意与她们交朋友呢？古人云："水至清则无鱼，人至察则无徒。"有时候交朋友不妨展露自己的弱点，人们往往更愿意接受有缺点的人。

某公司有两个完全不同的女人——小可和冰冰。小可长相平平，是傻大姐式的类型，工作总是丢三落四；冰冰美丽苗条，精明能干，深得老总喜爱。按说冰冰这样的人应该有很多人喜欢，但是她偏偏就没有小可朋友多。小可生日，同事会合伙买个蛋糕，然后戏弄她一番，大家开开心心去唱歌。冰冰不屑地说："傻瓜，她们愿意和你交朋友是因为她们想显示自己多么聪明、多么漂亮。"小可却从来不在意，经常对同事说："今天我给老总的文件印错了，吓了一头汗，幸好他没发现。""我又把咖啡洒在身上了，真糗。"同事们都哈哈一笑，说没什么大不了，都愿意和小可亲近。时间久了，同事们聚会经常瞒着冰冰，在工作上出现问题也不会和冰冰商量，冰冰穿得多漂亮也没人夸奖她一句，冰冰越来越孤单，心里非常不平衡，但是她就是没有多少朋友。

冰冰是聪明的女人，能轻而易举看出人们的真实想法，但是她总是展现自己最优异的那一面，大家面对她时都有压力，怎么肯和她做朋友。反而是看起来傻傻的小可交到了许多朋友，经常得到别人的帮助。

其实有时候人的心理很奇怪，他们更愿意结交比自己更"弱"的朋友，因为这样很有安全感，可以显示出自己的聪明，可以产生能帮助别人的心理优势……如果你了解人们这样的心理，你就会觉得使用弱点是结交朋友的很好的方式。那么，怎样用"弱点"结交朋友呢？

1. 把自己的聪明适时隐藏起来，做一个"揣着明白装糊涂"的女人。聪明的女人不是要把聪明挂在嘴上，真正聪明的女人是心里有数。要想结交朋友，有些时候就要把自己的聪明隐藏起来，减少周围人的压力，让人们愿意接近你。

2. 谦逊待人，真诚承认自己的不足。如果你身上真有很多弱点，就坦诚地承认自己的不足，在人们提出意见的时候虚心接受。这样人们会觉得你很好相处。

3. 适当展示“弱点”，接受别人的帮助。有的时候要适当展示自己的弱点，某件事情办砸了，某天受到批评了，不妨说出来给大家听，大家会觉得与你是同一战线的朋友，很愿意帮助你善后。

好人缘是人生的基石，是事业的助推剂，是个人幸福的源泉所在。人缘好的人总是处处受欢迎，很容易办成事。人人都想有好人缘，不自信的女人总觉得自己什么都不行，所以不会主动结交朋友。其实好人缘不是等来的，是靠自己经营来的，况且不优秀也并不代表交不到朋友，这要看你有没有用好你的“弱点”。

《市政厅》是2009年热播的韩剧，女主角申未来是市政厅里级别最低的公务员。她没有背景，没有美貌，甚至谈吐粗俗，但是她待人真诚，从来不掩盖自己的弱点，于是逐渐得到了大部分人的信赖和支持，最后阴差阳错当选了市长，还收获了自己的爱情。她靠朋友一次次战胜了危机，开拓了闪光的人生道路。《市政厅》是爱情剧和政治剧，也是一部女性励志剧，女人应该从中得到许多启示。

也许你做事情容易丢三落四，也许你没有耀眼的学历，也许你不善于与人交往……但是每个人身上都有许多弱点，这些都不妨碍你交到更多的朋友，只要你真诚、谦逊、礼让，接受别人的帮助并能帮助别人，很多人都会愿意与你接近。有的时候，人们不愿意生活在别人的光环下，更愿意在别人困窘的时候提供帮助，更愿意与不太完美的人真心相交。所以，用“弱点”也可结交朋友。

智慧女人物语 *Zhihuinürenwuyu*

在人际交往中，不要一味地展示你的优点，你的优点也许会让周围的人感到有压力，会让你失去朋友。女人在现实中要想结识朋友，首先要把弱点交出去，这样才能让对方感觉到你的真心实意，让对方感觉到你容易接近，并最终成为你的朋友。

“开门”先不要“见山”

许多女人都性格开朗，心直口快，有什么话往往爱开门见山。开门见山的说话方式简明扼要，能让对方很快明白你的意思，这是其优点。但是有些时候，要懂得委婉地表达自己的想法，“开门”先不要“见山”，这样的表达效果也许会更好。

每个人都有自己的个性，我们身边的人对问题的看法也不一定都和我们保持一致。遇到看法不一致时，遇到利益冲突时，遇到自己权利被侵犯时，女人往往会用语言反击。而聪明的女人会采用迂回委婉的语言表达自己的真实想法。

女人在以下几种情况下，需做到“开门”先不要“见山”。

1. 表达自己的反对时。李开复曾经说过一句话：“我不同意你，但我支持你。”这是他与自己的老师意见相左时老师送给他的一句话，让李开复永远记在了心上。这句话蕴涵着做人做事的方法——每个人应该允许别人持有不同的观点，用不同的角度看世界。当你想要反对你的朋友或者对手时，不要急着说：“我不同意”，“可是……”这样的话，就算你内心十分不认同对方，还是应该有涵养地说：“是啊，他很用心。”女人可以亮出自己的观点，但是也要肯定对方的合理之处，不要一下子否定他人。

2. 表达自己的请求和要求时。表达请求也是有技巧的，同样的要求，有的人说了对方很快答应，有的人说了却得不到回复，这和说话方式有关系。表达请求最好不要开门见山地说“我要请假”、“我要加薪”等，这和命令有什么区别？一定要迂回地表达自己的想法。如“前一段时间，在您的领导下连签了几个大单，大家都累坏了，正好这一段时间公司状况十分好，年轻人也很肯干，我想休一下年假，备战下一阶段的成交高峰期。”这样说的话，领导明白你要请假，也会很爽快地答应。

张丽在超市工作，看到一位女顾客打着电话，忘了交钱就提着东西往出口走，张丽知道她不是故意不交钱，只是忘记了，就追过去喊住她，非常有礼貌地说：“您先别着急走，我还没有帮您把东西装好呢。”然后拿出袋子为顾客装好东西，边装边说出商品的价格，然后说：“请您到收银台结一下账。”女顾客恍然大悟，才想起来自己忘了结账，于是赶紧去结账了。

张丽的处理方式非常得当，既坚守了自己的职责，又给顾客台阶下，如果她直接说让对方结账，会让顾客觉得难堪，遇到难缠的顾客可能还会大吵大闹，对双方都没有好处。

3. 表达自己的指责时。指责的话一定要慎重地说，否则一不小心就会制造矛盾。有时，当有人犯错不得不说的时候，要懂得讲方式和技巧，因为开门见山会伤害别人的自尊。所以，要用委婉的语言表达，只要让对方知道错在何处就可以了，不要得理不饶人。

销售部送来本季度的销售报告，其中罗列了销售数据，却没有分析销售额大幅下降的原因。总经理很不满意，立即让自己的秘书庞丽把报告退交销售部重写。庞丽把报告交给销售部经理时，开门见山地说：“总经理很不满意！希望你们销售部在最短的时间拿出最好的报告。”然后开始详尽描述总经理如何不满意。刚开始销售部经理还能微笑着倾听，但听着听着，心里就不舒服了，进而产生了抵触情绪，开始计较庞丽的措辞。尽管他知道自己的报告没写好，但还是找了各种借口，最后俩人争吵起来，不欢而散。

庞丽的工作是秘书，是公司内部上级与下级沟通的重要纽带。在传达不好的消息时，她的措辞太直接，伤害了对方的自尊心，肯定会被对方抵触，结果造成了很坏的影响。

同样一件事，说得委婉，对方接受的可能性就比较大；如果一开口就让对方感到不舒服，他就有可能与你针锋相对。一旦对方产生抗拒心理，有效沟通就只能到此为止了。如果庞丽能为对方着想，说话委婉一些，先表达对对方的同情和体谅，然后再委婉地说明总经理对报告不满意，要求重写，也不会导致这样的后果。

在很多场合，女人都要改掉开门见山的说话习惯，那样很容易引起别人的抵触心理，由此引发的辩论甚至是争论，只会令双方更加不满，而且别人也大多不会改变自己的做法。尤其是在办公场所或公共场所，如果表现出一副盛气凌人的样子，非要做个了断、分个胜负，那只会有损自己的声誉。

在与人交往中，如果能够委婉地表达自己的看法，对方能够愉快地接受，同时对方也能对你有好的印象。如果你无法答应别人的请求，可以说："这件事恐怕很难办到"，这样很容易让别人接受，何苦直来直去让人反感呢？含蓄的说话方式表现了一个人的修养，也是对对方的一种尊重，对方会在回味中增加对说话人的好感，同时能让你更好地与人相处。

智慧女人物语 *Zhihuinürenwuyu*

女人说话太直接，不给别人留任何余地，即使理由充分，也会使许多人对你避之唯恐不及，这样你就可能会失去一大批人的支持。聪明的女人要学会用委婉的语言表达自己的意思，营造更为和谐的人际关系。

别人向你诉苦，别随便支招

我们周围难免会有女同事或女同学，怎样处理好与她们之间的关系是一门学问。当遇到一个女人向你诉苦时，你会怎样做？也许女人经常会遇到这样的状况，这是一件吃力不讨好的差事，放下自己的工作，耐心听对方讲你看来无关紧要的小事，耐心消化别人的情绪垃圾。面对女人诉苦时，不管你是同情，还是不以为然，抑或义愤填膺，都要记住，不要随便支招。因为女人诉苦并不是在寻找老师，只是在寻找一个同盟，你没有必要教她怎么做。

女人诉说的大多都是家长里短的小事情，如老公忘记了她的生日，上司交给她比较难的工作，家庭教师偷穿了她的鞋子……这些事情不需要解决，她只是要找个宣泄的窗口。当事情过去后，她也会觉得都是小事，不值得计较，但是你支招不当可能就会招致她的埋怨和反感。很多搞不清楚这个道理的女人，面对喋喋诉苦的同事或同学，总是不明就里，胡乱支招："让他道歉"，"找她评理，上司有什么了不起"，"辞掉那个家庭教师"。

若你跟她是多年的闺中好友，不论你支什么样的招，好听的还是不好听的，她都不会太过在意。若仅仅是同一个公司平时没有太多交情的同事，那问题可就大了。有苦可诉时她觉得你是良朋密友，但痛苦一过，感觉就跟先前不同了。

陈静是办公室最好相处的小姑娘，脾气好，待人温和，所以办公室里的姐妹们有什么事都会找她，有什么苦也拉着她诉说。陈静想建立好人缘，有人来诉苦从来不拒绝，有时候还会帮别人支招。所以常常看到有人拉着她坐在休息厅里诉苦，"我老公竟然忘记了结婚纪念日，你说可恶不可恶?"陈静赶紧附和说："是呀，很可恶。你让他给你补一份礼物。"这天，陈静上班早，一进办公室就听到人们在议论她。"看起来陈静这个小姑娘挺老实的，其实内心很歹毒，那天还劝我去辞职。""是呀，上次还说我老公可恶呢。""看来是知人知面不知心！"陈静听了内心十分委屈，她下班后找朋友倾诉这件事情，朋友说："你没听过清官难断家务事吗?别人诉苦，你听听就好，不能随便支招。"陈静这才意识到自己的做法不太妥当，别人议论她也不足为怪了，以后有人诉苦，陈静再也不随便支招了。

陈静一心想建立好人缘，所以就甘当别人的垃圾筒，这并没有错。但是祸从口出，随便支招就可能会犯下大错，这些同事抱怨的都是自己的家人或者上司，只是找人宣泄情绪而已，陈静支的招触及了这些人的利益，等她们回过头来也许就会找麻烦了。

面对女人诉苦，我们应该怎么做呢？如果无动于衷、不理不睬，时间久了，你就会成为别人不愿意接近的人，那么，如何做个忠实的听众呢？下面有几个招数，也许能帮到你。

1. 表示理解和同情。别人诉苦时，总不能无动于衷吧，那样会让诉苦者觉得你很冷漠，这时一定要表示自己的理解和同情。"真的呀？我知道你心里很难受……""听你这么一说，我也觉得是……"这样无关紧要的话不会招致反感，不会有什么危险，也会让诉苦者觉得很舒服。

2. 说自己身上发生的相同的事例，让对方心里感到平衡。可以说说自己相似的经历，使对方产生同病相怜的感觉，说不准还能交到一个朋友呢。可以说："哎呀，我老公也是这样不懂浪漫！""我那次工作也出错了，被上司一顿好骂。"这样的说法百无一失，谁也不会得罪。

3. 沉默不语或者转移她的注意力。如果你真的没有办法用这些方法，那就选择沉默吧，默默地递纸巾、递水不失为好策略，也许她以后就不找你诉苦了。还有一个办法，干脆让她去唱歌，去吃饭，转移注意力，让她忘记烦恼，事情过后她会感激你的。

4. 有人诉苦的时候，要设身处地为对方着想，不能做出不耐烦的姿态，毕竟找你诉苦是对你的信任。你此时的角色就是一个倾听者，你准备好了吗？

总之，女人向周围的人倾诉，并不是抱着获得建议的目的去的，而是希望获得支持率。她不需要更有智慧的人指点迷津，向你诉苦，只是想找个倾听者，发泄一下心中的不满或郁闷罢了。所以，你一定要摆正自己的位置，不要随便支招。

智慧女人物语 *Zhihuinürenwuyu*

女人诉苦只是在寻找倾听者，并不需要太多指导。面对女人的诉苦，谨记不要轻易支招，只管锁眉点头表示支持就好，不要讲多余的话。随便支招可能会危害到他人的利益，也可能让对方心生不满，到时就会置自己于尴尬的境地。

别随便向闺蜜吐露真实“心声”

女人爱聊天，聊天的内容五花八门。有的女人很难保守秘密，只要是听到的都愿意说出去，还常常向好姐妹吐露心声。这样做有时候确实能交到一些朋友，但是有时也隐藏了很大的危险。

森林里，狐狸一直垂涎刺猬，但刺猬的一身硬刺，让狐狸一点儿办法都没有。刺猬和乌鸦是好朋友，乌鸦很羡慕刺猬有这么好的铠甲，便说：“朋友，你的这一身铠甲真好啊，就连狐狸都拿你没办法。”刺猬有些得意，忍不住对乌鸦说：“其实，我的铠甲也不是没有弱点，当我全身蜷起时，腹部还有一个小眼儿不能完全蜷起。如果朝那个小眼儿吹气，我受不了痒，就会打开身体。”乌鸦听了十分惊讶。刺猬说完后，对乌鸦说：“我这个秘密只跟你说过，你可千万要替我保密。”乌鸦信誓旦旦地说：“放心好了，你是我的好朋友，我怎么会出卖你呢？”过了不久，乌鸦落在了狐狸的手中。就在狐狸要吃掉乌鸦的时候，乌鸦突然想到了刺猬的秘密，便对狐狸说：“狐狸大哥，听说你很想尝尝刺猬的美味，如果你放了我，我就告诉你刺猬的死穴。”狐狸眼珠子一转，便放了乌鸦，乌鸦就把刺猬的秘密告诉了狐狸。后果可想而知。在狐狸咬住刺猬柔软的腹部时，刺猬绝望地大喊：“乌鸦，你为什么出卖我？我那么信任你！”

我们在责怪乌鸦不守信用的时候，也要想到恰恰是刺猬出卖了自己！在一个充满危险、弱肉强食的森林里，只有它的一身硬刺才能真正地保护它，而它却为逞一时口舌之快，把自己的致命弱点告诉了所谓的好朋友——乌鸦。

每个人都有自己的隐私，或者知道一些别人的隐私，这些都需要严加保密。不要轻易向别人吐露心声，这是必要的生存法则。女人要吸取刺猬的教训，不管是在生活中，还是在工作中，都不要把心声吐露给所谓的“好朋友”。

首先“好朋友”并不是那么可信。好朋友或有意或无意地泄露了你的隐私和心声，对你来说都是巨大的损失。但如果你自己向朋友吐露心声，又被朋友传出去了，此时再怨恨朋友出卖了你也是枉然，因为第一个说出这个秘密的人是你自己。一个人，自己都不能替自己保守秘密，又怎能要求别人替你保守秘密呢？喜欢“一吐为快”的职场人士往往都会付出惨重的代价。

陈睿跳槽到一个私营企业做行政工作，两个月不到就遇到了烦心事——工资没有按时发放。这两天，她就找自己的闺蜜大吐苦水：“前天就应该发工资，可今天还没动静。我怀疑我们公司都要倒闭了！”“当老板的为什么总喜欢拖欠员工工资！”陈睿抱怨着。没半天时间，她的好朋友们都知道了她的公司“财务状况不景气”。有的劝她早点离开，有的为她愤愤不平，有的笑她进了个“皮包公司”。“一吐为快”之后，陈睿的心情果然好了许多。后来没几天公司的工资就发放了，原来是会计请假了，所以推迟了三天发工资。可是，陈睿领到工资的当天就被老板委婉地辞退了。老板说：“我们不需要对公司没信心、没耐心、没爱心的人！”陈睿怎么也想不明白，老板怎么会没头没脑地说出这样一番话来。后来她才知道，闺蜜在一次聚会中谈到经济危机，无意中转述了陈睿的话：“我的朋友陈睿所在的那家公司，已经濒临倒闭了，我姐妹说她们都发不了工资了……”说者无意，听者有心，没想到陈睿这家公司的行政主管正好在聚会上，闺蜜就这样无意间把陈睿给“出卖”了。

世界其实很小，陈睿觉得给闺蜜吐苦水没有什么大不了，没想到闺蜜无意间的话却传到了老板耳朵里。如果陈睿再坚持几天，或是控制自己的情绪，不到处说公司“倒闭”、老板“黑暗”之类的话，结果应该不会是这样的。女人觉得有些话跟闺蜜说没什么大不了，但是保不住闺蜜会在什么场合无意中泄密，所以，还是小心为妙。

遵守职场潜规则——守口如瓶。守口如瓶是职场的潜规则，要保护好自己，首先要遵守这些规则。经常犯规的人必然受到规则的惩罚——同事会疏远你，老板会开除你。女人进入职场后要管住自己的嘴，特别是涉及自己或别人隐私的时候，千万不要随意吐苦水，因为职场不是你吐苦水的地方。女人在业余时间会发泄自己的种种不满，“我们部门经理简直糟糕透了。”“我们公司那个女秘书说不准和老板有暧昧关系……”背后说这样的话，不仅使自己的形象受损，还会因为遇人不淑而出卖你的“心声”。千万不要因逞一时的口舌之快而说出别人的隐私；也不要因为自己一时感情脆弱而向同事吐露心声。

女人与闺蜜相处的时候，虽然可以无话不谈，但是也要遵守以下几项原则：

1. 不要靠说八卦来交朋友。多数女人自小热爱与好姐妹分享秘密，这种行为有时也会成为职场升职的绊脚石。常和爱说八卦的女人在一起，自己也会变得爱说八卦，还容易把自己或别人的隐私拿出来与朋友分享。用这种方式交来的朋友往往很不可靠，说不准哪天就会把你的秘密传播出去。女人偶尔可以说一些趣事，但是有的时候必须保持沉默，警惕自己变成别人讨厌的“多嘴婆”。

2. 不要对别人的事情好奇。别人不愿意说的事，你要识时务地闭嘴，不要追问到底。即使一不小心发现了别人的“秘密”，也要装作看不见，本来那就是别人的事情，与你无关。“言多必失”，如果在错误的时间，错误的地点，与错误的对象说了一句错误的话，那后果可能真的不堪设想。如果你想成为受欢迎的人，最好守住隐私，锁住好奇，不要将自己的心声随意吐露，即使是你最好的朋友。

女人不轻易吐露心声，更容易在职场上赢得信任，在生活中赢得朋友。职场女性太多嘴，前途一定有限，靠“多嘴”赢得朋友更是不可取的，久而久之你甚至会被丢进“黑名单”里。

智慧女人物语 *Zhihuinürenwuyu*

有时候女人轻易吐露心声，最后出卖的往往是自己。女人要学会保护隐私，给自己留有余地，才能处理好生活上的各种问题；在职场上不说不该说的话，更容易赢得信任，这样事业才能有起色。

女人要懂得报恩

俗话说："大恩不言谢。"但是古人也说"受人滴水之恩，当涌泉相报"。在现实生活中，我们在遇到各种困境时，得到过别人的帮助，有时甚至算得上"大恩"。那就一定要选择恰当的时机报答。

我们有时会听到一些人的抱怨，"当初我帮了她这么大的忙，这些年她出息了，就像哑巴一样，处处躲着我，好像我要让她报答似的。""这样的女人最好不要帮，帮她也不记得你。""是呀，就算现在事业再成功又怎么样？完全忘记自己当初……"所谓的"这样的女人"就是那种不懂得报恩的女人，得到别人的帮助，不但不知报恩，甚至还特意逃避，这就是忘本的女人。假如你身边有这样的女人，你会和她交朋友吗？假如她是你的下属，你愿意委以重任吗？

回想一下，在曾经的岁月里，我们曾得到多少人的帮助，有的人是举手之劳，有的人可能牺牲了很多，没有这些人，我们的人生道路会更加坎坷，我们也没有机会走到今天。当我们战胜了困难、取得了成绩后，就一定要懂得感恩，懂得报恩。女人要懂得报恩，时时刻刻想着回报曾经帮助过自己的人，这样的女人才是值得尊敬的女人，才是值得交往的女人。

2011年，《扬子晚报》刊载了一个养女报恩的故事。23年前，江苏省大丰一户善良农家收养了一名弃婴，取名杨娟，并不惜变卖房产让她读书；23年后，这户人家的亲生女不幸身患白血病，收养的女孩杨娟以爱报恩，辞去工作、推迟婚期，并拿出自己为结婚准备的积蓄，为毫无血缘关系的妹妹杨霞看病。记者采访杨娟时，杨娟流着泪说："她就是我的亲妹妹，我所做的这一切都是我的义务。"街坊邻居都知道杨家的事情，对杨娟赞不绝口，许多陌生人听说这件事，都对这对姐妹伸出了援助之手。

知恩报恩的杨娟在养父母遇到困难的时候挺身而出，为了给没有血缘关系的妹妹治病，拿出所有的积蓄，甚至辞去工作，她的做法赢得了周围人的尊重。

感恩需要心存感激，报恩需要实际行动。报恩不仅仅指在节假日带着礼物去看望，更要在对方需要的时候主动站出来帮助对方，即使对方没有要求，也要敢于承担责任。

有的人帮助了别人，但从来没有想过要别人回报，这时我们要多关注恩人的生活，寻找合适的时机报恩。曾经有恩于我们的人生活陷入困境，这是上天给予我们报恩的机会。善良正直的女人绝不会坐视不理，出钱出力都应该责无旁贷。报恩的方式各有不同，但不管做什么都要竭尽全力。有的时候事情是小事，但是也是恩人不能解决的，如事业上陷入低谷、孩子高考落榜、亲人得了重病等，这时利用你的社会资源，主动帮助恩人，他们肯定会觉得当初对你的帮助是值得的，也为以后良好的交往打下基础。

当曾经帮助过你的人主动求你办事的时候，一定不能轻易拒绝。也许对方求你办的事情对你来说十分困难，但是绝对不能推辞。答应下来，调动自己的所有朋友，尽最大的努力帮助他们，因为他们不是一般的朋友，而是你的恩人，关键时刻不能让对方伤心。有的时候真的无能为力，就坚定地支持他们，做自己能做到的。

女人行事为人，要时时记挂那些对我们有恩的人。父母为我们的成长付出了心血和汗水，我们必须时时想着回报、孝敬父母。师长教诲我们增长知识，丰富头脑，获得财富，我们不能忘记师恩。上司是提拔和重用我们的伯乐，造就了我们的成功，我们要用实际工作来回报上司的知遇之恩。朋友在风风雨雨中陪伴我们，在我们最需要的时候帮助我们，我们要珍惜朋友，回报他们的帮助和付出。

智慧女人物语 *Zhihuinürenwuyu*

女人要懂得报恩，时时记挂那些帮助过我们的人。报恩不是口头上的表达，不仅仅是说一声“感谢”，而要用实际行动去表现。懂得报恩的女人是正直善良的女人，懂得报恩的女人人际关系会更和谐，懂得报恩的女人经常有人帮。

善用“缺点推销术”

世界上没有一件十全十美的物品，当有人告诉我们某件物品十全十美时，我们心中不禁要问：“难道它就没有缺点吗?”

在商场里，被促销人员说得天花乱坠、完美无瑕的商品，销量都不是最好的。“这是最新款的护肤品，能让你击败皱纹。”“这是最新型的智能洗衣机，健康杀菌还省水。”说得太好了总会让人怀疑，好的推销员会这样说：“这件衣服很有型，但是对年龄段有很大限制。”“这是最新款的等离子电视，价钱有点高，不是太实惠。”主动把缺点亮出来，就会消除人们的戒备之心，自然而然去想它的好处。很多真正销量好的东西，都是被人拿缺点来作文章的。这就是“缺点推销术”。

在人际交往中，女人需要学一些“缺点推销术”来推销自己，择业、交友、相亲……每一次都是一场自我推销。有人觉得推销就是要尽力把自己的优点展现给对方，这样想其实是错误的，全优点式的推销，早已过时了。我把一件商品说得十全十美没有任何一点点缺点，你肯定不信；同样，我把自己说得那么完美，你也不信。

女人要想在人际圈里建立好人缘，想要做成自己要做的事情，就要善用“缺点推销术”。

不要在别人面前夸耀自己。绝大多数人都喜欢在外人面前夸耀自己，自己的优点要自卖自夸，自己的缺点却要等着别人来慢慢发现。“我做事情很严格”、“我从来不浪费时间”、“从不麻烦别人”……总是夸耀自己的人，人们就会在漫长的相处过程中寻找你的缺陷，即使有一次小小的失误，也会被别人记得清清楚楚。聪明的人会事先把自己的缺点告知对方，

“我这人做事不是太有条理”、“我这人耐性比较差，你不要介意”、“我这人有时爱发脾气，经常对身边人大吼大叫”。也许她身上的毛病不止这一两点，也许还有许许多多的坏习惯比这更甚，但听她亲口说出自己的缺点后，周围的人与她相处的时候，就会原谅她的小错误，“不像你说得那么严重”、“我觉得你很好”……这样就把缺点变成了优点——坦诚。每个人都有自己的缺点，回避它是不理智的。有缺点，就坦然地承认它，反而能给人留下好印象。

赵赫赫在英国读完硕士，直接进入导师创办的公司，不久就被派回国，担任中国市场总监。赵赫赫心思缜密，上任之前就找人多方面了解分公司的情况——中国分公司成立很多年了，业务都很成熟，有一些最初开拓中国市场的“元老”，暗地里竞争中国市场总监的位子。赵赫赫知道这些人心有不甘，都在等着看自己的笑话，工作的开展肯定会很费力气。于是她在见面会上非常真诚地说：“我很年轻，缺少经验，加上年轻人的浮躁，其实很难胜任这个职位，总公司派我来也许就是为了让我更加有自知之明……”话音刚落，就引起来大家的笑声，气氛变得非常融洽。接着她又说：“在座各位都经验丰富，我希望你们都能成为我的老师，有了你们的帮助，我才能避免错误，和公司一起成长……”这一番话完全没有“空降兵”的傲气，反而处处点出自己的缺点，大家都觉得，这个小姑娘也不容易，还是帮帮她吧。事实证明，赵赫赫的策略是对的，她的低姿态化解了元老们的怨气，为工作铺平了道路。

赵赫赫强调自己的缺点，化解了对方的敌意，也赢得了宽容和同情，为自己以后的工作奠定了基础。

在求职应聘中，这样做的效果也是很明显的。一门心思想去阐述自己的优点、长处，只字不提自己的缺点、不足，在对方看来显然是一个不诚实的人。既然如此，那么你滔滔不绝的自我推销就会大打折扣了。聪明的自我推销者，总是不失时机又巧妙地坦露自己的缺点或不足。比如，有位女士在联系工作调动时，曾这样袒露自己的缺点和不足：“我出版了十余部书籍，还发表了几十篇论文，但是公正地说，它们都十分肤浅，因为我的学历不高，经验也很少，这些书籍大都缺乏理论深度，获奖的也不多，还有待从质上进一步提高。”

有效地引导他人关注你所指出的自身缺点，你就会处于主动地位，因为这些缺点通常是你早有准备的、可以应付的，不会对你产生太负面的影响。当别人的心理上已经产生了一定的免疫力，对你就会显得格外宽容，这就是“缺点推销术”的效果。

智慧女人物语 *Zhihuinürenwuyu*

在与人交往中，女人要善用“缺点推销术”，让人们看到你的缺点，让人们认识到你的坦诚，他们对你的缺点会格外宽容。假如一味强调自己的优点，就难以让别人信任，一点儿小失误也会被别人放大。

善于捕捉“弦外之音”

女伴说：“你确定要买吗?”其实是在说：“这件衣服不适合你。”同事说：“你最好再问问其他人的意见。”其实是在说：“我觉得你的办法行不通。”你能听出别人的弦外之音吗？语言的含义是十分丰富的，很多话都隐藏着潜台词，聪明的女人能听懂别人的真实意图，能捕捉到讲话人的“弦外之音”。

在生活中，有人善于运用委婉的语言表示拒绝、请求、批评等，听懂别人的暗示，能让你成为善解人意的女人，让你少走弯路，办成自己想办的事情。在职场上，说“暗语”已经成了“潜规则”，职场女性能听懂“暗语”，才能准确把握领导的意向，才能知道同事的意见。能捕捉到“弦外之音”的女人能游刃有余地处理各种事情和矛盾，能在事业上谋取更大的成功。

首先，女人要明白什么是委婉的拒绝和批评。有人涉世未深，觉得大家都是“明人不说暗话”，自己说话直接，觉得别人说话也直接。其实委婉是一种艺术，在社交过程中，很多人都能自觉选择用委婉的话表达自己的真实意图，要想得到准确信息，就要明白什么是委婉的批评和拒绝。聪明的女人要反复咀嚼别人的话，才能品出委婉之中的含义，这种本领不是生来就有的，要多观察生活，多经历一些事情。

陈美两年前从北京一所知名高校毕业，优秀毕业生的光环让她顺利进入一家外企做销售。试用期的三个月内，她给自己定下了明确的目标，处处严格要求自己。考核时，她的业务在同一批实习生中做得最好。上司找她谈话说：“你的个人表现很突出。”陈美听到这个评价，自然是欣喜不已，对工作更是一丝不苟，有时为了显示自己的能力，她常常会独自完成上司交给小组的工作。半年以后，销售部主管职位空缺，陈美一心认为这是自己升职的好机会，没想到，领导并没有考虑她。陈美感到很不解，去找上司，上司很坦诚地告诉她：“这个职位需要的其实是善于与团队合作的人，而你过于在乎自己的个人表现！”陈美这才意识到，上司过去“称赞”她个人表现突出，实则是在含蓄地暗示她要注意团队合作，但她没有领悟上司的弦外之音，最终使她与这次升职失之交臂。

后来，陈美痛定思痛，格外留意上司的一言一行，学会体味上司的言外之意。一次上司出差前说，“一切都交给你了！”但是陈美在谈业务时，并没有擅自做主，经常打电话与上司请示，最终做成了一笔大业务，上司也被公司嘉奖。后来，她如愿以偿升为主管。

陈美初入职场，并不明白职场中常常会有弦外之音，被上司委婉地批评了，还以为是夸奖，所以在竞争中失利了。当她学会体味上司的意图时，结果截然相反。

首先，捕捉弦外之音，是女人在职场打拼必学的本领。上司说你踏实肯干，说不准是在暗示你的业务能力有些欠缺，同事不断对你表示肯定，说不准他并没有关注你的事情。比如“你可以问一下别人的看法”这句话在职场的使用率非常高，不少人在征询别人的意见时都遭遇过，而它实际的语义是“这根本行不通”。

其次，多听别人的意见。初到一个新场合，在对别人还不了解的时候，就多听听别人的意见。别人的话里会隐含着对一些人的评价，能让你从侧面了解你所交往的对象。只有了解了，才能捕捉他们的弦外之音。比如，大家都说小李是个心直口快的人，小刘是个说话拐弯抹角的人，那你就要根据这些评价与她们交往。在对新朋友、新同事、新上司了解不多的情况下，要处处表现出勤学善问的态度，多了解，多沟通。

最后，懂得察言观色。不是所有的人都习惯通过“暗语”传达信息，所以，同样的信息不同的人说就有很大的差异：有些人对喜怒哀乐从不掩饰，有些人则习惯以不动声色来掩藏自己的情绪，有些人表达情感时则言行不一——所以，要识别对方所说的话是正话还是反话，是暗语还是明语，重要的还是要在平时的相处中察言观色，时间久了就会摸清一个人的性格，就能有效地捕捉弦外之音。

总之，不管在什么时候，女人都要养成善于思考的习惯，结合周围的情况，把别人的话放在特定的语义环境中去理解，做出正确的选择。在工作中听懂弦外之音，做事效率会更高，可避免犯不必要的错误；在生活中听懂弦外之音，就可以在与人交往时游刃有余，成为别人愿意交的朋友。

“弦外之音”往往掩盖了说话人的真实意图，有时让人误解，有时让人不知所措。聪明的女人在交际场合，一定要善于察言观色，少说话，多思考，积累经验，在关键时刻，听出对方的潜台词，这样才能成为真正的交际达人。

智慧女人物语 *Zhihuinürenwuyu*

语言的内涵十分丰富，也有很多“弦外之音”。女人在不同场合、不同情景下，想要快速作出有利于自己的决定，就要善于捕捉别人的“弦外之音”，搞清楚对方的真实意图，以最有效率的途径做成自己想做的事情。

多谈对方的得意之事

人总有得意之事和失意之事，而且大多数人都喜欢自己的得意之事被人提起，这也是人之常情，人总是喜欢被赞美的。现实生活中，女人无论是与朋友还是客户交谈，不妨多谈谈对方的得意之事，这样更容易赢得对方的好感。

多谈对方的得意之事，可使对方放下戒备心理，为交际和沟通打好基础。喜欢赞美，是人的天性，人既想客观地了解自己，又想得到好评。如果一个人的长处得到别人的肯定，他就会感到自我价值得到确认，自然而然把你当做自己人来看待。

我们听到有人在公共场合大肆宣扬别人的糗事，我们内心肯定会特别反感，更别提与之有更进一步的交往了。“听说你竞聘失败了，别挂在心上。”虽然是安慰的话，却让人不舒服；“你老公又在找工作，怎么还在找工作?”这本来是自己家里的事情，在公共场合被人提及当然很不高兴了。我们千万不要做这样的傻女人，应尽量多提对方的得意之事。

在工作中，要多肯定别人的成绩，多谈对方的得意之事。工作中的同事关系不同于朋友之间的关系，和同事说话不能口无遮拦，而且说话的时候多夸奖对方，会拉近彼此的距离，有助于工作的顺利进行。

某大公司刚刚装修了自己的办公楼，正在寻求合适的家具品牌。这天，王经理在办公，家具公司的推销员向红上门来推销办公家具。向红一进门就说：“好气派！我从来没有见过这么漂亮的办公室，一看就是经过专业设计师设计的，品位十分高雅。如果我有一间这样的办公室，我这一生的心愿就都满足了。”王经理本来看到推销员有点不满，但是等向红一说完，立即高兴起来："这是我亲自设计的，我可是设计院校科班出身。"向红惊讶地说："怪不得呢！"随即用手摸了摸办公椅扶手，说："这不是红木吗？难得一见的上等木料哇！""是吗？"王经理的自豪感油然而生。说罢，不无炫耀地带着向红参观了整个经理室，兴致勃勃地介绍设计比例、装修材料、色彩调配，兴奋之情，溢于言表。后来向红简单介绍了自己的家具，说："您是专业设计师，我不敢卖弄，您自己了解一下我们家具系列的图册。"王经理最自豪的事情就是出身于名牌院校设计专业，而这又被向红多次提及，自然十分高兴，不久就和向红签订了办公室家具的订购合同。

向红成功的诀窍就在于她能从王经理的办公室入手，巧妙地赞扬了王经理的设计，使王经理的自尊心得到了极大的满足，并把她视为知己。这样，合同就自然而然签成了。适时赞美别人，有助于创造良好的情境和情绪，从而有利于事情的解决。

在生活中，多谈及别人的得意之事，能为自己赢得更多的朋友。会说话的女人善于在话语中谈及别人的得意之处，不露声色地赞美，自然会赢得好人缘。贬损和赞美都是在话语上体现出来的，贬损别人对自己没有任何好处，赞美别人却会带来意想不到的收获，那我们为什么不多赞美别人呢？在人际交往中，对方有了得意之事，你替对方说出来，如老公升职、孩子竞赛拿奖、投资成功……这些都是小事，但是经过你一说，立即就满足了对方的自尊心，并对你产生了好感。

晓莹刚刚进入时尚杂志编辑部，这里的同事都是时尚界的精英，根本不屑于与看起来有点土气的晓莹交谈，晓莹显得十分孤单。但是她是一个十分热情又会说话的女孩，有一次她无意中进入了办公室大姐明明的博客，看到明明在博客中晒自己家的照片，上班的时候忍不住对她说："明明姐，你家太漂亮了，窗帘和灯饰都特别浪漫，是你自己设计的吗？"明明本来是个冷若冰霜的人，但是当别人夸奖自己的爱巢时，忍不住得意地说："是呀，有的还是我亲手制作的呢。"晓莹十分羡慕地说："那就是女生梦中的殿堂呀，我一直都梦想拥有那样的家。"明明一下子笑了，说："真的这么好吗？那周末邀请你去我家吧！"就这样晓莹成为明明第一个邀请的客人，明明也成为晓莹来杂志社后交到的第一个朋友，在后来的工作中，明明帮了晓莹很多，让晓莹从一个时尚门外汉成长为一名时尚高手，并慢慢融入了这个圈子。

没有想到一句话就能交到朋友，而且是别人眼中冷若冰霜的明明。晓莹虽然年龄很小，但是她的说话方式招人喜欢，还能交到更多的朋友呢。

每个人谈到自己认为得意的事情时，往往希望得到热烈的回应，因此，在别人谈到自己的得意之事时，要给予适当的赞美。同事说自己争取了一单大生意，你可以说："不得了，真是了不起！"女伴做了一个自认为很漂亮的发型，你可以说："在哪里做的？我也想换个好看的发型。"这样说会增加对方的自豪感和成就感，自然也增加了对你的好感。

社会是个大家庭，在与人交往时，多谈对方的得意之事，适时给予赞美，能够营造热情友好、积极恳切的交往氛围，能满足每个人的交际需要。对女人来说，在平时谈话中多谈对方的得意之事，并不是一件很困难的事情，如果你还没有养成习惯，就从现在开始吧，你肯定会受益匪浅的。

智慧女人物语 Zhihuinürenwuyu

每个人都渴望被肯定，当自己精心装扮或突出的成绩被别人提及并得到赞美时，内心是十分满足的。所以，在人际交往中，女人要多谈对方的得意之事，并给予适当的赞美。这样你就能在人际交往中得到好人缘，并会有更多意想不到的收获。

少谈自己的得意之事

在生活中，有些女人总喜欢在别人面前炫耀自己的得意之事，总以为这样就会让别人高看自己，使别人羡慕自己，甚至敬佩自己。殊不知，别人并不愿听你的得意之事，甚至很反感，自我炫耀，得到的结果往往是大家都会远离你。

也许你是无心而为，但不管怎样，在人前不断提及自己的得意之事，是不明智之举。因为你的得意衬托出别人的平凡，甚至会让对方认为你炫耀自己的得意之事便是嘲笑他的无能，让人产生一种被比下去的感觉，特别是失意的人，你在他面前炫耀自己的得意之事，他会很恼火，甚至讨厌你。

在人际交往中，千万不要炫耀自己的得意之事，别人都不愿听到如果你只顾炫耀自己的得意之事，对方就会疏远你。于是，你不知不觉中就失去了一个朋友或一个合作伙伴。

和别人交谈，可以多谈对方关心和得意的事，这样可以赢得对方的好感和认同。每个人都非常重视自己，喜欢谈论自己，都希望别人重视自己，关心自己。

聪明的人会将自己的得意之事放在心里，而不是挂在嘴上，更不会把它当做炫耀的资本。

于丽在一家报社从事编辑工作，周围接触的都是普通的工薪阶层。原来，她和同事们相处得也都很好，但是自从她嫁给了一位“海龟”老公后，情况发生了变化。

于丽的老公在一家金融机构任职，每月数万元薪水。她感到非常自豪，她与同事聊天时，言必称老公的风光，语必道老公的薪俸。慢慢地，她发现同事都在疏远她，不愿和她交往、聊天。

于丽感到非常痛苦和孤单，怎么想也想不通，到底是哪里得罪了众人，导致大家如此孤立自己。后来，一位刚毕业分配过来的同事“点醒”了她：“于姐，我觉得你太注重自己的感觉了，你没发现，你每次提到你那月薪几万元的老公时，大家都很不自在吗？你想，大家都是这个圈子的，估计没有几个有你这样的运气，找到高薪老公，大部分人还都是工薪阶层，你这样总是说自己老公的工作、工资等，有炫耀之感，大家当然觉得不舒服，慢慢就不理你了。”

同事的话在情在理。可见，在人际交往时，要防止大谈自己的得意之事，过分突出自己，使其他人心理失衡，产生不快，以至影响相互之间的关系。

曾主演过《卡萨布兰卡》的著名好莱坞影星英格丽·褒曼在获得了两届奥斯卡最佳女主角之后，又因在《东方快车谋杀案》中的精湛演技获得奥斯卡最佳女配角奖。在她领奖时，主持人请她发表获奖感言，她没有提及自己演艺事业的辉煌与辛苦，而是不停地赞扬与她角逐最佳女配角奖的弗沦汀娜·克蒂斯，认为真正获奖的应该是弗沦汀娜这样的演技超强的落选者，自己只是幸运而已，并由衷地说：“原谅我，弗沦汀娜，我事先并没打算获奖。”

褒曼作为获奖者，没有大谈自己的成就与辉煌，而是对自己的竞争对手推崇备至，极力维护了落选者的面子，让对方在落选后减少失意之感。无论谁是这位对手，都会非常感激褒曼，且会把她当做知心朋友。一个人能在获得荣誉的时刻，如此善待自己的竞争对手，如此与竞争对手贴心，实在是令人敬服。

以上的事例告诉我们，在人际交往中，你的一言一行都要考虑对方的感受，要学会安抚对方的心灵，不要因为自己的原因让对方失去心理的平衡，给对方造成伤害。这样做的同时，自己的心灵也会得到安宁和平静。

然而，表现自己是人的天性。有时候，我们明知不可在别人面前谈自己的得意之事，但却情不自禁地大谈特谈，这是比较麻烦的事。

所以，完全不谈得意之事是不现实的，但同样是谈得意之事，不妨谈得艺术一些。这些“艺术化”的处理，需要你深谙人心，根据不同的人、不同的情况，做出不同的反应。

在别人未谈得意之事之前，自己也不要先谈。也就是说，单方面大谈得意之事不明智，所以先让对方发表得意之事后，自己再适时谈论，这样一来，那种爱炫耀的不良印象也就淡薄了。这样双方心理也不会失去平衡，友谊也不会受影响。所以，聪明的女人总要先让着对方：“你的见识广博，你先谈一谈吧！”促使对方发表得意之事，然后若无其事地说：“我都不知道有这样的事。”如此这般穿插自己的得意之事，那效果就会好得多。

同事夫妻失和，跟你诉苦。与其大发宏论，教她夫妻相处之道，甚至不合时宜地表现自己夫妻间相处融洽，倒不如告诉她你们夫妻之间看似很恩爱，其实恩爱的背后往往隐藏着矛盾的因子。于是，她也许会想“家家都有一本难念的经”，并对你的推心置腹感到欣慰。

闺蜜职场失意，向你取经。与其以成功者的姿态来指导，不如告诉她，你当年比她职位还低，是靠一点一点的努力升职的。鼓励她鼓足干劲，相信她日后一定也会如你一样成功……

当然，你所说的可能不一定完全真实的。但你必须知道，别人向你诉说自己的失意之事，只是想从你这样一个“得意之人”的口中得到一番启迪和安慰。所以，你向他们讲一些自己人生的“失意之事”，让他们从你的身上看到自己还有“得意”的机会，就算说一些善意的“谎言”又何妨呢？

智慧女人物语 *Zhihuinürenwuyu*

失意人前，勿谈得意之事。因为那只可能加重对方的落寞感，所以即使自己万事顺心，也要故意说些苦处给别人听。一个女人，如果大谈自己的得意之事，对方不仅不会认为你“了不起”，甚至会认为你是喜欢卖弄的人。所以，要尽量少提自己的得意之事。

第六章

巧借外力，女人要懂得利用他人之力成功办事

许多女人都会碰到事业发展的瓶颈期，上也不行、下也不是，而此时聪明女人的身边总有几个有实力的人愿意帮她一把，使她顺利上升。所以，结交优秀的人，从他们身上“受益”，是每个成功女人的必修课！

用他人的经验指导自己成功

俾斯麦说："每个笨蛋只能从自己的教训中吸取经验，聪明人则从别人的经验中获益！"并不是每个人生来就是有经验的，经验是靠千百次的尝试和失败积累起来的。但是，有的事情不必要亲自尝试，聪明的女人懂得借鉴别人的经验，用别人的经验指导自己成功，这样可以省却艰辛的积累过程。

有位长者带领村民日夜兼程，要把盐运送到某地换成大麦过冬。有一天晚上，他们露宿于荒野，长者依然用世代祖先所传下来的方法，取出几粒盐块投入火堆，占卜山间天气的变化。大家都在等待长者的"天气预报"，若听到火中盐块发出"噼里啪啦"的声响，那就是好天的预兆。若是毫无反应，那就象征天气即将变坏，风雨随时来临。结果盐块在火中毫无声息，长者认为不吉，主张天亮后马上赶路。但族中另一位年轻人认为这样太迷信，反对匆忙启程。第二天下午，果然天气骤变，风雨交加，坚持晚走的年轻人这才相信长者的经验。其实，长者这样做，是有科学道理的，盐块在火中是否发出声音与空气中的湿度有关，当风雨来临时，湿度大，盐块受潮，投入火中自然喑哑无声。反之，盐块就会发出响声。

年轻人看不起老人的经验，片面认为它们都是过时的，无用的。其实老人的经验也是经过前辈多次的实验得出来的。如果年轻人认同长者的经验，就不会遭遇风雨天。同样，在现实生活中，我们也不要把经验看做守旧，要学会辨别有用的经验，帮助自己成功。

我们身边不乏这样的女人。她们向成功者求教，尝试用成功者的思维和角度来分析问题，并对比自己的想法，找出其中的差异，看到自己的不足，学到自己不懂的东西；对于失败者，观察和分析其失败的原因以及整个过程中的不足，以此作为自己的镜子，避免自己遇到类似情况犯类似的错误。这样的女人往往是团队中比较优秀的那一位，尽管她们与这些成功者和失败者没有相同的经历，但却在短时间内获得了同样的甚至更深刻的经验。结果，一旦自己遇到事情，应变能力很强，成功的可能性就大得多。

学习别人的经验途径非常多。

1. 可以多和优秀人士交往。人际圈是女人可利用的资源库，这里不乏优秀人士。结交那些精明能干的员工，学习他们的长处，有助于自己业务的发展。还可以与创业经验丰富的人或政府有关部门人员交朋友并保持来往，他们可能是极佳的学习榜样，多与他们联系可使你获得一些新资讯或新机会。另外，不要忽略家人的意见，或许你的另一半很有创意，或许你的父母亲在某个行业颇具经验，听取家人的意见，可获益良多。女人要学会结交那些有实际经验的人，有时不妨积极主动地邀约对方，学习他们的点子和心得体会。

2. 利用媒体资源学习成功人士的经验。利用电视或电脑上的管理、励志的栏目和视频，充实自己的专业知识。关注各大会场举办的演讲、研讨会或聚会活动，一些成功人士的讲座对于我们来说也十分重要，从中我们可以了解到他们的人生经历和工作经验。可多阅读书籍、杂志、报刊，许多书籍都是较好的信息来源，我们要养成读书并收藏好书的习惯，书籍在一定意义上是前人智慧、经验的总结。

3. 学会模仿他人。多与经验丰富或才华横溢的人相处，久而久之，你会发现大有收益，他们的一些方法、策略，你可以学着模仿。假如你的朋友在另一所城市创业成功，你完全可以设法在自己城市用同样的方法创业，还可以直接拜访这位朋友，让他倾囊相授。

祖华高考落榜，然后外出打工，她做过很多工作，但是没有学到什么技术，也没有挣到多少钱。后来她回到家乡打算自己创业。因为资金少，又缺乏技术，找不到好的项目。在一个偶然的机会，她在电视上看到某地有人靠养殖兔子致富的事迹，就专程赴当地考察。当地养殖已经形成规模，大部分村民都在养殖，形成了规模经济。经过考察，祖华和对方签订协议，对方提供种兔，还回收成品兔，中间派技术工指导。在没有任何经验下，祖华干起了养殖，因为有别人的经验指导，养殖场发展很快，祖华也成了当地年轻人学习的对象。

在别人经验的指导下，做一件事就会容易很多，也会避免很多风险。祖华创业之所以能够成功，与她选择的合作方式有关，分享经验和资源，可达到事半功倍的效果。

女人要学习他人的经验，但是不要迷信经验，什么事情都要多思考"我可以像她那样做吗？现在的形势已经变化了，她的做法是否行得通呢？"这些问题有助于你作出决定。在尝试、学习的过程中，即使失败了也不要害怕，你从失败中所领悟的要诀，通常是最珍贵、最实在的。

智慧女人物语 *Zhihuinürenwuyu*

一个人的经验是有限的，重要的是应通过向别人的经验学习，获得多方面的经验。女人要学会通过与人交往，从别的经验中学习，用别人的经验指导自己成功，这样往往会达到事半功倍的效果。

背靠大树好乘凉

俗话说"背靠大树好乘凉"，这是千百来人们总结的生存之道，大树遮阳挡雨，确实是大多人选择的好地方。女人力量弱小，在世上立足，要懂得借助外力，寻找强大的伙伴，站在巨人的肩膀上才能看得更远，离成功才能更近。

“大树”，可以是有能力的朋友，可以是强大的合作团队，也可以是行业内具有领袖地位的大企业。他们有资源优势和人脉优势，如果能依靠这些“大树”，对女人来说，成功就会变得更简单。

1. 依靠有能力的朋友可争取更多的机会。朋友的高度有时候会决定你的高度，女人要在适合的场合和时间结交有能力的朋友。有能力的朋友人脉更广，很多别人做不成的难事他可能都能做到。女人有这样的朋友，在事业上会有更多的机会。

2. 依靠强大的合作团队可以壮大自己的实力。势单力薄时一定要懂得依靠自己的合作伙伴，强大的合作伙伴不仅可以壮大你的实力，还可以帮助你抵御更大的风险。女人在职场打拼要懂得寻找并依靠这样的团队，提升自身的实力，做成自己想做的事情。

知名品牌“雅戈尔”的创始人李如成，最初拿着知青安置金，拿着尺子、剪刀在地下室办起了宁波青春服装厂，起步非常艰难。后来一个偶然的机会，李如成得知上海“开开”衬衫在宁波寻找合作加工点，李如成立即意识到这是一次难得的机遇，于是跑到上海找负责人谈合作，终于赢得了“开开”的信任，开始为“开开”加工服装。背靠“开开”这棵大树，李如成的服装厂得到发展和壮大，1984 年李如成注册“北仑港”商标，在展销会上推出自己的品牌，获得大批的订单。到了 20 世纪 90 年代初，资金短缺又一次出现，李如成开始寻找另一棵大树，最终赢得了澳门南光曹贞女士的信任。后来澳门方面注资，他们合资创办了“雅戈尔”品牌，李如成又一次为自己赢得了机会。经过二十多年的发展壮大，“雅戈尔”已经成长为一流品牌。

“雅戈尔”的成功就是因为李如成审时度势，在自己处于弱势的情况下，寻找强大的伙伴，壮大了企业的实力，在激烈的竞争中生存下来，最后成长为国际知名品牌，这就是“背靠大树好乘凉”的道理。

3. 进入大企业可以让事业有长足的发展。人人都想进大企业，因为大企业福利好、管理正规等。其实最重要的是有发展潜力的企业可以提供更多的培训机会，能给你更大的展示舞台。聪明的女人会选择更大的舞台，发挥自己最大的潜力。

曾经是华尔街财经才女的曾子墨，在经过两年的金融工作后，毅然辞职加盟凤凰卫视，成为凤凰卫视的财经主播。凤凰卫视给了她一个充分发挥创造力和才能的机会，让她亲手打造自己的节目《财经点对点》。曾子墨对传媒工作心仪很久，她的感受是“凤凰卫视从来不会扼杀人的天性，而是让你按照自己的特色来做发挥，找出最适合你做节目的方式。这是凤凰卫视最好的地方。”财经专业的背景再加上坚持不懈的努力，曾子墨和她的《财经点对点》赢得了无数挑剔的高级白领和财经人士的青睐，完成了自己的华丽变身。

对于曾子墨来说，凤凰卫视为她提供了广阔的舞台和量身定做的节目，使她最大程度地发挥了自己的才能。依靠这棵“大树”，她从事了自己喜欢的事业，成功转型，成为一名优秀的财经主持人。

所以，女人一定要明白“背靠大树好乘凉”的道理，重视人际关系的搭建，建立自己的人脉资源，积极寻找属于自己的“大树”，抓住机会做成事情。

虽然“背靠大树好乘凉”，但是不要把所有的希望都寄托于“大树”而放弃自我奋斗，因为总是依靠别人就会形成一种习惯，久而久之自己就失去了斗争的毅力。一旦“大树”离你而去，你就会变得软弱，当你独自去面对一切时，会变得措手不及，甚至被周围的一切所打败。女人应该明白在关键时刻寻找依靠，但是又不要产生依赖心理，最终还是要依靠自己，这样才有实力和勇气在这个竞争激烈的世界中获得一份属于自己的蓝天。

智慧女人物语 *Zhihuinürenwuyu*

“背靠大树好乘凉”，依靠更为强大的力量可以帮助女人解决难题，做成难事。在日常交际中，女人要懂得寻找自己的“大树”，这棵大树可以是强有力的合作伙伴，可以是有能力的朋友，也可以是能给自己提供舞台的公司。有了这些外力，你就能更容易做成想做的事情，离成功更进。

巧借他人的“权威”

打开电视机，总会看到各种各样的广告，而广告多是邀请各行各业的“权威人士”做代言，因为大家更相信“权威”，愿意购买“权威”推荐的商品，这就是巧借他人权威的策略。女人做事情，也要懂得借助别人的权威。

在大部分人的心中，“权威”是在某一方面最有发言权的人，有权威的人说的话可信度也比较高，这是非常正常的心理。这种心理可以帮我们做成一些事情。比如，你担心企划案在会议上无法通过，那就先赢得最有发言权的人认可，如果他能帮你说话，情况就不同了；你送别人一件瓷器，最好是经过某位专家向你推荐的，接受礼物的人会觉得这件礼物非常有价值……这些都是巧借“权威”的例子，女人学会巧借“权威”，做事情就会更容易一些。

1. 巧借“权威”可以赢得更多人的信任。既然大家都相信权威人士说的话，我们不妨借用“权威”赢得更多人的信任。发布企划案，不妨引用一些行业经典成功案例，加上权威人士的评价，就更能增加可信度。给人提建议，不妨引经据典，加上权威人士的意见，别人更容易接受。

2. 巧借“权威”可以成功地推销自己。面试是一次重要的自我推销，仅仅说自己是什么专业其实并不能给考官留下深刻印象，不如说自己是某某大学某某专业毕业的，这个专业恰好在国际上享有盛誉，如果再说出几名专家曾经为你上过课，那你就成功地推销了自己，肯定能为面试官留下深刻的印象。

多年前，美国一出版商有一批滞销书久久不能脱手，他忽然想出了一个非常妙的主意：给总统送去一本书，并三番五次去征求意见。忙于政务的总统不愿与他多纠缠，便回了一句："这本书不错。"出版商便大做广告，"现有总统喜爱的书出售。"于是这些书被一抢而空。不久，这个出版商又有书卖不出去，又送了一本给总统。总统上了一回当，想奚落他，就说："这本书糟透了。"出版商闻之，脑子一转，又做广告，"现有总统讨厌的书出售。"又有不少人出于好奇争相购买，书又售尽。第三次，出版商将书送给总统，总统接受了前两次教训，便不作任何答复。出版商却大做广告，"现有令总统难以下结论的书，欲购从速。"居然又被一抢而空。总统哭笑不得，商人大发其财。

这是一个流传很广的故事，说明了"名人效应"在推销中所起到的巨大作用。商人巧借总统权威，成功地推销了自己的商品。

自然界就有"狐假虎威"的故事，在变幻莫测的社会上生存，更要学一些生存之道。有的时候需要借别人的权威壮大自己的力量，利用"权威"来为自己做事，能让你在激烈的竞争中生存下来。

对于聪明的女人来说，社会上的一切资源都是可以借用的。人力、物力、财力……包括权威。"权威"在某个领域更有发言权，更有可信度，所以更多的时候能影响一大部分人的选择。所以，女人要学会借用别人的权威，解决自己的难题，做成自己要做的事情。

智慧女人物语 *Zhihuinürenwuyu*

聪明的女人善于发现并利用一些外力帮自己做成事情，其实"权威"就是一种很有利的外力。"权威"容易得到别人的仰慕和信任，人们普遍有迷信权威的心理，女人要善于利用这种心理，审时度势，根据客观情况巧借别人的"权威"。懂得巧借权威的女人更容易做成自己的事情。

巧借对手之力，顺利完成要办的事

作为一个社会人，谁也无法逃避竞争，有竞争才能有生存，有竞争必然会有对手。在女人的一生中，会遇到各种各样的竞争对手，如何处理与对手的关系是每个女人的必修课。

有人认为对手就是要对付的那个人，甚至是“仇人”，这其实是非常狭隘的，聪明的女人可以巧借对手之力，做成自己想做的事情。很多人不愿意或不懂得为对手鼓掌，当对方仕途得意、职场如意、事业顺意时，有的人往往失落和不悦，甚至说：“不知道他走了什么运?”但是有气量的女人不会把心计用在算计对手或者攻击对手上，她们知道对手其实是可以利用的资源，利用得当，会在关键时刻帮到自己。

1. 借对手之力壮大自己的实力。在充满竞争的草原上，鹿和豹子是死对头，是奔跑的佼佼者。在豹的一次次追逐下，鹿的奔跑速度越来越快，鹿的四肢越来越健美，成为大自然最美丽的动物之一，如果把它们豢养在没有天敌的动物园里，它们就失去了往日的活力。是豹子的追逐让鹿逐渐适应竞争激烈的大自然。同样的道理，一个人处于没有对手的环境里，是很难成长起来的，甚至会处于非常危险的境地。挪威著名的剧作家亨利·易卜生把自己的对手瑞典剧作家斯特林堡的画像放在桌子上，一边写作，一边看着画像，从而激励自己。易卜生说：“他是我的死对头，但我不去伤害他，把他放在桌子上，让他看着我写作。”据说，易卜生在对手斯特林堡的目光注视下，完成了《社会支柱》、《玩偶之家》等世界戏剧文化中的经典之作。

2. 借对手为自己加分。对手的赞美是最真实的赞美，假如你能赢得对手的尊重，毫无疑问，你更能得到上司的信任和同伴的尊重。所以，聪明的女人要借对手为自己加分。

3. 与对手共赢，实现利益最大化。在充满竞争的社会，每个人与对手之间的关系不再是对抗那么简单，很多时候，竞争中有合作、能达到共赢的对手关系是最理想的。

郑萍是一家装饰公司的业务代表，负责竞争一家大型企业办公大楼内部装修的项目。经过多方比较，郑萍觉得自家公司和另外一家最有竞争力。郑萍通过内部关系，得知这家企业在决定由谁来负责装修有很大分歧，郑萍所在的公司建材质量好但是设计方案陈旧，而另一家公司设计方案非常受人欢迎，只是报价太高。郑萍考虑到自家公司的实力承担这样的大工程有些难度，就向老板请示，想与竞争对手合作拿下这个项目。郑萍的决定非常正确，竞争对手很痛快地答应合作，双方重新制订装修方案，互相弥补不足，最终赢得了大型企业的信任，顺利签下合同。郑萍的决定也得到了老板的赞赏。

从竞争对手变为合作伙伴，对于双方来说达到了共赢。郑萍借用了对手的设计理念，为自己的公司带来了利润，对于她来说，也是一次巨大的成功。

女人做事要审时度势，借用一切可以借用的力量，对手之力也是可以借用的外力。办事如果只知道埋头苦干，成功就会变得很遥远，最好的办法就是借用外力，有效地综合利用周围一切可以利用的主客观条件和人脉资源，让它们为自己服务，从而可更少地耗费自己的时间和精力，更顺利快捷地做成事。

智慧女人物语 *Zhihuinürenwuyu*

对手并不只是我们要针对的一方，有时还是我们可以利用的资源，对手之力也是我们可以利用的外力。女人要转变习惯思维，巧借对手之力，壮大自己的实力，为自己加分，顺利完成自己想做的事情。

“贵人”未必是面带“贵气之人”

“贵人相助”是一个美好的祝福语，我们每个人都希望身边有贵人，但是谁是自己的贵人呢？“贵人”并不一定都是面带“贵人之气”，女人要学会认清身边的贵人，把握自己的贵人。

有的人觉得上司、老板、有权势的人会在关键时刻帮助自己，认为这样的人就是自己的贵人，这种想法局限性很大，这样想也会给人留下“势利眼”的印象。其实女人身边有许多贵人，要用心去分辨，懂得分辨、结交贵人的女人路很宽，遇到困难总会有贵人帮助。

也许有些人从来没放弃过你，默默地在背后支持着你，关键时刻会助你一臂之力，只是你没睁开慧眼来发现他们！那么他们是什么样的人呢？

1. 相信你并愿意和你分担、分享的伙伴。这些人是你身边最平常的同事，他们会一直相信你，全力支持你。危难之时，他们愿意陪你一起度过风雨，成功之时，他们和你一起分享荣誉。他们可以陪同你分担一切的苦，分享一切的乐，这就是贵人。

2. 欣赏、教导以及提拔你的人——上司。他们了解你的优点，同时也了解你的不足之处，他们能协助你，提拔你，这样的人就是你的贵人。有些上司虽然发现你的长处，但是他未必喜欢也未必欣赏，更别说接受了，有些上司还往往会担心你会对他造成威胁。女人在工作中遇到愿意欣赏自己的长处、接纳自己的长处的上司，是十分幸运的事情，一定要好好把握贵人提供的种种机会。

3. 愿意为你着想、支持你的人。这些人也许就是你一直忽略的家人，也许就是你认识的前台接待，但是他们根据他们的判断接受你、支持你，这些人就是你的贵人。当他们知道有小人在你背后中伤你时，他们会挺你，帮你澄清！他们处处为你着想，他们在关键时刻也会批评你，那是因为他们在旁边看得更清楚。女人要珍惜身边的这些人，他们在乎你，是你事业的坚强后盾，在你出现错误或者挫败时，他们一定最先站出来支持你。

看到以上列举的三类贵人，女人会感叹，贵人真的很难分辨，其实细心留意身边的人，就不难发现贵人的特征。他们言行一致，说到就肯定做得到，在你面前往往不喜欢夸大，常会默默地做，往往做比讲得多。要知道身边每一个人都有可能是你潜在的贵人，所以你要善待周围的每一个人。

庞笑笑毕业后进入了一家大型企业。因为她的英文极差，只好每天私下苦练，背诵公司的产品说明书。同事们还笑她说背这种东西其实没有任何用处。一年后笑笑英语有点进步，但是最大的进步是能把产品说明背得滚瓜烂熟。一日，笑笑下班后单独留在办公室，进来一个中年人，随便找个座位坐下来翻看产品说明，笑笑热情地为这位来客倒了杯咖啡，并询问他有什么需要帮忙的。这时，一个国外客户的电话打进来询问产品，笑笑熟练地用英文把产品说明复述了一遍。挂断电话，中年人抬起头，说了一句："你叫什么名字？"几句话聊下来才得知，这位貌不惊人的中年人居然是笑笑所在公司的董事长。后来在中层会议上，董事长也时不时地向笑笑的老板问起她的工作表现如何，引得老板惊诧无比，不得不对笑笑刮目相看。后来，公司有一次去外地培训的机会，老板推荐了笑笑。笑笑也不负众望，经过自己的努力，从职场"丑小鸭"变成了"白天鹅"。

没想到笑笑的贵人竟然是个陌生人，她在无意中向自己的贵人展示了自己最优秀的一面，所以成功上位了。看来不要梦想贵人哪一天突然降临，做好本职工作，扩大交际范围，到时贵人自然而然就会帮助你了。

闲暇时不妨多到网路论坛、社区逛逛，多参加交际活动，就有机会交到不少新朋友。新朋友可以分享你生活中的苦恼，在交流中还能让你有更多新的领悟，而且不同领域的新朋友会给你很多实质性的帮助。网友、社交圈中新结识的朋友都有可能是你的大贵人！

刚刚毕业步入职场不久的新同事也可能是你的大贵人。在你工作压力大、任务繁重之时，他们可能会鼎力相助而让你轻松很多，甚至为你争得荣誉。所以，在工作中你不妨多帮助新人，让他们能快速了解工作流程及工作内容，主动与他们交流，这样会让你很受欢迎。

上司、长辈、老师都可能是你的贵人。不论是工作中的难题，还是生活中的困扰，都可以向上司或长辈求援。所以要经常发短信打电话，选择节假日多去拜访他们，倾听他们对你的建议和意见，甚至可以提出你的请求，不管怎样，一定会有所收获。

你的闺蜜，不要认为她们只会注重吃穿，有时她们也可能是你的贵人。年长的女性最有可能成为你的爱情贵人，同龄的女性朋友可能与你的经历更为相似，在你心情郁闷、生活受挫时，她们会是你的良师益友，让你心情舒畅，远离忧郁。

其实，贵人并不是脸上都贴着“标签”。只要你的职场人际关系良好，你善于和人交流互动，你会从他们的言行举止中受到启发，进而激发出无穷的创造力，大大推动事业的发展。这时贵人就已经在你身边了。

智慧女人物语 *Zhihuinürenwuyu*

女人有时是需要贵人相助的，但首先要学会分辨贵人，结交贵人。这个贵人，并不一定非得给予你金钱或物质上的帮助，他也不一定就是位高权重之人，有时一个提醒，一个教导，一句忠告，在关键时刻帮到你，都可以称得上贵人。女人善于分辨贵人、结交贵人，就会在事业上少走弯路，就更容易做成要做的事情。

借力用力不费力

非洲有一种体积很大的鸟，能像鹰一样高高地飞翔，但是它们飞翔时，一定要借助风力，没有风它们就飞不起来。很多时候，很多事情，就像鸟飞翔一样，是要借助一定的外力才能完成和实现的。闷头做事的女人，虽然勤勤恳恳，但是事情并不一定能做好。而聪明的女人，善于借用外力，很轻松就能完成任务。

是否借用外力体现了一个女人做事方法的不同。不懂得借用外力的女人，往往难以成功，即使是成功也要付出很多；借用别人的智慧助己成功，是女人的成功之道。比如《三国演义》中的刘备，文才不如诸葛亮，武功不如关羽和张飞，但他能够吸引这些优秀的人才为他所用，这就是他成功的力量。

可以借用的“力”包括他人的智慧、资金、人脉、名誉……只要是有助于自己成功的，女人都要懂得借用，借力用力才能不费自己的力气。

1. 女人要学会借用别人的智慧。在职场中，个人的力量永远是有限的，若要取得成功，借势借力很有必要。借用别人的智慧可弥补自己智慧的不足，女人在借用别人智慧的过程中，因别人智慧的启发而成长了，并学习到了别人的长处。借用智慧还可以使你避免主观臆断，凭一个人的智慧可能做出大事，但失败的概率也很大。一个优秀的职场女性应该学会变通，学会借力，只有这样才会更有前途。

某公司打算从中层领导中选拔一位做副总经理，其中有两名女性候选人势均力敌，张翔与史宁。两个人都文凭高、能力强、责任心强。张翔工作任劳任怨，经常主动加班加点，从来不计较报酬；史宁的特点是有眼光，经常主动向总经理提一些合理化建议。出于对她们的考验，总经理让二人起草一份公司管理条例，主要想考核一下她们的管理水平。张翔回去后，把自己关在办公室里，查阅了很多资料，苦思冥想拿出了一份管理条例，还请同行的权威人士给她提了宝贵意见，张翔觉得自己胜券在握了。史宁回去后则全面发动她的下属，每人写一份公司的管理条例，然后把下属的管理条例收上来，进行分析综合，总结成一份适合本公司实情的管理条例，最后交给了总经理。没过多久，总经理决定提拔史宁为自己的副手。张翔很不服气，去问总经理理由。总经理说："你们两个都很优秀，我也很难取舍，但是作为一个领导，不只要求本人有多能干，还要会借用员工的力气和智慧。史宁最大的优点就是会借力，借用众人的力气和智慧为公司服务。你想想自己是否在这方面有所欠缺？"

2. 女人还要学会合理地借用他人之"财"。用别人的钱办自己的事也不失为一种巧妙的成功之道。假如你想投资某项产业，资金短缺的时候不妨找人合作，这也是一种借力。对于创业的女性来说，更需要借用别人的财力壮大自己的力量。

美国亿万富翁丹尼尔·洛维洛在40岁时还很穷。无所事事地"混"了几十年后，洛维洛突然大彻大悟，想到了一个借钱发财的办法。他先说服银行给他一笔贷款，买了一条货船，将之改为油轮包租了出去。而后，又以这条船做抵押，到银行借到另一笔贷款，买了第二条货船，也改成油轮出租。随后的几年中，洛维洛不断地贷款买船、出租，生意越做越大。后来，洛维洛借钱赚钱的方法又上了一个新台阶：他组织人设计了一条船，在安装龙骨之前，他便找到一家运输公司，说服该公司预订包租这条正在建造的船。洛维洛拿着该公司与他签订的合同，并以未来的租金为抵押到银行贷款建造这艘船。若干年之后，洛维洛连本带息还清了这笔贷款，并拥有了这艘船。

洛维洛是不容易模仿的，但是他的经验告诉准备创业的女人，个人的力量很弱小，要想有更大的发展，必须巧借外力。

3. 人脉也是可以借助的外力，女人千万不要忽视。每个女人都要打造自己的关系网。关系网打造的黄金人脉，有时候能给你带来意想不到的收获。人脉的作用就是互通有无，互相借力，完成自己想做的事情。拥有全球最知名品牌荣誉的可口可乐公司董事局主席兼首席执行官杜达富先生在北京大学演讲时说："成功人士理解并重视关系的重要性。在可口可乐公司，我们常常说我们从事的是'关系业务'。关系对于赢得人们和合作伙伴的信任至关重要。关系是生活的意义和成功的基础。"如果你的工作最近一段时间不那么顺利了，仔细想一下你有没有求助关系网里的朋友？不要闷头做事，看看周围有哪些外力能让自己借用的。

一个人的能力和作用毕竟是有限的，借助外力会使事情完成得更好。怎样借助外力对女人来说也是一门学问，不能什么事都要别人帮助，也不能随便就去求什么人。在平时，你要多帮助别人，这样你自然也容易借助外力，在人际圈中，人与人的关系是互利共赢的。

智慧女人物语 *Zhihuinürenwuyu*

在社会中，女人的力量是弱小的，智慧也是有限的，一个人的价值判断、社会历练、人生经验都因受到环境的影响而有不足之处。所以，当女人面对复杂的环境，个人的能力有限时，最好借用别人的力量办事。

物色一个"黄金搭档"

想要成功的人都懂得单枪匹马很难在世上立足，每个人都会寻找自己的得力助手，有了自己的黄金搭档，有了助手的配合，事情做起来就会更加容易。女人做事情也要为自己物色一个"黄金搭档"。

美国的一项调查显示，大约有49%的成功人士认为，他们曾经在事业中依靠过固定搭档的帮助；而超过61%的商界人士认为，在企业内部有一个合适、得力、性情相投的搭档是非常重要的。搭档合作得好，往往能让事情事半功倍。在险象环生的职场，仅仅了解自己是不够的，还必须了解别人，和他人合作，借助搭档的力量则会轻松很多。女人在做事时遇到的困难会更多，这时就需要搭档或者其他同事、上司的支持和帮助，用团队的力量克服障碍，从而实现共赢。

一对成功的搭档，双方具有技术上和个性上的互补性，同时，为了同一个目标，互相启发，互相尊重，换位思考，这需要在长期的相处中互相磨合，然后形成一种默契。假如你拥有这样的搭档，那么你真是幸运的；假如没有，就赶快为自己物色一个好搭档吧。

一个好搭档要具备怎样的素质呢？

1. 要有很强的执行力。与没有执行力的人合作，事情总是拖来拖去，根本难以完成既定的工作目标。很强的执行能力是保证合作双方实现共赢的关键一步，女人是非常感性的，做事时容易散漫，如果没有很好的执行力，那你们的计划永远是纸上谈兵，根本落不到实处。

2. 要具备很强的适应能力。一个好的搭档必须要适应各种各样的环境，这里的适应环境还包括可以融洽地和别人进行有效的沟通，这样才能与合作伙伴很好地达成共识。假如你的伙伴经常抱怨周围的人，看什么都觉得不顺眼，那么你就要想想是不是应该换搭档了。

晶晶是一家公司某部门刚刚报到的大学毕业生，这个部门的老员工张洁看不惯晶晶处事的毛躁，而晶晶也觉得张洁的城府很深，难以琢磨。两个人都不太喜欢和对方一起工作，即使在一起也经常发生分歧，耽误工作进度。最后晶晶找到部门的主管，要求调离这个部门。主管听完晶晶说的事情后，问晶晶："你喜欢青柠檬吗？""不喜欢，青柠檬太酸涩了。""可是办公室里很多人却非常喜欢用青柠檬来泡水喝，加上糖后味道就变得酸酸甜甜很好喝。""这不是柠檬的问题，是我自己不喜欢那样的味道。是我自己的问题。"主管听了就说："那你不喜欢与张洁合作共事，也并不完全是张洁的问题，你自己是否学会站到对方的角度上看问题呢？"

晶晶的适应能力差，却不从自己身上找问题，所以才会耽误工作进度，对于别的同事来说，她并不是一个好的合作伙伴。

3. 对自己从事的工作专心。一个好的搭档，必须做到忠于自己的事业，不能这山望着那山高，这样永远不会专心完成自己的工作。只有对自己的工作专心了，才能认真对待每一件事。

如果你对搭档的要求更高一些，那么搭档最好具备独到的眼光。一个好搭档应该是你的另一双眼睛、另一副耳朵，有自己独到的见解，这样你们才能互补互利，随时修正航行的方向，最终到达成功的彼岸。

人生在世能够有机会在一起相处共事，实在是一种缘分，如果又是所向披靡的“黄金搭档”，那么更应该珍惜，所以女人要学会如何和自己的搭档相处。

多向你的搭档表示真诚的关心，有时一句嘘寒问暖或关怀问候的话，也会让人受用不尽，并赢得搭档的接纳与好感；尽力帮助自己的搭档，当搭档遭遇困难时，你应尽一己之力，为其排忧解困，帮助你们建立互助合作的良好关系；尽量避免争吵、抬杠，和搭档相处时难免会有不同意见、观念，但是千万不要为此争辩或吵架，自己适时退让一步，以消弭无意的纷争，确保互动关系不会遭到破坏；不与搭档争功，完成一件事情一定是一个组织协同作战的结果，不是靠个人力量就能轻易做到的。你们是一个整体，应该分享所有的成功。

谁也不能否认郭晶晶和吴敏霞是一对黄金搭档，但是对于吴敏霞来说，这又是一个不断重复着的“既生瑜何生亮”的戏剧，只要有郭晶晶的舞台，吴敏霞就很难大放光芒。即使如此，吴敏霞还一直在用默默的付出，等待着属于自己的靓丽舞台。郭晶晶与吴敏霞搭档获得过许多冠军，2007 年国际跳水系列大奖赛英国站、墨西哥站、南京站、德国站、美国站、珠海站、深圳站、北京站的第一名，并且获得了世锦赛、世界杯和北京奥运会的双人三米板冠军。这样的冠军数量羡煞旁人，郭晶晶与吴敏霞的默契是最高的，吴敏霞在和郭晶晶搭档的这些年，并没有被郭晶晶的光芒所覆盖，她不断地进取，超越自己，很多次都在个人单项比赛中超过郭晶晶，取得冠军。

吴敏霞的光芒虽然多次都被郭晶晶盖过，但是不能否认，每一枚金牌都有两个人的血汗，谁也无法磨灭吴敏霞的功劳。吴敏霞默默的付出为中国赢得了金牌，如果她不甘心在郭晶晶的光芒之下生存，如果她心存不满，也许中国就会少很多金牌。吴敏霞成就了郭晶晶，而郭晶晶也成就了吴敏霞。

女人不要只顾羡慕别人有自己的好搭档，要时刻检讨自己的行为。聪明的女人不会斤斤计较个人得失，具有谅人之短、补人之过、助人为乐、见功就让的高尚风格，善用一种开放、包容、接纳的态度对待自己的搭档，懂得目标的达成不是一个人的功劳，而是与搭档协同作战的结果。只有这样，才能在人生的不同阶段找到自己的黄金搭档，为事业成功助力。

智慧女人物语 *Zhihuinürenwuyu*

女人做事，要为自己物色一个黄金搭档，一个好的搭档是助推事业成功的重要条件。好的搭档能弥补你的种种不足，搭档能与你为了同一目标而努力，能助你一臂之力。在与搭档相处的时候要相互欣赏、相互理解、相互信任，实现共赢。

学会与人“牵手”

“牵手”就是指双方合作，合作是生存的保障。不管是在商场还是在职场，必要的时候都需要与人“牵手”，没有人凭借个人力量就能轻易取得成功。女人要想做成事，必须学会“牵手”，这一方面可以弥补自己的不足，另一方面可以形成一股合力。团结才有力量，只有与人合作才会战胜一切困难，产生巨大的前进动力。所以，女人应养成良好的合作习惯，这直接关系到自己的前途和事业。

大家或许都听过这个故事。有人和上帝讨论天堂和地狱的问题，上帝对他说："来吧！我让你看看什么是地狱。"他们走进一个房间，一群人围着一大锅肉汤，但每个人看上去一脸饿相，瘦骨伶仃。他们每个人都有一只可以够到锅里的汤勺，但汤勺的柄比他们的手臂还长，自己没法把汤送进嘴里。"我再让你看看天堂。"上帝把这个人领到另一个房间。这里的一切和刚才那个房间没什么不同，一锅汤、一群人、一样的长柄汤勺，但大家都身宽体胖，正在快乐地歌唱。这个人不解地问："为什么地狱的人喝不到肉汤，而天堂的人却能喝到？"上帝微笑着说："很简单，在这儿，他们都会喂别人。"这个故事流传很广，蕴涵着深刻的社会哲理，同样的条件，同样的设备，为什么对有的人来说是天堂，为什么对有些人来说却是地狱呢？关键就在于你是否愿意与他人合作。

有的女人经常趾高气扬，从不愿意接受别人的意见；有的女人觉得自己有背景、有财势，也从来不把别人放在眼里；有的女人只肯埋头做事，固执刻板，不会与人交流……其实并不是所有的人都能与人合作。善于合作的女人，往往是思维活跃、受人欢迎的人。她能引导其他人进行合作，或者引导别人团结在自己周围完成一项共同的工作。通过合作，她完成了单靠自己无法完成的工作，这样的女人才是优秀领导者和成功者。

范冰冰是近几年来内地崛起的一线女明星之一，她被称为"女星中的劳模"。2007 年她成立范冰冰工作室，近年来陆续参演华语大片，频频亮相国际电影节与国际时装周，成为大众娱乐的焦点。她与众多国际品牌合作，并被媒体冠以"国际范"的称号。与范冰冰同时出道的女明星很少有她那么成功的，这和范冰冰的为人处世有关系。她长袖善舞，敢于交际，常常与"大腕"牵手。比起很多靠经纪人接洽工作甚至跷着二郎腿等人敲门的演员，范冰冰从来都是主动出击，不问贵贱，一概下手。据某电影投资方称，只要是正在筹拍中的电影，范冰冰基本都能收到消息，所以她也常常会在第一时间跟有关方面表示希望出演。2009 年，好几个电影的女主角都是她毛遂自荐得来的。

虽然范冰冰是话题女王，但是谁也无法否认她的成功，如果单靠个人的力量在演艺圈立足是非常困难的事情，她懂得与人牵手的重要性，处处显示出主动合作的态度，所以她的演艺之路越走越宽。

力量弱小时，需要与人合作，即使强大了也不要认为自己无所不能，同样要懂得与人合作。与人合作，要有合作意识，与人牵手，也要拿出诚意，这都要讲究方法与策略，女人要这样才能与人“牵手”。

首先，要放低姿态，以诚相待。姿态低并不代表能力低，有的人往往不明白这样的道理，处处觉得自己高人一筹，对别人不屑一顾。女人放低姿态，真诚待人，才有人肯与你合作。合作伙伴往往是一荣俱荣，一损俱损，故双方要团结一致，互相尊重，谋求成功。

其次，要有双赢意识。双赢指的是双方都能做成自己想做的事情，这是“牵手”的前提。通过大家的共同努力，取得共同的成功。如果只是自私地想得到自己的利益，而不顾其他人，这样没有人愿意和你合作。

最后，要懂得求同存异。对别人的不同观点要学会接纳，要能站在对方的角度考虑问题，寻求最大的共同点。如果不能容忍别人的不同请求和条件，早晚会致使合作破裂。女人在合作时要放下自己的个性，给对方更多机会。

成功人士往往更善于合作，也懂得和合作伙伴分享利益。女人要记住，合作成功了，要与合作伙伴分享荣誉和利益，千万不要弃对方不顾，那样只能让自己陷入孤立无援的状态。

篮球巨星姚明2004年第二次参加奥运会——雅典奥运会，这时姚明已经在全世界范围内出名了。出名之后的姚明不再只想个人成绩，而是更多地想到了国家的荣誉，如何带领国家队打好球，取得好成绩？姚明想办法刺激自己，置之死地而后生。后来，在姚明的带动下，中国男子篮球队振奋精神，终于打进了前八名。有人说是姚明一个人战胜了新西兰，但姚明并不同意。他认为，进攻时大家把球传给自己，自己的得分才多一点，但是防守可是五个人的事。如果防守做得不好，他一个人得再多分也没用。所以他不断激励队友，加强彼此之间的默契度。这是中国篮球的胜利，也是姚明的胜利，更是队员之间密切合作的胜利。

篮球运动是合作运动，任何人单凭个人力量都无法成功，作为篮球运动员的姚明更是懂得在关键时刻与人“牵手”，只有默契的合作才有可能战胜对手，所取得的成绩是整个团队的成功，也是每一个队员的成功。

开店可以加盟，创业需要投资者，即使是与人理论也需要支持者，这个社会不崇尚个人英雄主义，所以说奉行个人英雄主义的女人往往容易碰壁。不管从事什么行业，不管做什么事情，都要懂得寻找同盟和帮手，善于合作可以让事情更容易做成。

智慧女人物语 *Zhihuinürenwuyu*

女人在做一件不是那么容易的事情时，一定要放低姿态，寻找自己的同盟者，学会与别人“牵手”。“牵手”可以弥补自己的不足，增加自己的力量，让女人在社会中更有竞争力。

学会让别人为你“添砖加瓦”

盖房子时，仅仅依靠一个人一砖一瓦地盖是一件困难的事，假如能号召所有的邻居、朋友都来帮忙，每人添上一砖一瓦，盖房子就变成一件简单的事情了。所以，女人无论做什么，都要找到能为自己“添砖加瓦”的人。

学会让别人为自己“添砖加瓦”不是一件简单的事情。平时你和邻居不怎么来往，你也不喜欢交朋友，那么你盖房子的时候就不会有多少人帮你。如果希望做事情时有人帮助你，给你增添力量，那么最关键的还是懂得打造自己的人际关系，做到左右逢源、长袖善舞。

1. 善于交际，打造黄金人脉。人脉是在平时的交往中一点一滴积累起来的，和人交往时，要与人为善，多结交朋友，少为自己树敌。在能力允许的范围内多帮助他人，就相当于在自己的人际银行中存了钱，总有一天会支取。有的女人只会羡慕别人朋友多，做事有人帮，却不注意人家平时是怎么对待朋友的。平时不烧香，临时抱佛脚，在人际交往中是行不通的。女人要想别人能助你一臂之力，就要懂得在平常下工夫。

2. 锻炼识人用人的能力。你要能看出你的朋友里面，小 A 交际广泛，适合做外联工作，小 B 做事踏实认真，适合内部监督。你知道不同的人用不同的用处，不同的事托付不同的人做更放心。女人有了识人用人的能力，才能有所侧重，才知道什么事情该找什么样的人帮忙，这样做起事来就会更简单、更容易一些。

例如，竞争一个职务，需要你自荐。如果上司和同事都推荐你，那更有说服力。生活、工作中处处都是这样的小事情，女人要善于把握机会，让别人为你出力。

2001 年，美国总统小布什力邀赵小兰出任劳工部部长，小布什在提名赵小兰出任劳工部部长的记者招待会上，称赞她有很强的行政能力、很高的工作热情和为民众谋福利的责任感。出人意料的是遭到赵小兰的再三婉拒，她认为时机还没有成熟。直到老布什出面说话，她才欣然接受。经过这一番周折，人们都觉得赵小兰是一个谦逊谨慎而且有能力的女人，在没有正式就职以前就被人认定是最合适的人选，深孚众望。后来，美国参议院一致通过了布什总统的提名，赵小兰宣誓就职，成为美国历史上首位华裔部长。

赵小兰的推辞让她成为人们关注的焦点，借小布什的公开夸奖、老布什出面说话为自己增添了不少分数，在就职前就成为民众心中“优秀的人”，为她以后的政治生涯开了一个好头。

作为一个女性管理者，更需要别人为你“添砖加瓦”。管理者需要的是学识修养、人生经验、世故阅历等多方面的综合素质，集中表现在识人、用人、容人的能力上，要懂得人尽其才、物尽其用，让每个人都能发挥特长为你的事业添砖加瓦。

智慧女人物语 *Zhihuinürenwuyu*

在生活中，女人要做成一件事，会遇到各种困难，要想让事情做得更好，就要学会让别人为你“添砖加瓦”。善于借助众人的力量完成自己的事情，这样的女人才能在激烈的竞争中生存下来，取得事业的成功。

第七章

学会掩饰，女人要善于演绎不同的自己

其实，人生有时就像一场化装舞会，每个人都会经过精心装扮，以至于让生活中最熟悉、最亲近的人都会陌生以对，从而兴趣盎然地猜测、追逐彼此。这是所有女人都应该尽早知道的生活真谛。

人生有时就像一场化装舞会

人生有时就像一场化装舞会，参加舞会前，每个人都精心准备并装扮自己，每个人都戴着面具，掩盖了自己真实的面目。我们要明白在人生的舞台上，许多人展示给我们的并不一定是真实的一面，所以要学会辨别面具下的面孔，也要学会把自己深深隐藏在面具里，这样才能保护自己。

“面具”往往易使人联想到“虚伪”、“狡猾”等词语，于是有的女人对此不屑一顾，标榜自己在任何时候都是真实自然的。真实这并没有错，但是要看场合，不分场合地真实自然常会被人说成“傻大姐”，可能会给人留下幼稚、不成熟等感觉。你稍微留意观察一下周围，就会发现生活中的每个人都会或多或少地戴“面具”，而且会根据时间和场合的不同有所差别。不会选择场合戴上“面具”，吃亏的早晚是自己。

赵艳是个勤奋踏实的女孩子，自大学毕业后在这家外资物流公司工作到现在，她既没有犯什么错误，也没有为公司建立什么丰功伟绩。同事们都说她是一个很敬业的人，上司对她的评价也是工作很认真、很仔细。只是，她的职位却还原地不动，似乎看不到升职的希望。经过公司前辈的提醒，赵艳发现了自己的问题。她一向内敛低调，甚至接到大单子被他人邀功、抢去风头时，她也毫不介意。因为她认为“是金子始终会发光”——埋头苦干终会得到老板的赏识。后来她不再奉行自己的低调，开始换做另一种面孔。定期向上司汇报工作，及时咨询上司的意见，减少了工作的失误。每周例会时，她也不再是“沉默的羔羊”，而是积极主动发言，参与讨论决策。一次，老板突然驾到，旁听部门的策划会。由于一贯的精心准备，她的提案顺利通过。这次，老板记住了她。后来她被提升为项目经理，由此踏上了“平步青云”的升迁之路。

赵艳内敛低调，一直在老板面前充当“老实肯干”的角色，被人抢功也不计较，久而久之成为同事利用的对象，又不被老板看好，久久不能升迁。其实在老板面前有时要高调一些，适当提高自己的“能见度”，才能渐渐被老板看好，同事也就不敢随便抢功了。即使你本人就是内敛的人，也不妨戴上高调的“面具”，这是一种职场智慧。

1. 戴上“面具”是为了更好地保护自己。俗话说：知人知面不知心。人性很复杂，人心难料，在人际交往中，每个人都会有意识地保护自己。女人一定要记得戴上“面具”，不要让人一眼就把你看穿。在不同场合戴上不同的“面具”，在不同情况下展示对你有所帮助的一面，对你的成功是有益的。

一般人们都很讨厌功利心很强的女人，在社交场合与谁结交都带有很强的目的性，并且把这种“精明”写在脸上，其实是很愚蠢的做法。人际交往，很大程度上就是寻求彼此合作，追求资源共享，但是没必要那么明显地表现在脸上，那样朋友也会觉得被你利用了。聪明的女人在积极争取机会的时候，常常会自然地摆出一副“不求回报”的超然态度，这反而能让人们更加信任。

当你全力以赴、力争上游时，不仅要超越竞争对手，还要注意保护自己的利益不受侵犯，要在纷繁复杂的环境中保存实力。

2008 年夏，一个名叫曾馨莹的女舞者走进了媒体的视线。人们关注她不是因为她漂亮的脸蛋或是性感的身段，也不是她的职业，而是因为她以光电般的速度和烈度套牢了台湾首富郭台铭。迅速恋爱、迅速结婚，最短的时间内，曾馨莹打败了周围所有各色美人名媛，一举“拿”下了郭台铭这个极品老男人的心，成功嫁入豪门。当然，很多人觉得不可思议：曾馨莹到底有什么魅力？以郭老板过往的绯闻女友来看，论气质她不及刘嘉玲，论美艳她不及关之琳，论性感她不及林志玲，最终她竟能突出重围，当了郭太太。外人纳闷不妨事，郭台铭有他的理由：因为她的身上闻不到钱的味道！一语惊醒梦中人！令无数爱财爱势的女人败得落花流水！

当然，曾馨莹是否真的不爱钱，这谁都不知道，起码她给人的感觉是

“不爱钱”，这就足够了。纵观那些失败的女人，不是因为她们不够聪明，不是因为她们不够美丽，恰巧是因为她们把所有的聪明都写在了脸上，让人一眼就看穿了。

2. 女人要学会谨言慎行。我们身边生活着各种各样的人，有的人为人坦荡，有的人诡计多端，有的人宽容善良，有的人斤斤计较，但是这些人都是戴着“面具”在我们面前出现的，在没有了解这些之前，最好注意自己的言行，小心谨慎，以免惹祸上身。尤其到了一个陌生的环境，在没有任何朋友的情况下，要适当隐藏自己的真性情，学会保护自己。不随便乱说话，待人处事谨慎一点，尽量避开暗礁和险滩，让自己处于进退自如的有利位置，把握好主动权，对自己会大有好处。

3. 女人在不同的场合应戴上不同的“面具”。在工作场合，上有上司，下有下属，自然说话做事要严肃认真，给人留下干练的印象。在社交场合，应适当放松下来，多微笑与人交谈，给人留下亲和的印象。但是，无论任何时候，都不要交出全部真心。同事之间，只要存在利益上的竞争与冲突，就不可能有纯粹的友谊。如果你轻易地亮出自己的底牌，表明自己的真实性格、想法或情绪，只会给自己留下无穷的隐患。

人生就像一场华美的化装舞会，每个人都有自己的目的，都想接近自己想接近的人，不要认为舞会上只会有美酒、鲜花和友谊，还有阴谋和背叛。女人要想保护自己，要想成为舞会女王，就要为自己选择一副合适的“面具”。

智慧女人物语 *Zhihuinürenwuyu*

在现实生活中，女人如果毫无心计，对别人凡事坦白，时时刻刻都表现出自己最真实的一面，往往会给自己带来很多意想不到的麻烦。做人绝对不可以毫无掩饰，在某种特定的场合就该戴上相应的“面具”。

不同的舞台，不同的角色

在现实生活中，女人拥有不同的身份，承担着不同的角色，肩负着工作和生活的重任。同一个女人，在不同的时间和场合，她的身份和职责就会截然不同：在家中，是妻子、母亲、女儿；在职场，是上司的助手，是下属的领导；在社交中，是倾听者，是亲密的朋友……每种角色所承担的责任、发挥的作用以及体现的个性可能完全不同。如果一个女人处理不好各种角色之间的关系，生活、工作就会变得一团糟，做什么都不顺心。

有时候，女人会为了事业和家庭陷入两难的境地，有的女人费尽心血去经营，却总是经营不好。其实家庭和事业是不冲突的，一个幸福美满的家庭可为事业提供情感支持，成功的事业反过来能为家庭提供物质保障，一个真正成功的女人应该是事业、婚姻双丰收的人。

2009 年，“钻石女皇”陈小凤与靳羽西、张茵等企业家同时荣登商界女性精英价值榜。最初陈小凤在她先生的公司里工作，她和先生有明确的分工和职责，共商大事时也往往各执己见。陈小凤的性格很直爽，她的意见经常是不经修饰就很尖锐地表达出来，但她并不希望工作中的冲突演变成家庭中的矛盾，家庭对她来说比一切都重要。后来，作为二次创业，她的第一家珠宝店开业了，同时，她慢慢地淡出第一份和丈夫共同创立的事业，专注地开创只属于自己的第二份事业。

陈小凤作为一个管理者，讲究柔性管理，在她的企业里，柔性管理就像是空气，所有人都呼吸着它、感受着它。同时她还热心从事慈善活动，关心儿童的教育和成长。无论是到辽宁捐建希望小学，还是到广西探望支教老师、捐赠物品，她都亲自前往。她的做人理念是：女人当如钻石，只有当每个切面都被打磨光滑时，钻石才能闪耀出最迷人的光彩；女人在生活中充当着许多角色，只有倾注全部心力演绎好自己的每一个角色，人生方能如钻石般完美璀璨。

陈小凤无疑是成功的女人，无论是家庭、事业中还是在社会中，她都扮演好了自己的角色。就像她的信条中说的一样，要倾注全部心力演绎好每一个角色，人生才会完美。

怎样才能演绎好各种角色，做一个成功的女人呢？

1. 不要把家事带到工作场合。一个有专业精神的人，不应该把家事带到工作岗位上，这是职业女性应该坚守的信条。有的时候家事对于女人来说十分重要，那么可以请假，解决好以后再工作，不要给上司、下属留下公私不分的不良印象。

2. 给家人留出更多的时间。家人是我们人生中不可分割的一部分，只有家庭幸福的女人才能在事业上更有成就。女人要珍惜自己的家人，不要把时间全都用在工作上。爱人、孩子、父母都需要我们的关心和爱护，拿出更多的时间与他们分享，让家人感受到你工作的乐趣，也让他们为你的工作加油。“工作狂”式的女人为了事业丢掉家人，常会让人生陷入困境，也是得不偿失的。

35 岁的郭颖在一家外企做中层管理，她想突破年龄的瓶颈，在事业上有更进一步的发展，所以付出了很多努力。公司业务繁忙时，她需要经常出差洽谈生意，因此经常天南海北地“飞来飞去”，忙得没完没了；不出差时，她也经常加班到深夜。这种长期忙碌的工作状态和行事习惯，使她与家人交流越来越少，让她的处世风格变得非常地强硬果断，在家里也慢慢表现出独断专行、发号施令的一面。她不喜欢多作解释，而是直接要求家人做这做那。时间久了，女儿不喜欢和她交谈，丈夫对她的感情逐渐淡漠，同时她与父母和亲戚之间也出现了情感隔膜。家庭关系中出现的问题，给郭颖带来了很大的精神压力和心理负担，也让她感到十分困惑，渐渐把烦躁的情绪带到了工作中，一直很欣赏她的上司也对她表示了不满。

郭颖为了事业上的成功，牺牲与家人相处的时间，家庭出现了问题，而事业并没有多大起色，使自己的人生陷入了困境。她混淆了自己的职业角色和家庭角色，所以才与丈夫和女儿产生隔阂。所以，女人要清楚自己的角色定位，在追求事业成功的同时，要给家人留出更多的时间。

3. 以事业结交朋友，让朋友为事业加分。事业成功的女人难免会在交际场合谈自己的“事业经”，开始的时候可能会在朋友圈中大受欢迎，但时间长了可能会让人无言以对。其实事业有成的女人可以给朋友更多的建议和帮助，而不仅仅是炫耀。另外朋友多了对事业也是一种帮助。在朋友圈里一定要把握好“朋友”这个角色，千万不要与职业角色混淆。

身在这个竞争激烈的社会，女人在社会中的竞争和压力并不比男人小，职业女性更要面临各种角色的转换，很多女性往往会混淆自己的角色。当你下班后还将心理压力和工作带回家里，或者上班时将自己在家里的喜好和习惯带到工作中，都会给你造成各种矛盾和困扰。

一个女人要在事业、家庭和人际关系之间建立平衡，彼此并不矛盾，关键是要扮演好自己的角色，兼顾各种关系。在公司，你是一名精明干练的白领；在家里，你是一个温柔的妻子，慈爱的妈妈，体贴的女儿；在朋友圈中，你是细心友善的伙伴……扮演好各种角色，你既能及时释放工作中的压力，又可以放松身心，过得平静而快乐。周围的人也能从你身上感受到妻子的柔情、母亲的关爱、朋友的善良。

此时此刻，不管你扮演的是什么角色，都要做到全心全意，尽职尽责地付出，不管给你什么舞台，你都要演绎出精彩的故事。

智慧女人物语 *Zhihuinürenwuyu*

不同时间，不同场合，女人都有不同的舞台，扮演着不同的角色。在每一个舞台上，女人都要做一个“好演员”，尽职尽责地做好自己的份内之事，发挥出各个角色特定的个性，实现各种角色特有的价值，这才是女人获得幸福、取得成功的正确途径。

别做让人一眼看穿的“水晶女人”

水晶是受人欢迎的一种饰品，晶莹剔透，一尘不染。与朋友、爱人、家人相处，女人可以做水晶，真实自然、透明洁净。但是在社交上，最好不要做“水晶女人”，水晶女人会一下子被人看穿内心，不能很好地保护自己，非常容易使自己受到伤害。

有的女人敢爱敢恨，敢哭敢笑，任何情绪都挂在脸上，坦率直白，这不算是缺点。但是如果在社会交往中，太坦率了就很容易被人看穿，手中没有任何底牌，往往会给自己带来不必要的麻烦。切记，不要做让别人一眼看穿的“水晶女人”。

1. 首先要学会掩饰自己的情绪。人是有七情六欲的，女人相对感情更加丰富，对外界反应更加敏感，一点儿小事就会让女人开心、难过、愤怒。但是，在社交场合要记得掩饰自己的情绪。即使对上司非常不满，也不要对他横眉冷对；即使同事的一个失误让你遭受巨大损失，也不能在众人面前大发脾气；遇到难办的事，即使心里再慌张，也要给人镇静自若的感觉。学会掩饰自己的情绪，才不会让你一下子暴露在众人面前，做任何事情才有回旋的余地。

2. 与人交往，要有所保留。在职场中，不管是新人旧人，都不要把自己知道的事情和盘托出，这对双方都没有好处。生活中有很多女人为人诚信，处世老实，但这并不等于非要把自己完全透明化，亮给所有人看。当你与别人相处时，应该学会有所保留和自我保护，并懂得一些人情世故，不要动辄就先亮出自己的底牌，否则就有可能给自己带来不必要的麻烦。

小薇是一位新入职的公关经理，她第一次见自己接手的客户表现得非常紧张，还谦虚地说："我正在努力熟悉客户情况，在以后的合作中，还请您多多关照。"结果可想而知，她从一开始就没有获得客户的信任，以后的合作也一直磕磕绊绊。因为客户从第一次见面就从她的谦虚和紧张中判断出她是刚入行的新人，合作中自然表现出居高临下的姿态，处处给她出难题。小薇非常郁闷、后悔，但是事已至此，没有办法挽回，她只能加倍努力赢得客户的信任，只怪当时自己没有沉住气，被人家一眼看穿。后来小薇度过了那段艰难时期，她告诫那些新入职的下属："在直属主管和同事面前自谦一下就好，对于合作伙伴、客户和其他部门的同事，千万别过分自谦。"这样很容易透露你的内心。

小薇的教训告诉我们，在竞争者林立的职场中，没有人可以关照你。"新人"在与客户或者合作伙伴相处时，要把自己伪装起来，这不是高傲，而是学会拥有自信的一面，不要给那些自认为高高在上、瞧不起我们的人机会！

在社交和职业场合，女人要懂得凡事有所保留，不能把任何事情都呈现在大庭广众之下。太坦白，毫无隐私，只会让你无处藏身。人心隔肚皮，我们无法分清敌友，也没有人对我们说："我是敌人。"故做事说话要谨慎，保持几分神秘感，不要让别人把你一眼看穿。

人有的时候需要透明，有的时候却不可以透明。在亲人、好友、同学之间，适度透明可以放松心情，但是面对了解不深的人，最好还是有所保留。你表现得太优秀、太出色，可能就会引发别人的"酸葡萄心理"，招致诋毁、谩骂和污蔑；相反，如果把自己的缺陷、弱点都暴露出来，又会招来讥讽和鄙视，成为别人的谈资、笑料。水晶是美丽的，但是不要做毫无隐私的"水晶女人"。

智慧女人物语 *Zhihuinürenwuyu*

女人事事坦白、直率未必是好事，有时把真相和实话赤裸裸地袒露在别人面前，后果可能会很可怕。可见，做人不要像水晶般透明，在必要时可以有所遮掩或隐藏，这样才能保护好自己，也可避免不必要的麻烦。

“神秘”是女人的绝佳武器

俗话说：“距离产生美”，在与人交往的时候，保持适当的距离，给对方留下一点神秘感，无形中就增加了你的魅力，对你办事也是有好处的。女人需要一点神秘，以驱使别人的好奇心，掩盖自己的真实面目，让人心生敬仰，不敢怠慢。

人们都有很强的好奇心理，因为不了解所以会觉得很神秘，因为神秘所以觉得有吸引力。另外，神秘感会激起人们心中的征服欲，一个人，往往是离得越远，越想接近，越冷若冰霜，越愿意给予帮助。所以“神秘”有的时候会变成女人最好的武器，是展示自己的魅力所在，可吸引人去探索和发现自己的秘密。人与人之间由于各种差异和距离产生的新鲜、奇特、深奥莫测的体验，在社会生活、工作学习、人际交往中，都起着至关重要的心理作用。

有神秘感的女人是内心丰富的女人，她们从来不把自己的经历如数家珍地告诉别人，更不会炫耀自己的荣誉。她们的神秘与她们的自身修养结合在一起，你越靠近她们，越能感觉到她们丰富的内心和睿智的思想。徒有漂亮外表、缺乏丰富内在的女人，她们的神秘往往只能让人有一时的新鲜感。随着时光流逝，由于知识贫乏、思想浅薄，她们很快就会失去吸引力。

有神秘感的女人要有别人意想不到的特长。有个女人，我们都认为很了解她，觉得她稳重古板，但是有的时候她总有出人意料的表现，如她居然在公司年会上跳了一支现代舞，那么我们心里就会一下子没底了：我们真的了解她吗？女人要有几样不轻易示人的“杀手锏”，打破别人对你的固有看法，让人对你另眼想看。

有神秘感的女人不轻易让别人猜出自己的想法。一个聪明的女人从来不把自己的想法、意见和盘托出，而是有所保留，让你琢磨不透。于是，周围的人会不自觉地前思后想，总是猜不透她们的想法。她们的性情变化多端、难以预测，她们的气度不卑不亢、云淡风轻，让人心生敬畏。

赵荷在一家公司做销售，她气质高雅，做事低调。但是仔细观察会发现，她穿的全是价格不菲的名牌，刚到公司时，人们猜测她家世很好，但是没有听她说过自己的家庭情况。赵荷一来公司业绩就好得让人嫉妒，她往往轻而易举就能拉来许多客户。有些大客户还会专程来请她品茶聊天，但她却很少答应。大部分时间，她都喜欢独自听古典音乐或阅读世界名著，气定神闲的模样看上去是那么与众不同。她的表现让人有许多猜测，连她的客户也是被她的神秘感吸引，非常愿意与她交往。因为她的神情总是显得从容闲适，言谈举止温文有礼，衣着打扮品位不俗。不管是同事还是客户都问过她的家庭情况，但是她从没有和盘托出，于是大家都觉得“她真的好神秘！”

不管赵荷是什么家世，但是她从来不提及，加上她平日里的表现，就成功为她营造了神秘感。使她无时无刻不吸引着别人的注意力，也使她在事业上比别人表现得更加出众。

如果你想为自己制造神秘感，就从一些小事做起吧。

与人交谈时涉及自己的内容要有所保留。对不太熟悉的同事和客户，不要把自己的全部经历都说出来，适当留白，给人想象的空间。平时还要注意提升个人修养，记住尽量不要多嘴，切忌变成“长舌妇”。控制好自己的情绪，不管发生什么事情，尝试冷静下来，面对外界的矛盾和纷争，照样能够谈笑自如，若无其事。

神秘感跟女人的相貌、身材不能完全画等号，神秘感主要体现在气质风度、着装修饰、待人接物、举止谈吐上，不要误认为打扮得神秘或者变化多端就会拥有神秘感，一定要注意提高自己的修养：多读书，多交有品位的朋友，多注意言谈举止，等。其实，你此时拥有了神秘感，并不代表你永远神秘，随着交往的深入，你的神秘也会渐渐被人熟悉，所以要不断地学习，充实自己，让对方觉得你还有很多谜团需要探究。

女人拥有了美貌和气质，如果再有一些神秘感就更加完美了，因为无法掌握，所以魅力大增。所以，女人要保持自己的神秘感，但不要故作神秘。

智慧女人物语 *Zhihuinürenwuyu*

女人想要受人尊敬，让人倾慕，就必须有一点点神秘感。神秘感会激起人们的好奇心，使你更具吸引力，让人们在你身上发现更多的闪光点。不管何时何地，女人都要用好“神秘”这件绝佳武器。

“热情”的逐客法，百试百灵

有客人来是一件令人高兴的事情，但是客人如果住得太久甚至反客为主，那就令主人苦不堪言了。对于女人来说，有心逐客口难开，假如真的忍受不了，下了逐客令，不知不觉就会得罪人。在朋友圈子里，得罪一个就相当于得罪一片，这对女人来说实在是太不划算了。所以还要学一学“热情”逐客法，既给了客人面子，又达到了自己的目的。

有这样一个小故事：

同一条街上开了两家澡堂，竞争十分激烈，两家老板想方设法追求最大利润，琢磨省钱的办法。对澡堂而言，唯一省钱的办法就是，让客人洗快一点，省水，省位。于是第一位老板故意在客人洗到一半的时候把水降温，受不了冷的客人。虽然不悦，但也只好匆匆穿衣离去，水是省了，但客人越来越少，最终不得不关门大吉。第二位老板也用了跟他相似的办法，结果客人也是匆匆穿衣离开，但每个人都乐呵呵的，每天客人都非常多，还早早过去站位。第一位老板纳闷，问其缘由，第二位老板神秘一笑说：“我也用了水温调节法，只是，你在客人洗到一半的时候减温，而我在客人洗到一半的时候给水加温，受不了热的人当然要赶紧洗完离开。但你的冷水凉了人心，我的烫水却暖了人心。”其实热情也是一种逐客的方法，只要利用得当，就能让客人高高兴兴地离开，还不会得罪人。

可见，不管你心里怎么想，一定要表现出十分的热情。难缠的客户，上司的亲戚，不请自来的推销者……我们生活中会遇到各种各样的不速之客，即使我们还有很多要处理的事情，尽管心里十分不耐烦，还是要表现出十分热情的样子。有的女人往往把“不耐烦”三个字写在脸上，老公家的亲戚来了，动辄就大发脾气、摔脸子，生怕别人不知道自己心里怎样想的。这样让客人下不了台，让自己的老公也非常尴尬。聪明的女人不会把坏心情挂在脸上，不管心里怎样想，表面上都十分热情，让人无可挑剔。

另外，时刻提醒客人，你是不惜一切代价要招待好他的。与其冷茶冷水赶客人走，不如表现出百分之百的热情，让对方认为你是牺牲了自己宝贵的时间和经历来招待他的，对方也会由此生出感激之情。聪明的女主人，如果家中来了不受欢迎的客人，三餐供应完全按照接风或饯行的规格，频繁地给客人敬酒、夹菜、添饭，不厌其烦地提醒客人：到这儿跟到家一样，我为了接待你连班都不上了。你说客人真的会那么心安理得地待下去吗？

刘真是某公司的总裁助理，在这个职位上干了三年，什么“疑难杂症”都会遇上，她也掌握了各种打发不速之客的本领，新来的秘书都要跟她学上几招。这天，一家下属分公司张总经理的太太来找总裁，说是怀疑自己的老公有了外遇，找领导评理。清官难断家务事，而且总裁也不愿意卷入下属的家庭纷争，就推说开会不见。没想到张太太十分执著，坐在总裁办公室外面说要等总裁开完会。她一把鼻涕一把泪地向周围的职工诉说自己的不幸，引起别人的围观，影响十分不好，刘真多次劝她离开，她都无动于衷。后来，刘真非常热情地给她端来茶水，说：“我们去会客室等，他一回来就会来见你。”刘真让人送来小点心，还耐心听她倾诉，流露出同情并支持她的意思。中间秘书进来两次，说某某大客户需要刘真接待，刘真都直接回绝说："和客户说一下，我今天实在没时间，这件事情不解决，多大的生意也不做！"张太太俨然已经视刘真为好姐妹，十分不好意思，说："不能为了我而耽误你的正事，回头总裁知道了，也要说你的不是，我不能太自私了，我先回去吧，把事情搞清楚再说。"张太太顺利离开了，大家都松了一口气，本来这就是捕风捉影的事情，后来张太太再也没有来过，但是私下里，张太太却经常打电话邀请刘真出去喝茶聊天，并在刘真以后的职位升迁中帮了很大的忙。

这件事刘真处理得非常周到，巧妙地利用过分的"热情"，让张太太感觉感激和不好意思，然后没有任何抱怨地离开了。刘真既没有得罪张太太，又出色地完成了助理的任务。

心理学上讲，一个人的某种表情若是持续十秒以上，八成都是假的，一个怕被别人看穿的人，会刻意做出与内心相反的举动。如果，一个人对你太好，也许他不是真的喜欢你。第一次见面的人，因为生疏，很难做到绝对的热情，如果是百分之百的热情，只是为了掩藏他心底的冷淡。我们自己也不要做那种不受欢迎的客人，应及早发现主人的用心，趁早走人才是最理智的。

每个人出门，总是怕遇到冷漠难缠的人，对于自己不喜欢的人，免不了表现出本能的冷漠，但是女人要明白一个道理：一张冷脸对人，会得罪人。其实，热情、过分的热情，就是另外一种拒绝。女人不如采用"热情"的逐客法，这样对方不明就里地被拒绝，同时还挑不出你的错。

智慧女人物语 *Zhihuinürenwuyu*

热情，也是一种逐客法。女人在生活中常常会接待不受欢迎的客人，这时不要把所有的不快都表现出来，不妨采用超乎寻常的热情来接待客人，让客人感到感激不尽，甚至拘束不安，这样他就会早早离开。

得意时不要忘形

在一生中，女人会有很多得意的时刻。自己争取到出国学习的名额，投资的股票狠赚了一笔，搬进了刚装修好的新家，老公升职加薪……人总会遇到得意之事，但千万要记住：得意时不要忘形。有的女人本来虚荣心就比较重，当有得意之事时，自我感觉良好，就会无视别人的存在。岂不知周围有多少人在嫉妒你的幸运，期望你摔跟头，有多少人背后表示厌恶你的“炫耀”。如果我们身边有个这样的女人，有了得意之事就目空一切，谁也看不起，我们还愿意和她成为朋友吗？得意忘形终将会失去人心。

在职场上，得意更不能忘形。当你的得意之心侵害了他人的自尊时，后果就会变得很严重。你的得意会引来同事的嫉妒，他们会采取不合作甚至阻碍你工作的方式发泄对你的不满；而面对领导时，更不能得意，每个领导在心理上肯定会有强烈的优越感和做主角的欲望，没有哪个领导希望下属抢自己的风头：心胸狭窄的领导，可能会给你点颜色瞧瞧；心胸宽广的领导，开始或许不屑一顾，但随着时间的推移，不满情绪会越积越多。

那么女人得意时应该怎么做呢？得意之时要记挂失意之人。也许你的得意是因为很多人的失意换来的，所以得意之时要时时记挂失意之人。说话做事要低调，不要故意伤及失意之人的自尊心，并尽可能地帮助她们。如果你刚刚升职，曾经的伙伴变成你的下属，那就不要打官腔、摆官架，与她们打成一片对你的工作也有帮助。假如了得意了就失去理智，处处显示自己的优越感，早晚会栽跟头。

经过几年奋斗，陈晓雨已经升任公司市场部主管，本以为凭借一定的工作经验和专业水平，能在新岗位上有一番作为，可是没过三个月，她便发觉事情没有想得那么简单。升任主管后，她自然有些得意，这回可要尝一尝当领导的感觉了，于是，开始有意识地与原来的同事分出等级，穿衣打扮、说话语气都和原来大有不同，不像以前总和她们打成一片。为了树立自己的权威，她对待自己的老同事十分严格，就事论事。部门同事看她的眼光很微妙，有人还结成小团体与她作对。赵晓雨并没有放在心上，还是一直推行新政策，不时会遭到一些非议。年终评估，她在部门考核中分数最低，看到这样的结果，赵晓雨非常失望，甚至有些心灰意冷。

其实赵晓雨的做法并没有什么大错，只是因为她是从普通员工升任主管的，不可能就此脱离与老同事之间的关系，即使她只是公事公办，别人也会觉得她得意忘形，做了主管忘记了曾经的伙伴。在争取及维护自己的权利时，妥协往往是必需的。如果你事事都要争先，那很容易成为众矢之的。

越是得意越要谦虚谨慎。女人得意时，千万不能因为他人相信、看重自己，就开始胡言乱语，指手画脚，更不能恃才傲物，只有这样才会得到别人的尊重。

聪明的女人懂得在得意之时适度收敛自己，不要一心想着抢风头，遮盖别人的光彩。当你发现别人的想法存在很大问题时，也不要贸然指出他的错误。做人要懂得低调，尤其是得意之时，更要处处注意自己的言行举止。因为人们的嫉妒心使然，常常愿意寻找得意之人的错误。女人要学会在得意之时适当地掩饰自己的得意，谨言慎行，这样会获取更大的成功。

智慧女人物语 *Zhihuinürenwuyu*

得意和失意往往会在瞬间转换，女人遇到得意之事，不要无所顾忌，尤其是不要忘记了自己的位置，抢了别人的风头。如果高兴得控制不住自己，忘乎所以，从而失去常态，就会从得意转为失意，甚至一蹶不振，出现乐极生悲的局面。

女人要用沉稳取胜

聪明的女人往往在关键时刻会以沉稳取胜。沉稳大气的人，值得信任，在事业上、爱情上都会有所收获。

心怡在一家合资企业上班，公司规定严禁互相打探收入情况，年终奖更是机密。往年，心怡的年终奖金跟大家都差不多，说出去也没什么关系。然而，今年她在工作中表现突出，多次受到老板夸奖，她拿到红包时，就觉得比往年更沉。到座位上把红包打开，仔细一看，竟然足足有三万元，这真是让她喜出望外。这个时候，大家都在窃窃私语地讨论年终奖，看到心怡面露喜色，起哄道："心怡，拿得不少吧？"心怡按捺不住内心的喜悦。一位新进公司的小妹走过说："我猜猜看。五千元？"心怡摇摇头，小妹又猜"一万元"，她就摇摇头忍不住伸出三个手指。"天啊，三万元！"小妹的声音一下子大了起来，周围的人都扭头看这边。心怡拿了三万元的年终奖一下子传开了，那些年终奖比她低的同事们都变得愤愤不平、牢骚满腹，从那以后她们就经常在背后说她的坏话。还有人找老板诉苦，说自己明明工作很努力，为什么奖金那么少，老板不耐其烦，把心怡狠狠地训了一顿。

人人都有攀比心理，尤其同事之间更是会时时刻刻地暗自比较。心怡没有控制住自己的炫耀心理，透露了自己的年终奖，引起了其他同事的妒忌，也给老板留下了坏印象，真是自找麻烦。

人事部经理在离职之前，曾向公司推荐李晨接替自己的职位，但最终坐上这个位子的却是方倩。方倩的性格非常外向，善于在上司面前表现自己，和公司高层的接触很多，最后得到了人事部经理的职位。其实大家都知道，无论从资历还是从水平上，方倩都远远不如李晨。同事为李晨打抱不平，建议她去找公司“评理”，对公司的不公平表示抗议。李晨总说：“算了，领导都已经决定了。”每当同事在她面前批评方倩的时候，李晨反而会替她说几句好话。在与方倩交往的过程中，李晨也很大度，一直对方倩很友善。这令方倩既意外又感动，心里也觉得愧对于她。在公司第二年的薪资评比中，李晨得到了最高的加薪幅度，身为人事部经理的方倩在其中当然起了举足轻重的作用。不久，公司通过员工调查了解了李晨的能力，上司对李晨这种不抱怨的态度也非常赞赏，委派李晨做了公关部经理。

李晨并没有因为自己委屈就到处乱说，而是大度地对待方倩，不仅赢得了方倩的好感，也赢得了公司的信任。如果说她到处诉说自己的委屈，甚至阻挠方倩，也许就不会有后来的职位了。其实，李晨最后是靠沉稳取胜的。

沉稳，是获得成功的重要因素。

智慧女人物语 *Zhihuinürenwuyu*

沉稳的女人，不该说的话不会乱说，不该做的事也不会去做，能轻易得到别人的信任和支持。女人要学会不轻易掀开自己的底牌，处处低调内敛，为自己创造机会，在关键时刻以沉稳取胜。

与其攀比，不如争气

如果我们身边有个嫉妒心强的女人，大家都会觉得不舒服。你工作轻松薪水高，她会生气；你老公帅气浪漫，她也会生气；你身材好穿衣打扮有品位，她更会生气……在相处中，她总是无缘无故生气，让每个人都不知所措。

这样的女人就是虚荣心在作怪，她们爱攀比，什么都要与别人比一比，比过了就会觉得高人一等，比不上就会觉得没面子，要生气。这样的女人只习惯于做红花，而让别人做绿叶来陪衬自己的生活。

其实，朋友的幸福也是自己的幸福，你可以从她们身上学到更多东西，亲手打造自己的幸福。如果一个女人总是觉得别人的日子过得比自己好，那么，这样的生活肯定不会让她感到快乐，也更谈不上幸福。临渊羡鱼不如退而结网，女人要用实际行动证明自己。

聪明的女人应该这么做：

1. 认识到虚荣心的危害。人人都知道虚荣心不好，怕被别人说有虚荣心。但是很多人没有认识到虚荣心的危害，这是一种扭曲了的自尊心，只知追求虚假的荣誉。女人虚荣心过重就会变得非常爱面子，不愿意别人超过自己，喜欢通过贬低别人来抬高自己。长此以往，会失去朋友，也会失去幸福快乐的心境。另外，女人为了自己的虚荣心，不切实际地盲目攀比，追求高消费，会搞得自己入不敷出。看到别人穿名牌，自己不考虑经济状况也盲目追求，最后损失的还是自己。所以，女人要少一分虚荣，多一点务实的精神；少一点攀比，多一点知足常乐的心理，这样才能让自己更加快乐幸福。

2. 发现自己的优势。觉得别人事事都比自己强，其实是没有全面认识自己，没有发现自己的优势。你的相貌比不上她，也许你身材更好；你没出生在优越的家庭，但是你自身很有能力……这些都是你的优势。全面地认识自己的外在形象和内在素质，你会发现你有很多傲人之处，完全没有必要因为别人的优势而感到生气。每个人都不是完美的，但是每个人都有自己的优势。女人要看到自身的优点和缺点，坦然而全面地认识自己，通过不断改正自身的缺点来逐步完善自己。

索菲娅·罗兰是意大利著名影星，曾获得1961年度奥斯卡最佳女演员奖。她16岁时来到罗马追求演艺梦想，但是她的臀部很宽，被认为有身材上的缺陷。那时女人窄臀的身材很流行，摄影师和导演都喜欢窄臀的女星，许多女星因为自己不是窄臀而自认为有缺陷，甚至嫉妒有这种身材的女星，不惜做整形手术。索菲娅多次试镜，都被摄影师们抱怨。这时的索菲娅并没有认可别人的说法，也并不嫉妒别人的身材，她说自己虽然没有摄影师们喜欢的窄臀，但是仍然有自己优势，比如生动的五官、独特的气质……后来她决心不靠外貌而是靠自己内在的气质和精湛的演技来取胜，她最终得到了人们的认可。

索菲娅·罗兰并没有因为别人的议论就自暴自弃，或是盲目嫉妒别人，而是充分认识到自己的优势和缺点，凭着自己的演技取胜，后来那些议论都不攻自破了，她还被评为20世纪“最美丽的女性”之一。我们可以去欣赏别人的优点，但也应该明白自己的优势。只有充分认识自己，才不会盲目嫉妒别人，才能让自己散发出独特的魅力。

3. 用事实证明你的能力。有的女人心怀不满，动辄攀比生气，既显示了自己的气量狭小，又起不到任何作用。因此，与其干坐着生气，倒不如用事实证明自己的能力。未来是靠自己创造的，看到别人事事比自己强，不如靠自己去努力争取美好的生活。如果你觉得别人比你好，比你出色，那就努力拼搏，力争上游。有意识地提高自己的思想认识水平，这正是消除和化解嫉妒心理的有效对策。

消除了嫉妒心和虚荣心的女人，就会希望别人生活得开心，自己也会变得开心。靠自己的双手打造自己的幸福，积极乐观地生活，让自己的生活更有朝气！

智慧女人物语 *Zhihuinürenwuyu*

看到别人比我们强的时候，就生气，没有任何用处，还会暴露一个女人自私狭隘的虚荣心。与其生气，不如努力打造自己的幸福和快乐。女人有了积极正面的思考方式，以别人的成功为例激发自己奋发向上，才能最终活出自己的精彩。

做情绪的女王

世上有种东西非常难以把握，那就是情绪。我们也经常会为一件事情愤怒、发脾气，也会经常伤感、难过、沮丧，但是过后又觉得没什么，情绪的变化让人捉摸不透。女人无缘无故发脾气会给人留下恶劣的印象，没有人会因为你是一个女人而原谅你。所以，女人要学会做情绪的女王，控制自己的情绪，时时有颗宽容的心。

怎样才能控制自己的情绪呢？美国心理学家阿尔伯特·艾里斯认为，人们应该为自己的情绪负责，因为情绪是由自己的想法制造出来的。我们如果能以合理的信念代替非理性的信念，就会有新的情绪产生，就会拥有较好的情绪反应。

有四个女人同样遭遇失恋，第一个人的态度是这样的：“算了，旧的不去，新的不来，再找一个说不定比他更好！”然后挥一挥衣袖，难过一两个星期，一切就过去了，开始结交新的男朋友。第二个想：“我对你这么好，你怎么可以说分手就分手呢?!”她自怨自艾，茶不思寝不寐，每天都生活得很痛苦，不论读书或工作，都弄得一团糟！第三个人很可怕：“你不要我了，我死给你看！”带着遗书去跳楼了！第四个人最恐怖，她想报复，说：“好！你不要我，我也不会要你好过！”然后跑到男方家大吵大闹，甚至带着硫酸去泼对方，要把对方也毁掉！

同样一件事，四个人的想法、态度、行为各有不同。遇到负面的事情，人通常会产生很多不合适的想法，这种思维方式导致犹豫、焦虑、悲观、压抑等不良情绪，只有抛开这些不正确的想法，才可以改变人的情绪及行为。女人以正面、乐观的想法去面对问题，就能产生愉悦、快乐的情绪。所以在生活中，女人要用正面的思维考虑事情，控制不良情绪。

1. 换一个角度想问题。有很多时候，女人难以排解自己的不良情绪，这时要学着换一个角度思考问题“他并不是故意伤害我的，如果是我，我也会希望得到别人的原谅；事情虽然办砸了，但是幸好没有造成更大的损失；为什么要生气，生气什么也解决不了……”这样想，就会排解内心的不良情绪。

2. 勇敢面对问题。中国台湾的圣严法师说：“面对问题要有四个步骤：面对它、接受它、解决它、放下它。”这是很重要的观念和原则。遇到不愉快的事情，不要纠结于为什么自己那么倒霉，学着接受并努力去解决，就会减少情绪上的折磨。把注意力从坏情绪转移到实际行动上来。

3. 清扫内心的尘埃。女人要学会关照自己的内心，及时清扫那些不良情绪。心要放开，气才能平和。中国台湾的星云大师，在完成了一生的志业，要离开佛光山时，弟子问他："大师，这里是您一手创建的，您离开了，不是什么都没有了吗?"大师回答："双手紧握，我什么都没有；双手张开，什么都是我的。"摊开双手放开了执著，将换来满心的轻松和幸福。时时亲近大自然，能放松自己的心灵。我们的身体需要空间，心灵也同样需要空间。

假如女人体内有座"火山"，那是伤人又伤己的事情。怒气只能衍生出恶言恶语、争吵打骂，最后的结果必然是感情出现裂痕，友谊破裂。这座"火山"喷发的火气只能灼伤自己，烧痛别人，周围的人和你结怨的结怨，远离的远离，最终你将成为一个孤独的人。所以，在这里奉劝女人一句，当你感到非常愤怒的时候，就转移注意力，深呼吸，或者干脆离开冲突现场，等到心态平和下来再解决问题。生气是拿别人的错误来惩罚自己，原谅别人则是善待自己。发怒只能让你给人留下没有修养、缺乏理智的印象。

女人是自己最好的心灵治疗师，经常与自己沟通，关注自己的内心，慢慢就能成为情绪的女王。

智慧女人物语 *Zhihuinürenwuyu*

情绪控制得好，可以将阻力化为助力，帮你解危化险、明晰事理；情绪若处理得不好，会产生一些非理性的言谈举止，轻则误事受挫，重则给他人造成心理创伤，既得罪了人，又误了事。能控制自己的情绪是胸怀宽广的表现，这样的女人更容易欣赏他人，懂得品味人生。女人一定要做情绪的女王。

第八章

以柔克刚，女人善用性别优势办事

男女天性不同，真正聪明的女人并不会逼迫自己天天摆出一副精明干练、强势的模样，而是充分发挥自己的天性，依靠天生的优势去解决问题，赢得大家的认可。因为，一百种心思往往比不过一个女性温柔甜美的声音。而后者，能让女人莫名获得他人的信赖。

学会“不在乎”

人生总要遭遇各种各样的不愉快，被人背叛、被人污蔑、失去信任等，即使有人劝解，我们也无法解脱，觉得没有人可以了解当事人的痛苦。但是，痛苦解决不了任何问题，别人的劝解也没有用，这时就要对自己说一句“我不在乎!”

就因为太在乎，所以女人才会承担这样那样的痛苦。听到流言飞语辗转反侧，就是因为在乎别人的看法；离了婚的女人仍然见人就念叨前夫的“坏”：不管孩子、不顾家庭、不知道疼人、交到家里的生活费越来越少，就是因为还在乎那段给自己带来伤痕的婚姻；为了升职费尽心血，甚至牺牲了和家人相处的时间，就是因为在乎那个职位；股票一跌一涨，就会患得患失，就是在乎自己是输还是赢……人世间最难做到的是：不在乎。但是许多事情即使是太在乎，也难以像你想象的那样顺利，只会让你的人生劳累不堪。

一代名伶阮玲玉，被称为中国默片时代最优秀的女演员，却在25岁的时候结束了自己的生命。曾经的初恋张达民向她勒索钱财，自己深爱的男人唐季珊对自己不忠，一家家八卦小报把她描述得不堪入目。封建恶势力利用有关她的婚姻讼案大作文章，造谣中伤，把一桶桶脏水泼到她的身上。她太在乎了，不堪被辱，留下“人言可畏”的遗言自杀了。她选择用这样决绝的手法终止了自己的生命，终止了自己的艺术。阮玲玉是个悲剧，她的死让许多人痛惜。

阮玲玉才华横溢，光芒四射，被广大观众倾慕，但是她却不懂得化解内心的痛苦。如果她不在乎身边的男人，不在乎别人的流言飞语，也许就不会酿成悲剧，也许在她以后的人生岁月会为中国电影贡献更多的经典作品。

可见，只有学会对某些无关紧要的事“不在乎”，女人才会无所畏惧，才能放下包袱，走出自己的一片天地。

女人要懂得与往事告别。分手了，海阔天空不再与你有关，关起一扇观望顾盼的心门，告诉自己“从此后，我只在乎我自己。”如果往事只能成为女人的负累，勇敢地丢弃它，开始新的生活。

女人要看淡荣辱得失。越想抓紧什么，却越得不到。金钱、地位、名誉、爱情，什么都不如自己的人生重要。有的时候看淡了，轻松了，反而会有所收获。人言可畏，只是因为你太在乎流言飞语，不妨潇洒一些，什么都无法伤害到你。

要想成功，女人比男人更艰难，也要付出更多，需要更大的勇气。如果在乎太多，人生岂不是没有出口了？作为女人，不妨糊涂一点、少一些敏感，流言伤不了人心，只要你不在乎，照样活得自在潇洒。

智慧女人物语 *Zhihuinürenwuyu*

人生难免有艰难险阻，在乎太多，就会变得疲劳不堪，学会不在乎，看淡一切荣辱得失，女人才能获取更大的力量和勇气，才能活出自己的精彩。

让“有效的眼泪”成为通行证

有人说女人是水做的，水样的温柔，水样的情怀，所以女人有水样的眼睛，眼睛里荡漾的总是眼泪。女人伤心了会哭，开心了会哭，委屈了会哭，感动了也会哭，哭并不代表软弱，女人的眼泪有着十分丰富的内涵，有的时候眼泪还可以成为女人的有效通行证。

眼泪在女人的生活中有着怎样的作用呢？女人的泪水可以表达、宣泄自己的情感。男人可以把车开得像野马，可以无所顾忌地用瓶子豪饮，他们在这种潇洒中解脱了心中的不平和烦恼。女人可宣泄的方式则相对较少，梨花带雨也好，泪水涟涟也好，都是感情的宣泄和心灵的表白。女人哭过了就能把心中所有的不快挥发掉，平定心情迎接新的一天。

女人的泪水易引起别人的关注和同情。女人生理上没有男性强壮，长期以来世界都是由男人征服的，女人更有资格流泪。聪明的女人可以利用自己的泪水赢得同情和关注，做成自己想做的事情。遭受流言飞语的打击时哭一场，会唤起人们对你的同情及对流言的审视；工作上出现了失误，在上司面前哭一场，可显示痛改前非的决心；家庭出现矛盾，在女伴面前哭一场，会得到许多良好的建议……女人会流激动的泪水、幸福的泪水、妩媚的泪水、撒娇的泪水等，种种泪水一流，任凭是铁石心肠者，也会为之动容，主动出手相助。

眼泪能展现女人最独特的一面。女人流泪流露出的是善良、无奈的心绪，是女性本身独特的一面。平常不流泪，关键时刻流眼泪，给人们留下动情的一刻，又让人们感受到女人丰富的内心世界。

现在的赵薇已经成了国际知名的当红影星，但是当年她能考上电影学院却是非常“侥幸”，说起来还真是她“有效的眼泪”成了考试的通行证呢。临考前，赵薇发现自己准考证丢了，老师拒绝她参加考试。怀揣演员梦的赵薇，就坐在表演系考场外的楼道，一想自己要失去考试的机会了，泪水忍不住流了下来，她小声地啜泣着。这时负责考试的崔老师来楼道内休息，看见赵薇坐在那里一直哭泣，便走过去问她为什么哭，旁边便有人对崔老师说，这名考生丢了准考证，不能参加考试了，还告诉赵薇：“这就是负责考试的崔老师”。赵薇抬起头委屈地看着崔老师，那双水灵灵的大眼睛里溢满了泪水。顿时，心地善良的崔老师被这个大眼睛女孩打动了，心生同情。接着崔老师找到考生办公室的负责人，一再强调这个女生是个好苗子，费尽周折为赵薇补办准考证。后来赵薇参加考试并顺利考进电影学院，迈出了演艺生涯的第一步。

如今的赵薇已经成为中国当代著名女艺人之一，在亚洲地区拥有大批的影迷。她能遇到善良的崔老师，是幸运的，但是如果她没有用真诚的眼泪打动崔老师，也许并不能顺利参加考试。可见女人的眼泪在关键时刻能起到很大的作用，有时会成为女人的有效通行证。

但是，女人不能滥用眼泪这个武器，流眼泪要分场合、分时间。试想，一个女人在工作的时候，遇到了一点困难就哭哭啼啼，我们怎么能相信她的能力？假如你是一名老师，学生一调皮你就气得大哭，你怎么胜任教师的职责？假如你是一名医生或护士，遇到一点困难就躲到一边哭泣，哪个病人还相信你？假如你是一名营销人员，业绩不佳就站在别人面前哭泣，谁还能给你提升的机会？有的时候，真的委屈了，就躲到一个角落哭一场，哭完了，甩甩头，再重新开始吧。

智慧女人物语 *Zhihuinürenwuyu*

女人容易落泪，泪水有着丰富的内涵，聪明的女人懂得让泪水成为自己的武器，成为通行证。要学会在适宜的场合流泪，这样可以得到同情和帮助，让你做成想做的事情。

软磨硬泡见“功夫”

我们经常听到“软磨硬泡”这个词，软磨硬泡也是一种“功夫”，有的时候有理有节做不成事，软磨硬泡倒是一个很好的办法。女人遇到难事，要学会使用软磨硬泡的功夫。

软磨硬泡需要韧性与耐心，有不达目的誓不罢休的精神，要克服害羞和自卑，在交际中主动出击，最后感化对方取得胜利。人心都是肉长的，自然会有感情，只要你能熬得住就行。有的女人会觉得用这种方式求人丢面子，其实天下谁能不求人，看起来好像丢了面子，但办成了事，这也是一种成功。

怎么使用软磨硬泡的功夫呢？

1. 用真诚打动对方。俗话说：精诚所至，金石为开。动之以情，晓之以理，以真诚打动对方，可为自己赢得更多的时间。

2. 要有不达目的誓不罢休的决心。软磨硬泡时，决心十分重要，如果一碰到钉子就退缩，永远办不成事。怀有不达目的誓不罢休的决心，即使被拒绝千次万次，也要重新再试。

著名女演员陈小艺，最初在话剧团工作，1986 年参演《少年郭沫若》，被导演李六乙发现，李六乙说："你条件这么好，为什么不考中戏呢。"然后为陈小艺写了报名推荐表。能上中央戏剧学院当然好了，陈小艺拿着报名表去找话剧团的领导，说："我想试试考中戏。"领导一是考虑中戏特别难考，二是不想放走这个好演员，就一口回绝："不行！你得好好参加工作，别胡思乱想。"

陈小艺被领导拒绝，并没有放弃，还暗暗下定决心，一定要去考中戏。她想出一个办法，第二天，到了晚饭时间，她就去团长家，团长一家正准备吃饭呢，陈小艺坐下就说："团长，今天我就和您谈谈我考中戏的事……"团长不耐烦地说："不是说了不许去吗？真不听话。"第一天陈小艺无功而返，第二天又去了，还是趁着团长吃晚饭的时候，说："团长，考中戏的事情您再想想……"一连十几天，陈小艺每天都去团长家里，团长看出陈小艺不达目的是不肯罢休的，也被她的坚持感动，就说："去吧！但是我有个条件——只能考一回，考不上回来好好演戏，再也不能考了。"陈小艺高兴地答应了，她积极准备考试，终于考上了中央戏剧学院。

陈小艺遭到拒绝毫不气馁，拿出不达目的不罢休的精神，靠软磨硬泡的功夫为自己赢得了一次难能可贵的机会，终于考上了中央戏剧学院，开创了自己的演艺事业。

3. 要使用礼貌的方式。软磨硬泡不是耍无赖，也不能伤害对方，礼貌的方式是十分必要的。求人办事要不愠不火，更不能惹对方生气。

4. 适当以幽默作为润滑剂。被人拒绝后，往往会陷入尴尬的境地，这时用一些幽默的话语，可以缓解气氛，给双方留下更多的空间。“伸手不打笑脸人”，受缠者也不好翻脸。

敏佳是一家经营办公用品公司的销售人员，现在在推销一种新型打印机。她来到一家公司，刚向人家介绍她们的产品，就听到人家说：“我们对打印机没兴趣！”她听了后“咯咯”笑了起来，然后微笑着道歉说：“我忍不住要笑。你令我想起另一家公司的老板，他也说他没兴趣，后来他成了我们最好的主顾之一。”随后就讲了那位老板的一件趣事，逗得在场的人都哈哈大笑，气氛一下子活跃了很多。接着敏佳继续展示她的打印机，老板又委婉地表示他对这东西没兴趣，她把头埋在臂弯里，又笑了起来，然后又说一个故事，同样是说某人在表示不感兴趣之后，买了一台新的打印机。敏佳就这样和老板说了好几个回合，周围充满了笑声，那位老板最后笑着说：“好吧，我们试一试。”就这样敏佳推销出去一台打印机。

这就是充满韧性的幽默使用者所取得的成功。对付软磨硬泡中的尴尬，笑声和幽默是最好的润滑剂。敏佳展现的幽默才能使每个人笑容满面，连老板也觉得无法拒绝，于是推销成功了。

软磨硬泡的对象，往往都是陌生人，女人要战胜恐惧心理，寻找共同话题，争取达到“一回生，二回熟”的效果。一般情况下，每个人都喜欢听奇闻趣事。因此，你不必顾虑，要有勇气，攀谈时要面带微笑，微笑能消除自己的紧张情绪，并且能使谈话的气氛更融洽。在谈话中，尽量找到共同点。还要多谈对方关心的事情，以免对方反感。不要过于严肃或摆架子，带一些微笑，带一点幽默感，对方才可能会被你吸引。

另外提醒大家，软磨硬泡也要分对象和场合，假如不顾对方感受一味纠缠，定会落个无赖之名，甚至惹祸上身。故要学会把握时机，胜算才会更大。

智慧女人物语 *Zhihuinürenwuyu*

女人要学会软磨硬泡的功夫，或者笑脸相向、幽默开道，或者以情动人，只要取得对方的认可、同情，就可能达到我们的目的。

女人，该示弱时就示弱

很多人都说过，女人要自强自立，不管是在家庭还是在社会上都要撑起半边天，这一点儿都没错。但是女人一味要强，其实并不是一件好事。一味要强，从来不示弱，想把任何事情都做好，这样的女人会活得很累，也会使朋友和亲人渐渐远离。聪明的女人，该示弱时就要示弱。

在爱人面前懂得示弱，才会赢得完美的婚姻。婚姻中很难分出谁对谁错，往往是鸡毛蒜皮的事情引起争吵，到最后不知如何收场。很多男人会有大男子主义，如果女人不懂得示弱，那战争就会升级，到最后互相伤害，甚至会导致婚姻失败。夫妻吵架，除非真打算就此分手，否则何必争执？口头上赢了，感情上却输了。其实就是几句话的事情，女人说出来了，男人就不会针锋相对了，气消了，自然万事大吉。

在朋友、同事面前懂得示弱，才会赢得好人缘。每次聚会都要抢着出风头，为了一件事打赌，非得证明自己的正确，连穿衣打扮也非得超过别人。这样的女人太要强了，没有人会喜欢。看到同事取得好成绩，不妨说一句："你真厉害，我可做不到。"看到朋友穿了件新衣服，不忘夸奖几句，然后再说："我在穿衣打扮这方面一向不怎么开窍。"在工作中，依靠自己的能力做不好的工作就不要勉强，也不要说大话，向同事示弱寻求帮助，才不会让自己费力不讨好。

心眉刚刚晋升经理，她的老板对她最初的感觉是她身上有种"舍我其谁"的精神，什么事情都很主动，敢于承担，对她还有几分欣赏。但后来发现，本来很多事情是可以齐头并进的，却因为心眉的大包大揽，导致项目停滞不前、工期延长。每次总看到她加班，却总看不到她劳动的成果。

交代的任务，迟迟不给回复，需要提醒两三遍才有效果。老板对心眉开始有些不满。

在进行跨部门合作的过程中，心眉也总是摆出“逞强”的姿态来。本来有些项目做起来并不容易，需要几个人合作，她却自告奋勇，什么事情都包揽，什么事情都参与。而其他同事见她这样好强，都心生厌恶，觉得她是在抢功，野心太大。结果，心眉毕竟不是“万能牌”，这些工作并不是凭一己之力就能完成的，这时她才知道逞强好胜的弊端，她也希望有同事能搭把手，帮助她完成任务，不至于被上司批评，可是，同事们大多等着看她的笑话，怎么可能“拔刀相助”呢，心眉后悔不已。

心眉的问题就出在不懂得示弱上，什么都大包大揽，想要展示自己的能力和才华，给老板和同事留下了糟糕的印象，最后连自己也撑不住了。

现代女性承担着各种社会角色，如果处处要强，只会活得很累，实在没什么好处。如果一个女人不会撒娇，只知争强好胜，不肯认错，不懂得表扬和欣赏别人，又挑剔，又爱嫉妒别人，不懂宽容，必然会众叛亲离。

聪明的女人懂得适时向老公撒娇，也懂得向周围的人示弱，说出自己的不足和所需要的帮助，又会适时赞美别的女人，宽容别人不经意的错误。这样的女人不仅家庭幸福美满，在职场也是大家都愿意帮助的女人。懂得示弱的女人可用别人的力量帮助自己完成力所能及或者不能及的事情，别人做得开心，自己也乐得享受，这就是示弱的好处。

智慧女人物语 *Zhihuinürenwuyu*

女人太要强并不是好事，太要强会使女人陷入性格偏执，甚至失去幸福婚姻，在工作中被孤立。所以女人要学会适时地示弱，不管是寻求帮助，还是夸奖赞美别人，都能赢得别人的好感。

以弱者的姿态笑到最后

弱者力量弱小，在竞争中处于劣势。另外，弱者更柔韧，能够躲过强大力量的攻击。美国心理学家做过这样的调查：一名彪形大汉，在拥堵的马路上横穿而过，愿意给他让路的车辆不到50%，车祸率很高；而一个老弱病残者横穿马路，却是万人相让，大家还觉得自己做了善事，车祸率为零。弱与强，在某种时候，达到的效果截然相反。弱，反而处于强势；强，反而处于弱势。就像我们的牙齿和舌头，年轻的时候舌头总是被牙齿伤到，但是等我们老了，牙齿早早地就离开了，舌头还健康地存在。

弱者的姿态，有的时候是一种生存的策略。女人要想在竞争中站稳脚跟，就需要偶尔做一做弱者。用弱者的姿态生活，会笑到最后。

1. 弱者更懂得适应周围的环境。美国通用电气公司总裁杰克·韦尔奇说过“这个世界是属于弱者的，因为弱者最懂得适应”。相对于强者来说，弱者因为理想和要求更低，就会有更为广阔的发展天地，有更多的选择。在强者如林的社会，弱者不断地放低姿态，因势利导赢得生存机会，也锻炼了自己适应环境的能力。在《红楼梦》里，强势的女人都在生存战争中被淘汰了，不管是晴雯还是司琪，都成了封建家族的牺牲品，而那些弱小的难以被人记住名字的女人却生存了下来。

2. 以弱者的心态减轻身上的压力。在现在这个社会，女人要面临的压力一点不比男人少，假如处处对自己高标准、严要求，那么生活肯定不堪重负。不管在什么时候，不管多么希望出人头地，女人都不能为自己强加太多的压力。以弱者的心态打拼，即使遭遇挫折也会坦然一笑，重新开始；即使获得成功，也会谦虚低调，不得意忘形。这就是弱者的智慧。

晓宁被公司的人称为“傻姑娘”，她看起来确实不够聪明，这家大公司精英如云，晓宁无疑是弱者。她刚来的时候打印文件，结果打印机坏了，其实大家都知道打印机早就破旧不堪了。令所有人感到意外的是，她当即写了一份申请交给老板，说自己操作不当，导致机器损坏，理应赔偿。老板看后惊讶得不得了，当然并没有扣她一分钱。公司派晓宁和一名同事出外勤，到政府各部门拿审批，工作烦琐而冗长，每次在等待答复的时候，另外那个同事都要去公园或者商场散心和消磨时间。晓宁则不然，要么回公司，要么在原地等着，同事劝她：“反正我们这段时间的一切费用由公司报销，不趁此机会好好犒劳自己，岂不太亏了？”但是晓宁笑笑，还是坚持自己的做法。晓宁也因此被同事称为“傻姑娘”　“榆木疙瘩”……就这样，一年以后，晓宁竟然被任命为部门主管。老板说：“晓宁虽然学历一般，交际能力也没有那么强，但是她敢于承担责任，设身处地为公司着想。别的人觉得她是弱者，其实她是真正的聪明人……”

晓宁升职让所有的人都大吃一惊，等老板讲出理由，周围的人才恍然大悟——原来是这样。晓宁用弱者的智慧生存，不怕吃亏，不怕被人耻笑，按照自己的方式工作，最终赢得了信任。别人说她“傻”，其实是别人不懂得职场生存法则。

智慧女人物语 *Zhihuinürenwuyu*

女人要放下架子，以弱者的姿态行事，人自然会谦虚谨慎，别人也会愿意接受，反而会使一切顺畅。做人做事，如果能经常以一种弱者的姿态出发，以弱者的面貌去把握自己，往往更能成为长久的赢家。

羞涩，最令人心动的情绪

现代诗人徐志摩那首脍炙人口的短诗《沙扬娜拉》中有一句“最是那一低头的温柔，像一朵水莲花不胜凉风的娇羞”，表现了女人的婉约羞涩之美，不仅让男人心动，也让女人心动。

现代女性慢慢走进社会，和男人一样为了理想打拼，她们变得越来越咄咄逼人，以开放、大胆、野性为美，我们似乎再难看到女孩子娇羞的微笑与目光了。有的女人会说：“我整天和一群男人打交道，早已经变得百毒不侵了，让我羞涩脸红的事情实在是不多了……”这是一种普遍的现象，但是羞涩是女人最纯真、最天然的感情，能给女人增加无穷的魅力，能让女人征服身边的很多人，假如你失去了羞涩的本能，那是一件十分可惜的事情。

陈坤与董洁主演的电视剧《金粉世家》讲了一个很世俗的故事，金燕西从小养尊处优，在欢场游荡，遇到各种各样的女人，但是见到捧着百合花带着一抹羞涩的冷清秋，他才彻底被打动，不惜一切代价追求冷清秋。冷清秋也许只是平常人家的平凡女孩，却用害羞俘获了金燕西的心，最终成为他的妻子，嫁到金府。虽然结局并不圆满，但是金燕西最初的痴迷却也是感动人心的。

羞涩是一种女性特色。当男性羞涩时，脸上呈现的是尴尬和狼狈的表情，而女性羞涩却是那么妩媚可爱。为什么女人爱用腮红，因为双颊绯红的女人很有魅力，绯红的羞涩往往稍纵即逝，所以才更加珍贵。试想，一个女人粉颊飞红，垂目掩面，如初绽之桃花，能不让人为之心动吗？羞涩是女人的特色，也是女人的特权。

羞涩让女人更有神秘感。羞涩的表情会给女人披上一层神秘的面纱，让女人展现一种迷离、朦胧、含蓄之美。当不熟悉的女性在我们面前害羞一笑，我们心中立即就会涌出想了解她的欲望。女性的羞涩，是一种美的气质，永远同善、德行和谐一致。“犹抱琵琶半遮面”的神韵能刺激人的丰富想象力，甚至使人如醉如痴。

羞涩可以增加女人的好人缘。羞涩表达的是一种难为情的心理活动。在社交场合表现出一瞬间的害羞，会让人感受到你内心的纯洁，人们会自然而然愿意接近你，甚至帮助你。男人愿意帮助害羞的女人，女人也常常容易同情害羞的女人。观察一下我们的周围，容易害羞的女人会有很多人帮，不要奇怪，这只是人之常情。

女人的羞涩是一种美，是一种特别的魅力。对于女人来说，一张羞涩的脸，就是一朵绽放的花，是一首优美的诗，是意蕴悠长的江南曲。动人的表情，迷人的色彩，文雅的举止，朦胧的神韵，温柔的蕴藉，女人的羞涩竟具有如此神奇的魅力！

在世上所有的色彩中，女人的羞涩是最美的。

智慧女人物语 *Zhihuinürenwuyu*

羞涩代表了女人的特色，羞涩会给你带来好人缘。在这个时代，羞涩是稀有的，因而显得更加珍贵。女人要记住羞涩是女性独有的美，是女性最令人心动的情绪。当女人为自己蒙上一层羞涩的面纱时，就会展现出不一样的魅力。

做善解人意的柔情小女人

好女人是什么样的呢？答案可能五花八门。作家李敖这样评价：“真正够水准的女人，她聪明、柔美、清秀、妩媚、有深度、善解人意、体贴自己心爱的人，她的可爱是毫不嚣张的，她像空谷幽兰，只是不容易被发现而已。”

其实，好女人有各种各样的类型，但是不可缺少的一条是“善解人意”。在家中，需要善解人意的妻子、母亲、女儿；在工作单位，需要善解人意的下属、上司、工作伙伴；吃饭购物愿意遇到善解人意的服务员、导购员，即使是走到大街上，我们也愿意遇到善解人意的陌生人……

善解人意是好女人基本的素质。善解人意的女人事业会更容易成功。想一想，处处为他人着想，明白他人难处并会帮助别人的女人，是不是会有很多人喜欢？答案是肯定的。善解人意的女人为客户着想，为合作伙伴着想，更为自己的老板着想，她们做事谨慎小心，平衡各方面的关系，是受欢迎的上司和下属，也是受欢迎的合作伙伴。她们用自己的真心赢得别人的信任和支持，自然更容易成功。

善解人意的女人婚姻会更加幸福。有一个善解人意的妻子，对于男人来讲是幸运的事情。善解人意的女人最了解丈夫的长处和弱点，知道在男人的精神世界里有哪些禁区，更懂得在合适的时刻安慰帮助自己的家人。男人在脆弱时，更希望能有一个女人给他以精神的支持。没有哪个男人不渴望自己身边有一位善解人意的女人，只有善解人意的女人才是家庭的港湾，男人休憩心灵的圣地。

莹霞的老公在一家设计公司工作，平时压力很大，他在工作中遇到一些快乐和不快乐的事，总想对妻子倾诉一番，承担不快乐，可是莹霞的表现却总是令老公失望。一次，老公的一份设计方案为公司带来了不少利润，他为此得到了一笔数目不小的提成。等下班回到家中，老公就迫不及待地对莹霞说："亲爱的，我今天真是太高兴了……"没想到莹霞只是冷淡地"哦"了一声，随后便漫不经心地说："准备吃饭吧。我告诉你，咱们家的冰箱坏了，你还没有给售后服务部打电话吗?"还有一次，她老公被公司的事情弄得焦头烂额，本来想回家和莹霞说说，看看她能不能给自己一些好的建议。但当他诉说时，莹霞却目不转睛地看她最爱看的连续剧，根本就没心思听他讲。后来，她老公越来越感到回家是一件痛苦的事，两个人也越来越没有共同语言，最后选择了离婚。

莹霞不顾及老公的快乐和忧愁，把有心与她交流的老公推开，于是两人的感情越来越淡漠，最后导致了离婚。这是谁也不愿意看到的结果。善解人意的妻子应该给自己的丈夫最大的宽心和安慰，经营好自己的家庭。

要做善解人意的女人，不仅要有宽广的胸襟，还要有聪明的头脑，这需要平时的积累。经常替别人着想，不在乎自己的得失，慢慢让自己向"善解人意"靠拢。做一个善解人意的女人，最大的受益者不是男人，而是女人自己。

另外，女人一定要知道，善解人意并不是一味地迎合和纵容对方。如果对方提出的都是恶意的要求，那么女人是不值得为他着想的，一味满足对方的要求反而会害了他。所以，女人要善解人意，还要辨别是非。

智慧女人物语 *Zhihuinüirenwuyu*

善解人意是指在遇到事情时，能尽量用自己的心去体会对方的心，用自己的感觉去体会对方的感觉。女人能做到善解人意，最大的受惠者往往不是别人，而是自己。做一个善解人意的女人，无论事业还是婚姻都会顺风顺水。

共情，女人赢得人心的法宝

“共情”是心理学上的名词，它既是一种态度，也是一种能力。它表现为一种对他人的关切、接受、理解、珍惜和尊重。懂得“共情”的人，能充分理解别人的心事，并把这种理解以关切、温暖、尊重的方式表达出来。

有的女人会因为电视剧哭得稀里哗啦，会因为朋友的遭遇而感觉寝食难安，为能有人陪自己逛街购物而感到无比欢欣……这就是“共情”。与男人比起来，女人更容易产生和表达共情。但是女人的这种“共情特性”常常遭到男人的否定：“太容易受到影响了！这么情绪化的女人，怎么可能办成大事!”其实，往往那些能办成大事的女人，都有一颗柔软的心。

共情，也是一种共鸣。人的一生幸福不幸福，不在于你的智商高不高，而在于情商高不高。具备共情特质的女人能切身感受到别人的需要与苦恼，并能在必要时以得体和尊重的方式向他人提供支持与帮助，非常有助于建立健康的人际关系。人与人之间的关系是互相影响的，我们对人最大限度地体谅、理解和关心通常也会为我们赢得别人的理解、关心，使我们拥有强大的社会资源。你能让别人感到舒心、温暖，其实最大的受益者是你自己。

那么，女人该怎样提高自己的情商，让自己具备“共情”特质呢?

1. 要提高对他人的敏感度。这需要女人摆脱以自我为中心的心理，关注周围的人，培养对他人的敏感度。其实，在人与人的交往中，一个眼神、一声叹息、一个欲言又止的表情、一次嘴角的牵动、一次稍纵即逝的皱眉等，都可能反映出人的需要，学习观察并体验自己和他人的情绪，可提高对他人情绪的敏感度，增强对他人的共情。

2. 要增强对他人的理解。理解他人并不是一件容易的事，真正的理解包括理解他人的动机和能力，以及对他人观念的尊重。要想理解别人，先要学会倾听并且懂得换位思考。女人解决与人冲突的方式很多，理解是必要的前提。

林丹是朋友圈子里人缘最好的人，她总是能理解别人的感受，适当地表达自己的关心。有的人想学她，有时候却事与愿违。其实，认真观察林丹，就会发现她的想法和做法与众不同。圈子里有一个脾气很大的朋友，为人刻薄，常常因为一些小事情就与别人争执，别人都觉得她素质特别低，不愿意与她接近，但是她却把林丹当做最好的朋友。林丹告诉大家：她的确给大家造成了很大不便，她处处发泄现实生活给她带来的一些怨气。这样的愤怒下面，隐藏着的可能是她对生活无能为力的软弱感，她的婚姻很不幸福……分析到此，大家都释然了，给予她的不再是鄙夷和厌恶，而是深深的同情……林丹用这样的态度与人相处，自然会赢得很多朋友。

林丹的好人缘不是凭空而来的，她看问题的视角与别人有着明显的不同。其实，共情能教会我们用更宽广的眼界去审视周围的事物，唤醒我们的心，激活我们的身体，体验别人，阅读自己。

另外，女人还要学会表达共情，即以准确、恰当的方式表达对他人情绪与意图的感受、理解与尊重。如果缺乏恰当的表达，变成“正话反说”，如“刀子嘴豆腐心”，那结果仍会背离共情的原则，使理解成为一句空话。有些女人虽然心里明白要体贴人，并且也有对人情绪的敏感度，但是却常常不知道如何表达。其实，方法是因人而异的，只要我们对人关切、理解和尊重，就能以多样的方式关心别人。

在人与人交往的过程中，每个人的信赖和支持都有条件，即对方能赢得自己的共鸣。没有人愿意跟否定自己的人谈情或谈事情。而对一个能进入自己气场、并能与之共鸣的人，则很容易得到肯定。当一个女人，可以随着电视剧里的桥段嬉笑哭泣成一团，作为旁观者，别皱眉头，这正好代表这个女人有一颗敢向世界敞开的心。

智慧女人物语 Zhihuinürenwuyu

女人赢得人心的法宝就是共情。共情能使我们设身处地替人着想，可以使我们减少很多不必要的烦恼，也有助于我们与他人建立健康的人际关系。共情使我们与一个自己不喜欢的人相处时懂得留有余地，尽可能从对方的角度去考虑问题，而这样做，往往就是给自己留了余地。

做男人的好听众

男人都有一个“红颜知己”情结，这个“红颜知己”就是愿意倾听男人的心思、理解男人的女人，这个人不一定是妻子，可能会是女性朋友，也可能是同事。男人的心事往往愿意与这样的女人分享。

当男人向你倾诉的时候，你应该怎么做？当然是做一个好的倾听者。

一个好的倾听者需要做到专注。面对倾诉心事的男人，女人要以对方为中心，专心致志，不轻易插话，并用肢体语言回应对方，让对方知道你在倾听。记住，不要轻易做出评判，评判最容易影响我们对他人的理解，也容易激起他人的反感和敌意。我们应该学会尊重别人的选择，如果对方的观点和我们的价值观有很大冲突，而我们又需要指出这种差异时，那么，可以用礼貌而又尊重的态度表达自己的观点：“我理解你的意思，但在这个问题上我的看法和你不太一样……”“你说的很有道理，但在这点上我的看法是……”

一个好的倾听者会通过提问确认事实。好的倾听者离不开提问，提问不仅是为了确认对方想要表达的内容，而且也是要让对方知道我们是真心希望理解他的。如果你说这样的句子：“你的意思是……”“你想说的是……”“你看我的理解对不对……”总会让对方不自觉地开口。

另外，不轻易向他人泄露男人的秘密。男人肯把心事讲给你听，说明他视你为知己，信任你，依赖你，女人不应该辜负这份信任。如果你轻易把别人的秘密说出去，就会失去别人的信任，也会失去一个非常重要的朋友。

舟舟和小林是工作伙伴，两个人在工作上配合默契，工作闲暇也经常谈心，是非常要好的异性朋友。小林和妻子感情不和，舟舟早有耳闻，但是并没有过多打听别人的私事。有一次，小林迟到了，一副垂头丧气的样子，舟舟一问，才知道，小林的母亲与妻子因为一件小事大吵，妻子把母亲气走了，小林向舟舟讲了自己在家庭中受夹板气的苦恼，还有和妻子合不来的事实。后来小林请假了，没有说理由，只是偷偷告诉舟舟回老家向母亲解释清楚。没几天，小林的妻子找到公司，到小林的部门问小林什么时候出差回来，舟舟当时没多想就脱口而出：“他没出差，回老家看望他母亲去了。”没想到这句话引起轩然大波，小林妻子生气地质问：“为什么连我他都不告诉，偏偏告诉你？你们是什么关系，我说他怎么有什么事都不和我说，原来话都和你说了啊！”舟舟非常尴尬。小林回来后，他妻子还多次来大吵大闹，怀疑小林和舟舟的关系。小林并没有怪舟舟的意思，只是觉得在公司脸面丢尽，也不好再与舟舟相处，只能辞职了。舟舟十分后悔自己无心的一句话。

舟舟的一句话，涉及了小林的家事，最后两人都很尴尬，小林只好选择辞职。女人倾听男人的秘密，最好守口如瓶，避免不必要的麻烦。

身为人妻的女人，也要学会倾听丈夫的倾诉，不然他就会找别人做“红颜知己”了。一个能给他空间、给他以心灵沟通感的女人，是他的最爱。有的女人会抱怨自己的丈夫：“他有了苦有了累，不跟我说，却非要去找别的女人说！他说自己没外心，可哪个老婆能够不多心？”其实，这时女人应该反省一下自己是否给了丈夫倾诉的机会。

一个男人，肯对女人讲真话，那他就把她当成了知己。女人要善于利用自己的性格优势，做一个好的倾听者，多交知心朋友，多为家人解忧。

智慧女人物语 Zhihuinürenwuyu

因为女人是天生的沟通专家，所以男人最愿意给女人讲秘密，女人要善于利用自己的先天优势，做一个好的倾听者，为男人疏导心理压力，为自己赢得知心朋友。

巧妙发酵女人味

什么是“女人味”？不管男人还是女人，都说不清、道不明，但是大家都有总体的感受。装扮高雅端庄，彰显女性柔美；待人真诚温和，犹如春风扑面；谈吐得体高雅，恍若口吐莲花……总之，女人味是女人最高贵的饰品，是女人内心品质的外在表现。有女人味的女人不仅会得到男人的倾慕，也会得到女人的青睐。

但是拥有女人味并非易事，不管是家庭主妇还是白领丽人，不管是贤淑文静的女人还是大胆泼辣的女人，都梦寐以求拥有女人味。假如有人夸奖一个女人有女人味，就是对她最大的赞赏。女人渴望拥有女人味，男人也渴望结识有女人味的女人。

聪明的女人，从现在开始行动，巧妙发酵自己的女人味吧。

1. 用服饰展示你的独特品位。并不是每个人女人生来就会打扮自己，穿衣打扮的风格是在日常生活中积累起来的，有的人什么时尚穿什么，有的人追求前卫和个性，但是这些都难以和女人味画等号。有女人味的装扮是契合自身气质的，是大方得体又能展示女人柔情魅力的。女人要懂得穿衣的基本常识，如善于利用黑、白、灰等中性色彩，打造端庄和娴静；善于运用靓丽的糖果色，来展示你活泼清新的一面。另外，一条点睛的丝巾、一个合适的包包、一双提升自身气质的鞋子都是必要的。不管怎样搭配，都要充分认识自己，展现作为女性最美丽的那一面。

被称为“鬼才星探”的赵润勤发掘了很多香港巨星。有一天他上街遇到大雨，就在珠宝店避雨，和他一起避雨的是一个非常漂亮的女孩，让他眼前一亮。女孩有着健康的笑容，穿衣打扮非常有特色，展现出一种野性美和性感。赵润勤立即意识到这个女孩有演艺潜力，于是邀请她拍广告。女孩性格豪爽，表现得落落大方，随即答应了试镜的要求，这个女孩就是后来的大明星钟楚红。钟楚红符合个人气质的装扮流露出独特的女人味，一下子就吸引了星探，并以此为机遇走上演艺道路。

钟楚红的“女人味”是内在性格凭借外在装扮散发出来的，她选择适合自己的装扮，恰到好处地展现了自己的魅力，无意中吸引了星探的注意。可见，“女人味”是女人的一项资本，有着征服他人的力量。

2. 腹有诗书气自华。这是一句老话，一个人如果没有一定的文化底蕴、修养、人生阅历，是无法发酵出迷人的女人味的。能凭自己的内在气质令人倾心的女人，是最有女人味的女人。女人味来源于外表，更源自内心。假如你性格浮躁、待人刻薄、心胸狭隘，即使长得美、会打扮，也不会散发出醉人的味道。女人要多读书，多见世面，培养自己的文化素养和开阔的眼界。另外发展健康的兴趣爱好，如画画、写书法、弹钢琴、跳舞……这些都能从某一方面提升你的气质，增添你的女人味。

3. 温情是女人味的主料。柔情似水、温暖的女人总能在第一时间俘获别人的心。女性生来具有母性，常常用母性的眼光看待周围的人，用温暖的情怀理解人、帮助人。在别人遇到困难时，慷慨的帮助，温柔的安慰，都能让对方感受到女性的温暖。六亲不认的女强人不可爱，感情淡漠的冷美人简直让人生厌，温暖可人的女人才是最有女人味的。

做女人一定要有女人味，女人味是女人的根本属性，女人味是女人的魅力所在。女人没有女人味，就像鲜花失去香味，明月失去清辉。女人有女人味，三分漂亮可增加到七分。女人味让女人向往，令男人沉醉。

现在开始发酵你的女人味吧……

智慧女人物语 Zhihuinürenwuyu

女人味来自她的身体之美、内在之美，再加上宁静的眼波、优雅的举止，女人味便迎面扑来。女人要发酵自己的女人味，做一个柔情似水的女人，做一个善解人意的女人。

直觉，女人成功的导航仪

我们经常听到身边的女人这样说，“我的直觉特别灵，连我自己都不敢相信。上学的时候，我就常常猜到某节课，老师会点我，结果她果真就点了我。”“我预感今天老板会给我交代什么事情，果真他派我去谈判。”“我总感觉他不是什么好人，你最好离他远一点……”没错，这些都是女人在发表自己的直觉经验，有的人会怀疑地说：“准不准呀？你瞎猜的吧？”

女人常常会有直觉，而且准确率很高，这是怎么回事呢？

一方面，有些女人生活空间比较狭窄，每天的生活比较简单，因此，她们可以对某一件事情集中注意力，并且，可以将这件事情同其他事情联系起来。她们会进行断续的、接近的、类似的比较和思考。

男人的理论性思考能力比较强，而女人则在感情直觉方面优于男人。男人在想要了解一件事情的真相时，往往是进行逻辑性的推理。而女人并不采取按部就班的方法思考问题，她们并不太重视此事是否合乎情理，而是非常相信自己脑海中瞬间闪现的印象。女人对某事感到怀疑，往往不是因为事情不合情理，而是因为对方的眼神、表情、声调等有某种不自然的地方。有的时候，男人想不明白的问题，女人却能轻而易举地解决。

这就是女人的优势，靠细微的观察得出印象，然后去判断。女人要学会运用直觉的优势，为自己的成功导航。

陈爱莲被称为中国的“轮毂大王”，她经营的万丰已经做成了国内最大的汽轮生产基地之一，做到了“国内领先，世界一强”。在她的商业生涯中，就多次运用自己的直觉避免了危机。1994年，陈爱莲出任中宝实业总经理，这时中宝实业正在上一个新项目，面临种种困难，这些都是可以预料到的，但是几个月后，公司流动资金几乎断绝，人心浮动，企业岌岌可危。陈爱莲凭着直觉判断，这种情况并不是单纯因为新项目引起的，其中必有蹊跷。这种感觉促使她加大对公司各个部门的监控，终于发现销售部门的巨大漏洞。中宝的销售人员收入很高，但是公司却接连亏损，原来28个销售人员，无不例外都在大量收受回扣。陈爱莲找到症结，将原来的28个人统统解雇，重新组织销售队伍。经历这次铁腕整风，中宝渐渐起死回生。

陈爱莲凭借敏锐的直觉，意识到企业危机并不是表面看起来那么简单，经过细致的考察，终于发现销售部门的顽症，然后对症下药，为企业赢得了生机。

在社交中，女人凭借对一个人的说话语速、做事风格等的观察，可以迅速判断他是不是可以结交的朋友。在工作中，女人会凭借对老板态度的体会，来考量自己工作的重要程度。而且她们得出的结论往往是正确的，这就是直觉的魅力。这样的直觉可以帮助女人做出正确的判断。

女人面对一个人时，善于捕捉他举手投足间传达的各种信息，然后在潜意识中去解读他。她们记住某人穿某件衣服、系某条领带的时候，总是会显得和颜悦色；某人到某日的某时，就去打电话等。这些微小的细节，都成为她们丰富联想的素材，让她们看清一个人的内心。

聪明的女人要培养自己的观察能力，即所谓的直觉，然后用好这种直觉。

但是，女人的直觉并不是每次都很灵验。人的脑海中，每天都会涌起成百上千个念头，如同风吹水面会泛起道道涟漪一样，其中有用的信息有时会被忽略。所以，女人可以相信直觉，但是不能迷信直觉。

智慧女人物语 Zhihuinürenwuyu

善于观察是女人的天性，所以女人的直觉往往更灵敏。女人要善于运用自己的直觉，对人对事进行合理的判断，得出正确的结论，让直觉为你的成功导航。

善于说服别人

很多女人比男人更善于说话，有时，男人和女人说同样的一番话，却总有不同的效果：男人的一番话，平均只能影响三个或三个以下的人；女人的一番话，往往可以影响五个甚至五个以上的人。其实，男人说话多是简单地表情达意，而女人说话多是场“盛装的演出”。无怪乎有人说女人是天生的说客。

女人天生感性，善于调动情绪，掉几滴泪很快就能使人感动；女人擅长表演，当要说服你时，她一定会用最高昂的热情告诉你她能够收集到的所有资料、所有人的想法；女人更善于描述，一幅幅生动的场景画，会在不经意间影响你。

聪明的女人要善用自己的优势，为自己赢得更多机会。如果你觉得自己现在不具备说服别人的能力，那么下面一些技巧将会激发你的潜能。

1. 学会调节谈话气氛。谈话前，首先应该想方设法调节谈话的气氛。如果你和颜悦色，并给人维护自尊和荣誉的机会，气氛就是友好而和谐的，说服也就容易成功；反之，如果你摆出一副盛气凌人的架势，多半人都难以接受。

2. 学会争取最大的同情。当女人遭遇强大对手时，争取同情是说服对方的重要因素。摆出自己的弱势，有时还可以再加几滴眼泪，从而以柔克刚，达到目的。

3. 多为对方着想。站在他人的立场上分析问题，能给人一种为他着想的感觉，这种投其所好的技巧常常具有极强的说服力。女人要做到这一点，首先要对被说服的对象进行充分了解，然后方能站在对方的立场上考虑问题，解决问题，这样做不仅能博得好感，还能顺利说服对方。

某精密机械工厂生产某种新产品，将其部分部件委托小工厂制造，当该小厂将零件的半成品呈示给总厂时，全不合该厂要求。因为时间非常紧，总厂负责人直接打电话命令小厂尽快重新制造，但小厂负责人认为他是完全按总厂的规格做的，不想再重新做，双方僵持了许久。总厂只得派了技术员小刘去交涉，小刘知道现在这种情况对自己厂子很不利，如果小厂坚决不重新做，损失就会非常大。小刘去了后，先耐心地问小厂负责人有什么困难，负责人说："零件赶工赶了好长时间才做出来的，很多工人都加班了，而且你们厂长态度还非常不好……"小刘便对小厂负责人说："我来之前，厂长就让我带话给你，说是那天态度不是很好，也都是情急之下，没有考虑你们的感受。我想这件事完全是由于公司方面设计不周所致，而且还令你吃了亏，实在抱歉。今天幸好是由于你们帮忙，才让我们发现竟然有这样的缺点。只是事到如今，事情总是要完成的，你们不妨将它制造得更完美一点，这样对你我双方都是有好处的。"那位小厂负责人听完想了小刘的话，欣然应允。

小刘了解了事情的原委，充分为对方考虑，终于说服小厂负责人答应重新做零件了。

4. 消除防范，以情感化。如果你要说服的对象对你有防范心理，谈话就很难达到目的。这时候，要想使说服成功，首先要消除对方的防范心理。你可以用女人的体贴，嘘寒问暖，给予关心，并表示愿意帮助对方，温暖的话会让对方消除防范心理，愿意与你沟通。

女人在生活中，会遇到各种说服别人的情况，在生活中需要说服的对象也有很多，他可能是你的父母、你的上司、你的顾客、你的朋友、你应聘的主考官……很多时候，巧妙地使用说服技巧，很快就能达到理想的效果。

女人善于说服别人，可以为自己赢得更多的机会。

智慧女人物语 *Zhihuinürenwuyu*

很多女人是天生的说客，她们总能把握时机，运用自己的感染力和表演力让别人心服口服。女人要善于利用自己的优势，在关键时刻说服别人，给自己创造更多的机会，让自己离成功更近。

聪明女人善于微笑

当一个微笑的人和一个表情阴沉的人站在你面前，你自然愿意接近微笑的那个人。即使你们素不相识，对方仍然会对你报以真挚诚恳的笑意，让你在心理上一下子接受对方。这就是微笑的魔力，女人能用微笑征服世界。

微笑有时是女人的敲门砖。不管做什么，给人的第一印象都非常重要。在面试中，微笑可为你的形象加分；在进入公司的第一天，微笑会让同事对你产生好感；当与人最初接触时，微笑可以打开一个人的心门……

韩静接到一家百货公司的面试通知，她做了几天紧张的准备，选购面试时穿的服装和鞋子，上网查找公司资料，并对自己应聘的客服岗位做了进一步的了解，但是心里还是一直没底。当她走到公司的大门外时，迎面看见一张宣传画，标题是"微笑服务，笑脸迎人"，可见这家公司非常注意微笑的重要性。她心想自己学历不高，形象也不突出，也没有专业特长，但是自己是个喜欢微笑的人，现在只能做到这点了。她记得长辈说过："只要你随时面带微笑，你就是一个漂亮的讨人喜欢的女孩子。"她接连做了几次深呼吸，慢慢放松面部的肌肉，扬起嘴角，两颊顿时挂上了她平时最亲切、最迷人的招牌笑容。当她走进办公室，发现主考官是一位表情严肃的中年人。他板着脸，不苟言笑，就像传说中的"黑包公"。她在心中暗示自己："一本正经可能是他的特色，他可以不笑，但我却一定要用微笑打动他。"对于主考官的每一项提问和要求，她都尽量回答得仔细全面，而且从头到尾保持着淡然从容的甜美微笑。临近结尾时，主考官竟然笑了："恭喜，你被录取了！你的优点是你始终面带微笑，以后当你直接面对顾客时也要做到这点，让他们都能感受到你友好的服务态度。"

韩静虽然没有什么特长，但是以微笑感动了主考官，终于敲开了公司的大门。一个懂得热情微笑的女人不仅显得和善谦逊，而且会让人觉得值得信任和依赖，从而想去亲近你、了解你。一旦你为自己营造了和谐的人际氛围，处理事情的时候就会轻松自如。当微笑从你的心底生发出来，并绽放在你的脸上，别人自然能感觉到你的热情和真挚。

1. 微笑可以减轻你的心理压力。俗话说"笑一笑，十年少"，微笑的好处自然不言而喻。对于女人来说，当面对社会给予的种种压力时，保持微笑可以减轻自己的心理负担，保持良好的心态，让自己更有竞争力。在任何场合都用微笑待人，你不仅能战胜自己，更能战胜别人。

2. 微笑可以表达丰富的情感。在很多时候，微笑其实也是一种面具，它能掩饰你内心的很多东西。微笑是无声的行动，有非常丰富的含义，"我很喜欢你"，"你干得不错"，"认识你，我很高兴"，"跟你在一起，我过得非常愉快"等，这些都可以靠微笑表达出来。

从心理学的角度来说，微笑代表了友好与开放的心态，很容易给别人留下乐观、真诚、善意、体贴的印象。微笑的女人好办事。对竞争对手微笑，能以你的自信震慑对方；对上司微笑，表达了你的尊敬；对同事微笑，让人觉得你和蔼可亲；对着陌生人微笑，能给彼此营造和谐的环境……经常对人微笑，让你显得有涵养。学会保持微笑，笑脸迎人，会让你获益匪浅。微笑具有极强的感染力，一旦你养成了微笑的习惯，你会发现每个人都在对你微笑，大家都变得非常和善。

智慧女人物语 Zhihuinürenwuyu

微笑具有不可思议、超乎寻常的力量，时时微笑的女人，对生活充满希望，能够驾驭和掌握自己的人生航向。聪明的女人能靠微笑俘获人心，能靠微笑解决难题。

女人天生会让压力绕行

有人说：最爱哭的是女人，最爱怨天尤人的也是女人。女人常被人称为“弱者”，但是从某种意义上说，女人比男人抗压能力更强，女人天生就会让压力绕行。

女人把自己看做弱者，所以即使失败了，也不会有太大的心理负担。“本来我也没抱多大希望……”“没什么大不了，重新开始吧。”“事情终究会过去的……”压力在女人这里找不到容身之所。

随着社会生活节奏加快，女人承担的角色也越来越多，工作和生活负荷都很重，压力越来越大。压力对心理和身体健康不利，严重的还可以导致女人过早衰老，它是女人的劲敌。所以聪明的女人都懂得让压力绕行，现实中有很多这样的例子。

卡卡勉强进入一家外企，因为英语水平一般，从上班的第一天起，她就有很大的压力：怕弄错上司的意思，怕遗漏英语文件上的重要信息，怕同事耻笑……带着这样的压力，她几乎每天晚上都会有失眠症状，一想到第二天的工作就辗转反侧。后来她报了一系列英语辅导班，下班时间几乎都用来学英语，休息时间更少了。一段时间后，朋友看到她惊讶地说：“你为什么这么憔悴，简直是老了十岁！”卡卡这才意识到自己的压力太需要释放了。

后来她调节了一下自己的生活，只选择了和自己行业相关度高的一个英语班学习，把业余时间用来锻炼、看电影、和朋友聚会。在工作中她积极跟同事交流沟通，不懂就问，这时她才发现并不是所有同事英语都那么棒，她们刚入职时也有过同样的经历，这让卡卡松了一口气。经过一段时间的调节，她的英语水平有了很大提高，失眠症状也消失了，工作渐渐得心应手了。后来她常常提示新人："积极应对，寻找策略调节，压力自然就消失了。"

卡卡面临的压力可能是很多职场女性都要面对的，只要在职场，就难免有压力。卡卡认识到压力的严重性后，寻求有力措施，积极调整自己的生活节奏，最终战胜了压力，使工作渐入正轨。女人要想做好自己的事情，就必须要让压力绕行。

女人善于宣泄自己的感情，想哭就哭，想笑就笑，女人也敢于表达自己的情感。男人会说女人"幼稚"或者"头发长，见识短"，岂不知女人正是靠这种方法缓解了情绪，击退了压力。眼泪不代表女人的抗压性低，眼泪是女人缓解压力的一种方式。

除了这些，女人还有很多抗压方法，让压力无处藏身。

1. 与大自然来场约会。蓝天白云，青山绿水，永远是消除压力的最佳场所。工作压力太大，精神紧张的时候，不妨给自己放个假，到大自然中寻找安宁。在短时间内放松、休息，恢复精力，让自己的精神小憩，你会觉得安详、宁静与平和。

2. 多读好书。读书可以使一个人在潜移默化中变得心胸开阔，气量豁达，不惧压力。女人在知识的海洋遨游时，一切忧愁悲伤便付诸脑后，烟消云散。

3. 进行体育运动。运动不仅对身体健康有益，还能塑造身材，流汗的时候还会帮你缓解工作的压力。女人感觉到压力存在的时候，不妨去跑步、游泳，或者打羽毛球、乒乓球。

4. 和爱人看场电影。压力源自对工作和生活的责任感，或者太在乎自己的表现。这时不妨转移一下注意力，和爱人去看一场电影，在别人的悲欢离合中缓解自己的压力。

5. 吃美食。美食对女人的诱惑力很大，与美食来场约会，也可缓解压力。但是记住，不要因为压力而暴饮暴食，不然身材走样就会面对另一种压力了。

6. 买自己喜欢的衣服。女人总觉得自己的衣柜缺少一件衣服，逛街买衣服是女人的专利，也是缓解压力的方法。当你穿上自己喜欢的新衣服时，就会一下子充满自信，内心也会被快乐充满，情绪就会一下子高涨起来。

缓解压力的方法还有很多，相信聪明的女人一定能找到适合自己的抗压方法。

女人，面对压力不要怕，你会是最终的赢家。

智慧女人物语 *Zhihuinürenwuyu*

相对于男人，女人所感受到的压力其实更繁复，但是女人敢哭敢笑，天生就善于发泄自己的不良情绪，若再学会适合自己的排解压力的方法，那任何压力都无法把女人打倒。

第九章

多交友，少树敌，女人行走世间的护身符

聪明的女人都知道，在生活和工作中离不开亲朋好友、同志的支持和帮助，这就要多交友，少树敌，所谓“多个朋友多条路，多个敌人多堵墙”就是这个道理。一个计划的实施、一件事情的完成，如果有人唱反调，或有人背后使坏，可想而知，结果不是充满曲折就是宣告失败。

女人要学会交三种异性朋友

女人在生活中难免与异性交往，怎样与异性交往也是一门学问。异性朋友是女人人脉的重要组成部分，女人要学会交三种异性朋友。

第一种朋友是你的爱人。有的人会说："爱人就是爱人，朋友就是朋友，爱人也能做朋友吗?"爱人是你的生活伴侣，但是另一方面他也是能倾听你的心声、最了解你的那个男人。把爱人当做朋友，彼此之间会更宽容、更随意。女人需要有一个像朋友一样的爱人相伴。

第二种朋友就是你的"铁哥们儿"。每个女人都会有这样的男性朋友，他在你眼中可以是姐妹，也可以兄弟。你在他面前没有女人的矜持，愿意和他分享你的秘密。这一类朋友就是传说中的"死党"。你们完全可以以同性的姿态交往，可以无话不谈，可以煲电话粥，可以互相透露隐私……每天面对男上司、男同事，难免有解不开的疑问，女人在认识上总有性别偏颇，这个时候"死党"便可以站在男人的角度，帮你设想和分析，男人了解的男人是一种，女人了解的男人是另一种。女人受了伤害，需要哭哭鼻子，发发牢骚，这时"死党"又是宽慰宣泄的最佳人选之一。这样的朋友对你来说是巨大的财富，当你需要的时候，他会挺身而出，不遗余力地帮助你，拥有这样的朋友，对女人来说是极为幸运的事。

第三种朋友是能欣赏你思想的男人。不要认为女人生活的主题就是吃饭、购物、八卦，女人同样有思想，女人不会长篇大论，但是思想闪现在生活的点点滴滴中。能欣赏你思想的男人，能成为你最佳的伙伴，能帮助你成长，能让你认识自己最优秀的一面。

邵平学习成绩不佳，高考失败后就去打工了。后来她自己创业，十年后竟然成为本市最大品牌折扣服装销售商。她有很多学习成绩好又有能力的女同学，但是在事业上都没有她成功。同学聚会时大家一分析，发现邵平有一个特点，就是爱交朋友。上学时，邵平是个热心肠的人，乐意帮助别人，而且并不以对方是男生而觉得忸怩；走上社会后，其他女同学生活圈子很小，局限于家庭，而邵平结交了许多异性朋友。这些朋友有的是从小一起长大，有的喜欢邵平的行事作风，因为邵平为人率直，很少让人误会，吸引了很多异性朋友。这些朋友都给了邵平很多帮助。创业时，有的人给了她资金上的帮助，有的人还为她出谋划策，邵平的创业之路也因此走得比较顺利。

男人和女人的思维方式不同，很多时候，男人的思维可以帮助女人从另一个角度考虑问题。邵平善于结交异性朋友，就是为自己组织了一个“智囊团”，在事业上给自己带来了很大的帮助，这也是邵平之所以比自己的女同学更加成功的原因之一。

那怎么来结交这样的异性朋友呢？

1. 尝试聊男人感兴趣的话题，建立异性友谊。在社交场合，女人要顾及周围的男性，除了谈论穿衣打扮、言情剧以外，说一些男人感兴趣的话题。例如，欧洲杯足球赛的赛情如何、车展的新型汽车有哪些、股市行情怎样。这样就能有话可说，进而发展成好朋友。

2. 学会适时赞美、鼓励身边的异性。男人喜欢被女人赞美和崇拜，你也别辜负女人善于甜言蜜语的才能。千万别吝于赞美，男人在被女人的赞美之后，将变得更有自信，更乐意奉献，更勇于付出，甚至视你为知己。虚心向他们讨教，也是提高男性尊严的好方法。男人乐于帮助女人解决任何问题，喜欢扮演照顾他人的角色，当你征询他们的意见时，他们会觉得自己受到关注、被他人需要、被他人敬重，于是也就非常乐于提供各种意见，而他们的建议往往很管用。

3. 用女性的温情赢得男性信任。女人最善于表露感情，以诚待人，以情动人，以诚感人，以此加强交流和沟通。女人善解人意，豁达开朗，能令男性充分感受到与你共事的幸运和兴奋，各种回报将随之而来，如邀请你做女嘉宾，参加盛大的年会；在你遇到难题时给予鼎力支持；他们碰上棘手问题时也乐意听取你的意见。

异性朋友是女人一生中的财富。但是异性朋友需要长久培养，相互的信任是磨合出来的。另外，女人一定要懂得把握安全的度，要明确爱情和友谊的界线。异性朋友是最容易产生爱情的，爱不成可能会反目成仇，若造成误会难以解释清楚，就永远做不成朋友了。这个世界找个爱你一时的男人容易，找个关心你一生的异性朋友很难。

智慧女人物语 *Zhihuinürenwuyu*

异性朋友是女人一生的财富，拥有上述三种异性朋友，不管是在思想上，还是在生活上，都不会陷入孤军作战的境地，在任何情况下，都有人挺身而出帮助你，这样你就不会被难题打倒了。

人脉，最值得投资的资产

人脉，就是由人际关系形成的人际脉络。许多励志书籍都说过人脉的重要性，但是有些人还不是太认同，他们认为个人能力是成功的保证，拉关系都是“歪门邪道”。斯坦福研究中心的一份调查报告指出，一个人的成功，12.5%来自知识，87.5%来自关系。这个数据大概能说明人脉的重要性。对于相对势单力薄的女人来说，人脉尤其重要。

1. 人脉可让女人掌握更多更新的信息。这是一个信息爆炸的时代，掌握信息就意味着拥有无限发展的可能性，就掌握了成功的钥匙。而信息来自你的人脉网，人脉有多广，信息就有多丰富。一次聚会，你可能会遇到潜在客户；朋友的一句话，可能透露出某公司职位的空缺；熟人之间的寒暄，可能让你抓住竞争对手的弱点……这些信息看似很平常，但是有时会起到巨大的作用，这些都来自你的人脉网络。

2. 人脉让女人遇到生命中的“贵人”。女人不要整天祈祷自己的“贵人”快快来临，其实“贵人”就在我们的周围，如果我们的人脉足够强大的话，就会把“贵人”网罗进来。他们可以打开我们机遇的天窗，让我们拨云见日，豁然开朗；他们可以大大缩短我们成功的时间，加快我们成功的速度……女人要想早日遇到自己的“贵人”，就从现在开始打造自己的人脉吧。

陈琪在一家小杂志社做了五年的编辑，工作环境一般，上升空间不大。但是陈琪工作认真负责，娴熟的编辑技能以及敬业精神早在业内有了一定的知名度。更为重要的是，她在平时的工作中，很注重经营自己的人脉资源，平时代表杂志社参加各种会议、培训，她总是结交很多媒体朋友，大大小小的杂志社、报社，几乎都有陈琪的熟人。电话、短信、邮件、QQ、MSN 等都是她编织人脉网的重要渠道。后来，国内某知名时尚杂志的编辑总监一职出现了空缺，在那儿工作的编辑朋友第一时间将这信息告诉了她，同时，该杂志的社长在一次圈内聚会中对陈琪也有一些印象。经过几次面谈，对方认为陈琪的工作经验和工作能力等各方面都很符合公司的要求，于是陈琪顺利地做了该知名杂志的编辑总监。

从一家小杂志社的编辑到国内知名的时尚杂志的编辑总监，陈琪的跨越让人羡慕，这和她所做的人脉功课不无关系。因为第一时间得到信息，陈琪才先人一步，成功跳槽。

对于一个女人来说，人脉可以为你提供“外力”，在凭借自己个人的力量无法成功的时候，就要懂得借助别人的力量帮助自己踏上成功之路。古语说：“好风凭借力，送我上青云。”将别人的长处、才能最大限度地利用起来，这就是人脉的魅力。

怎样建设自己的人脉呢？人脉建设是一点一滴积累的，功夫在平时。“平时不烧香，临时抱佛脚”是不行的，平时结交的“熟人”，要保持联系，关键时刻就能帮得上忙。所以女人要尽量多地参加各种聚会，要多涉猎各个领域的知识，在平时的相处中放低姿态、为他人着想，尽量帮助需要的人……这些都是对人脉的投资。另外，女人要懂得利用各种通信交流平台，除了短信和电子邮件，还有网上社区、微博、个人主页等都可以尝试，一点一滴的付出都会有回报的。一个人脉竞争力强的女人，她拥有的人脉资源不仅广而且深。要想获得成功的存折，先好好储备你的人脉存折，它是你终身受用的无形资产和潜在财富。

人脉如同树的根茎枝叶。一棵小树苗要想长成参天大树，必须要有粗壮厚实的根脉供给大地的营养，必须要有纤细纵横的枝脉和叶脉供给大自然的空气、阳光和雨露。

如果你想成为参天大树，从今天起，有必要开始好好打造自己的人脉资源了。

智慧女人物语 *Zhihuinürenwuyu*

人脉是一种“共荣”关系，在你利用人脉前，要先创造自己的“可利用价值”，一定先有付出才有回报。人脉，是女人最值得投资的资产，它往往会在你意想不到的时候，助你一臂之力。

有选择地向别人请教

古人说：“三人行，必有我师。”意思是说三个人里面，必定有个人可以做你的老师。某个人不一定比你强，但是可能在某一方面比你出色，没有什么人是全能的，善于学习的人懂得向人请教。女人要想成功，就要关注身边的人，有选择地向人请教。

怎样有选择地向人请教呢?

1. 选择可以请教的人。在选择请教的人时，也是有讲究的。要记住不要越级请教，如果你上面有技术主管，就不要就专业问题请教技术总监，这样会让主管觉得你瞧不起他，也会让总监觉得你小题大做。一些基本的工作问题，多请教身边的同事即可，不要以一些鸡毛蒜皮的小事去请教老板，这样只能给人留下你工作能力差的印象。在职场，这些都需要格外注意，不然你会得不偿失。

2. 选择可以请教的问题。有的问题可以请教，有的问题不能请教。有的女人好奇心重，追问别人的私人问题，就不是“请教”了。这种“请教”会让人觉得你很可笑。选择有价值的问题请教上司，会让上司觉得你有想法，有学习的动力，是值得培养的好员工。以没有价值的问题请教会适得其反，上司会觉得你小题大做，没有能力，甚至会给人留下“无知”的印象。

3. 有选择地采纳别人的意见。我们请教别人一般都会选择权威人士，但是权威人士说话一定都正确吗？聪明的女人善于有选择地采纳别人的意见，分析自己的特殊情况，选择有价值的东西，这才是最明智的选择。虚心请教，还要具体问题具体分析，让有用的意见为自己的事业添砖加瓦。

西西是国外某知名大学的建筑专业硕士，归国后在一家很有名气的建筑设计机构就职。西西的导师是业内非常有名的专家，每当有了新的设计，西西总是第一个发给导师，让导师给出更多的建议。有一次西西为某市设计了一所大型图书馆，西西做好设计图后请教导师几个难以解决的问题。导师一一做出解答，关于书库排风防火系统，关于儿童图书室的设计，关于停车场的设计。西西收到导师的解答后，发现导师许多解决方法很好，顾及到实用性和美观性两个方面，但是同时也发觉导师生活在欧美国家，对中国的气候和生活习惯不是太了解，所以适当修改了几个方面。设计很成功，还在设计大赛中获奖。导师后来看了西西最后的设计，对西西大加赞赏，说：“真正的学习就是不迷恋权威，你修改得非常好！”

西西的导师虽然是专家，但是对当地的民风民俗有很多不了解的地方。西西有选择地采取了导师的意见，终于设计出了成功的作品。这就是请教别人的学问。

向人请教，首先要有虚心的态度，把自己放在学生的位置，这样才能虚心接受别人的教导。要知道，向别人请教，别人没有教你的义务，谦虚的态度会博得别人的好感，也许会让你受益更多。另外，要在合适的时机请教，一个有礼貌的女人不会随便占用别人吃饭、会客的时间。

有选择地请教别人，可让别人的经验指导自己，让自己在学习中成长，可以避免不必要的挫折；也会使被请教的人也感到备受尊重，双方都可从中获益。

智慧女人物语 *Zhihuinürenwuyu*

一个人不管多么有学问，都不可能通晓世间万物，而学习的途径之一，就是向别人请教。女人要有选择地向人请教，在合适的时机选择合适的人，对请教得来的知识也要有选择地接受，有自己的主见。

人走茶不凉，故人常联系

俗话说："人走茶凉"，一句话道出人间冷暖，在一起的时候千般好万般好，离开了关系就越来越淡漠。那些曾经陪伴我们的同学、同事、朋友都是故人，离开了就失去联系了吗？聪明的女人要经营好自己的人生，一定要记住故人常联系。

人走茶就凉，这种做法让很多人心寒。想想一个人和你共事的时候对你如何好，等离开了就形同陌路，这样的人岂不是没有人情味？谁还愿意与她交往呢？故人是你人脉中重要的一环，故人可能从事着各种各样的职业，认识各个领域的人，这样就为你张开了巨大的人际网络。如果你不珍视这层关系，你会失去很多。

在学校，铁打的学校流水的学生，在一起学习三四年，毕业后就各奔东西，开始时互相联系，等渐渐融入社会，有了自己的家庭，就淡漠了校园那份最纯真的感情。当你需要一份专业资料时，当你想寻找另一个同学的联系方式时，才发现他们就像断了线的风筝，再也找不到了。

其实，女人最爱怀旧，但是与其回忆，不妨跟同学保持联系，上学时结下的人脉是最没有功利性的，是最有价值的。毕业时精心准备同学录，逢年过节记得给他们发一封邮件或者短信。换手机号了，换工作了，结婚了，有宝宝了，第一时间通知自己的同学，让他们了解你的动态，你也要常了解他们的情况。出差到某个城市，抽出时间来与在这个城市工作的同学小聚一下。如果在同一个城市，更要保持聚会的频率……这些都是和故人联系的最好方式。

在职场，我们总是会遇到类似的情况。有的同事辞职了，有的新同事开始上班。对于旧同事，从前并不相识，后来相识，现在是曾经相识，将来可能会淡忘。而新同事，则正在重复着旧同事的情况。职场中人员流动是常事，为理想、为事业、为收入、为环境、为志趣、为逃避、为心血来潮，甚至没有任何理由，常常是旧同事走，新同事来。

离开了某家公司，但是还要经常回去看看曾经共事的同事；在同一个城市，下班没事就聚聚，女人可以一起逛街，一起疯，一起笑，男人可以在一起吃顿饭，相约去郊游，都是不错的选择。同事的关系涉及个人利益，可能不像同学那么亲密，但是女人用一颗友善的心去对待老同事，肯定会有回报。

人生何处不相逢？职场很小，大家将来还是同行，还会有合作的可能，甚至可能重回原公司。所以跳槽时没有必要“背水一战”，应保持自己一贯的工作作风，善始善终，体面地离去。漂亮地离职，会令你的最后一击干净利落，给人留下完美深刻的印象。

女人离职前，完美交接自己的工作，忘掉不快，要与旧老板冰释前嫌，更不要在新老板面前说旧老板的坏话。

辛迪跳槽了，因为熬了好多年终于有个升迁的机会，却被远远不如自己的人抢了去。辛迪先到老板办公室闹了一场，说了很多难听的话，痛快淋漓地辞职了。后来辛迪凭借在这个领域多年的工作经验，又找到新东家，很快进入工作角色。后来她接手一个合作项目，合作的对象就是原来的公司。辛迪考虑到与原来公司的矛盾，想推掉，新老板说："因为你在那里工作过，对他们的规模业务都很熟悉，所以这个项目让你负责成功率更高一些。"辛迪只好硬着头皮上了，原来的老板并没有说什么，只是原来的同事看她的眼光怪怪的，在合作环节上设置了很多阻碍。后来合作虽然成功了，但是现在的同事也听说了许多她的事情，如在原来公司为人刻薄，还找老板大吵大闹什么的，一些流言飞语传开了，辛迪在新公司的威信一落千丈。她开始后悔，本来以为离开了就没有什么关系了，没想到世界这么小，刚一转身又碰到了。

辛迪离职前就认为与曾经的老板和同事没有任何关系了，其实是大错特错，现在交通、通信越来越发达，人员流动日趋频繁，时刻都有可能在不同场合与曾经的同事、老板不期而遇。一个聪明的职场女性应该完美离职，有利于再打交道时建立良好的关系。

要认识到在这个充满竞争的社会里，拥有丰富的人力资源有助于你的事业运转自如，要有保护自己人力资源的意识，从过去的工作里掏出属于自己的"金子"来，这样，你过去的时光就没有白白浪费，即使你空着两手走出原单位的大门，但你已经带走了一份很有价值的财富。

智慧女人物语 *Zhihuinürenwuyu*

每个人的生活中都有很多故人，有的保持联系，有的却音讯全无。女人要懂得故人常联系的道理，不管是现在在一起共事，还是曾经在一起共事，都要去掉功利心，真心交往。保持联系的方法很多，不会浪费很多时间，却大有好处，何乐而不为呢？

女人最怕被同事孤立

在公司里面，女人最害怕什么？那就是被同事孤立。一旦被同事孤立，工作上没人协助，出了错，人人落井下石，有了功劳却被别人抢去，甚至连说知心话的人也没有。其实被人孤立不是没有原因的，没有人会无缘无故地孤立你，要先从自己身上找找原因。

有一种女人个性鲜明、有棱有角，像刺猬一样，处处坚持唯我独尊。有的人性子急，说话直，不顾及别人的感受，还给自己找借口说：天性如此，我能如何？她们对同事缺乏宽容之心，别人有点小错就抓住不放……这样的女人肯定会被孤立。其实性格无所谓好坏，但有些事处理不妥就会惹来纠纷。女人要仔细分析一下自己的性格，经常反省自己，多听听同事的评价，及时发现自己的性格弱势和优势，充分发挥团队的优势。

有一种女人的工作环境是以男性为主，因为性别原因会被人孤立。这时女人的处境就很尴尬，他们的“暗语”你不懂，他们的尺度你不知，他们的爱好你没兴趣，甚至你感觉他们在怀疑你的工作能力……这时女人就要注意收集掌握男人特有的词语，如体育用语和赛事结果、新潮 IT 产品型号和科技术语等，并在他们聊得热火朝天时，插一段专业见解，让他们惊诧之余感觉到你并不是外行。还要做好自己的本职工作，和他们亲密合作，只要做到和他们一样，大家都会觉得，其实彼此差别不是太大。

有一种女人属于职场“空降兵”，也容易被人孤立。本来这么多人辛辛苦苦工作，都看着那个职位，没想到被你这个“空降兵”拿到了，别人心里能心甘情愿吗？弄不好，你就成了四面楚歌的孤家寡人。其实，这时需要女人有强大的心理支持，还要在第一时间显示自己的能力，树立自己的威信。

葛非是某日用品集团的品牌经理，她就属于“空降”经理。刚就任时，分公司一个人她也不认识，大家都用质疑的目光看待她，甚至怀疑她与总裁有什么特殊关系，下属话里有话，连秘书也难以信任。葛非那时度过了非常艰难的时期，许多事情都是亲自处理。她先是搞好与直接下属的关系，组织聚会，在饭桌上谈谈对公司的看法，在制订新的规章制度前征求他们的意见，让他们意识到新经理并不专横武断；在工作上公事公办，一碗水端平，谁都不能特殊化，特别是对一些“老资格”的“地头蛇”，葛非也从不姑息。就这样，葛非的工作能力渐渐显现出来，也树立了自己的威信。在生活上葛非也融入他们的小圈子，如一起出去唱歌、泡吧、喝茶等，他们觉得葛非平易近人，渐渐消除了敌意。葛非顺利度过了艰难的时期，分公司的工作也得到顺利开展。

有一种女人虽然是职场新人，但也会有被孤立的感觉。新人初到新环境，总会给自己制造压力，人们不经意间投向你的目光，让你疑窦丛生；而当他们收回目光，旁若无人，一边工作一边闲谈时，你又觉得自己成了一个随时都可能被忽略的“新人”。其实新人最忌讳的是害羞，不好意思接受他人的邀请，只顾自己埋头苦干，结果事情不见得做得好，没准还会给人留下自命清高的误解。女人最好利用这段少有人打扰的清闲时光，多观察工作环境，为自己以后的工作打下基础，尽快融入集体。

女人在职场中，不要做旁观者，要主动融入这个团队，被孤立的情况就不会出现。在与同事相处中，要尊重别人，熟悉别人，理解别人，这样渐渐也会赢得别人的尊重和理解。

智慧女人物语 *Zhihuinürenwuyu*

女人要意识到自己是团队中的一员，说话做事应为团队的整体利益考虑，不要单单从对某个人的爱好或偏见出发，直接把矛头指向个人。评价客观，不意气用事，增加你的公信度和亲和力，在你的职业生涯里就不会有被孤立的情况出现了。

让你的朋友表现得比你优秀

有人说，越是优秀的人，越是缺少朋友。你平时那么优秀，有哪个人愿意在你身边做你的陪衬呢？许多风华盖世的人往往有很多遗憾，没有人肯欣赏他，没有人愿意做他的朋友，即使他再优秀，也总是少一个人帮助。其实，那么多事例都启示我们：想得到朋友，就让你的朋友表现得比你优秀。

女人是愿意攀比的一类人，总是争前恐后表现自己的优越，这样的做法会让你失去很多朋友，使你追悔莫及。

办公室有一对好姐妹，辛欣和张然，两个人平时好得像一个人，上班在一起工作，下班一起去吃饭、逛街、做美容，但是后来却因为一件事再也做不成朋友了。公司要开招待会答谢客户，让员工列出邀请名单，正好辛欣刚做了一个策划案，想借机邀请一位知名策划人并向他请教。张然看到辛欣的邀请名单，也很兴奋，说："我也很崇拜他，正好你帮我引荐一下。"于是，招待会那一天，辛欣就向该策划人引见了张然，张然天性活泼开朗，看到策划人之后立即说个不停，跟策划人聊她认为成功或失败的案例，立即成了主角。辛欣拿着自己的策划案，尴尬地站在旁边，什么也说不上。张然半点也不理解辛欣，依然滔滔不绝，策划人也忘记了辛欣的存在，夸奖张然思维活跃，很有创意，张然兴奋地大笑。这边的热闹很快吸引了不少人，大家纷纷聚拢过来聊天。从自驾车出游到楼市的涨落；从美国的外交政策说到好莱坞电影明星，不管说什么，张然都口若悬河。最后，辛欣实在忍无可忍，转身离开了。事后，辛欣对张然不冷不热，两人俨然从好姐妹变成了陌路人。

本来是辛欣邀请的客人，反而让张然占了先机，换了谁心里也会不高兴的。张然处处表现得比辛欣聪明优秀，不顾朋友的想法，以致最后失去了这个朋友。

那怎样让你的朋友表现得更优秀呢？

1. 不要当面指出朋友的错误。无论你采取什么方式指出别人的错误：一个蔑视的眼神、一种不满的腔调、一个不耐烦的手势，都有可能带来难堪的后果。指出朋友的错误就代表你否定了她的智慧和判断力，打击了她的荣耀和自尊心，同时还伤害了她的感情。经常这样，你早晚会失去这个朋友。

2. 多赞扬朋友的成就。赞美别人并不难，可是有的女人不愿意赞美别人。如果你真的想拥有朋友，就记得多赞美对方的成就。这样对方会产生自信和荣誉，对你也会更加信任，视你为知己。

纽约市中区人事局最得人缘的工作介绍顾问是亨丽塔，但是过去的情形并不是这样。在她初到人事局的头几个月当中，亨丽塔在她的同事之中连一个朋友都没有。为什么呢？因为每天她都使劲吹嘘她在工作介绍方面的成绩、她新开的存款户头，以及她所做的每一件事情。她和朋友抱怨说："我工作做得不错，并且引以为傲，但是我的同事不但不分享我的成就，而且还极不高兴。"朋友告诉她："和你这样有优越感的人一起工作，换成我，也不会对你有好脸色，你的优秀把别人显得很一般。"于是，她恍然大悟，后来她开始少谈自己而多听同事说话，多提及同事的得意之事，渐渐她的朋友越来越多。

亨丽塔前后的转变得到的结果充分说明了一个问题：想得到朋友，就要让朋友表现得更加优秀。

智慧女人物语 *Zhihuinürenwuyu*

女人总是表现得比朋友更聪明、更有能力，那样会让很多朋友远离你。在社交中，让朋友表现得更优越一些，显示出你的大度和谦虚，让朋友对你心存感激，这是一举两得的事情。

再亲密的朋友，也要保持一定的距离

古人说“君子之交淡如水”，这说明朋友之间并不是越亲密越好，其实，要想友谊长久，就要保持一定的距离。

朋友如果亲密无间，很容易产生摩擦和碰撞，还容易给对方带来压力。另外，曾经亲密的朋友互相分享自己的秘密，有一天反目成仇，这些秘密就会成为伤人的利器，害人害己。

女人都有自己的闺中密友，这些朋友在很多时候可以帮你不少忙，但是如果什么秘密都共享，甚至不顾公司规定透露商业机密，不管是不是个人隐私都要分享，这样是拉近了两个人的距离，但是也埋下了更多的隐患。

青青最近心情十分不好，郁郁寡欢。她不能理解的是，跟自己有多年友情的同事兼死党小肖竟会在同行业跟自己公然竞争。小肖年龄偏大，学历不高，她刚到青青公司的时候，对这个行业没什么经验，经常请教青青。青青自然成了她的入行老师，两人关系处得非常好，渐渐成了好朋友。青青在工作上给了小肖很多帮助，而小肖在生活上也对青青回报了很多，经常为青青做饭，周末煲汤送过去。青青出差的时候，还帮助青青照顾她母亲。青青十分信任小肖，什么事情都愿意和她说。两年后，小肖辞职到另一家公司，负责的项目和青青一样，她竟然成了青青最大的竞争对手。她抛出了青青曾经给她透露过的一些公司计划，来了一个“先下手为强”，搞得老板怀疑青青“里通外敌”，青青措手不及，工作连连出现失误，更引起老板的怀疑，她也不再受重视，最后只好辞职。

青青和小肖本来是很好的朋友，但是不应该没有一点儿距离，连公司的计划都透露出去。这样，青青不仅失去了信任，也失去了小肖这个朋友，不管小肖是有心还是无意，这样的结果对两个人来说都不好。

如果是异性朋友，则更应该保持一定的距离。有些男人有很强的同情心，看到哪个女同事遇到困难或者需要帮助，就会不遗余力、尽其所能地帮助她，如果此时女人不能把握好距离，两人就会陷入尴尬的境地。异性朋友之间过近的距离很容易滋生恶果，最后弄得朋友不是朋友，甚至还会结怨。

朋友保持一定的距离有很多好处。距离可以让人产生安全感，别人不仅不会总是在情感上无度索取，还会觉得你有人格魅力，容易把你当做知己，当你有了什么困难也愿意尽一点绵薄之力。这样做别人也容易尊重你，愿意和你发展良好的关系。其实，有些时候，友谊并不像我们以为的那样坚不可摧，保持一定的距离还可以让伤害降到最低。

李锦和关丽从小学到高中都是同学，是多年的好友。她们上了不同的大学，毕业后两人都通过了家乡的公务员考试，都到市政府工作。李锦在办公室，关丽在宣传部，两个部门相隔不远，可以经常见面。在陌生的环境中有好友相伴，俩人非常高兴，关丽的父亲提醒她们，在这样的工作环境，一定要保持一定的距离，一是可以避嫌，二是可给彼此更大的空间，避免在某些时候伤害感情。于是她们开始保持一定的距离，在单位尽量不凑在一起聊天，在周末一起吃饭逛街也从来不谈论部门内部的工作；不过关丽写宣传稿，李锦常常给她提供资料，李锦写的各种材料也常常找关丽把关润色。两人保持一定的距离，但是又互相帮助、互相鼓励，工作都很出色。很多年后，李锦已经是办公室主任，关丽调到教育局做副局长，两人还是保持着这种友谊。

李锦和关丽处在一个特殊的工作环境中，她们处理友谊的方式值得借鉴，互相鼓励、互相帮助但是又保持一定的距离，不仅提升了自己的能力，还避免了一些误会和麻烦，只有这样友谊才可以长久。

女人和朋友一定要保持一定的距离。首先，自己的人格要独立，而不是处处依赖别人。其次，保留个人空间，不要共享一切隐私。最后，在行为上要有一定的界限，不要随意而为。

朋友是一生中最大的财富，女人要想长久地拥有这笔财富，就要懂得保持一定的距离。距离产生美，也产生安全感，这样的友谊才会天长地久。

智慧女人物语 *Zhihuinürenwuyu*

朋友最好要保持一定的距离，涉及个人的话题要慎重，自己的秘密不要随意告诉朋友，也不要过多干涉朋友的隐私。双方要给彼此更大的空间，更多的自由和安全感，友谊才会长久。所以，女人要记住，再亲密的朋友，也要保持一定的距离。

朋友资源，影响你的竞争力

有人说五个朋友将决定你的富贵命，你相信吗？没有背景、没有学历，甚至能力也一般，那你怎么才能在这个竞争的社会立足呢？那就要看看你有没有几个厉害的朋友了，有时候，朋友资源影响你的竞争力。

台湾益登科技的总经理曾禹旖曾经说过："二十岁到三十岁时，一个人靠专业、体力赚钱；三十岁到四十岁时，则靠朋友、关系赚钱；四十岁到五十岁时，靠钱赚钱。"他的话就点出了朋友资源的重要性。

佳音刚到某公司行政部门上班，就接手了一件比较棘手的工作——组织每年一次的职工春游，这样的活动涉及吃穿住行，要处理的细节非常多，因为老员工都知道其中的难处，这种事情就落在了佳音这个新人头上。但是对于佳音来说，这件事并不是难事，她先是找在旅游公司上班的同学了解城市周边的景点，一起研究出了一个方案；然后联系自己开旅游大巴的邻居，预订好车辆；最后联系景点附近宾馆，托朋友找到熟人，争取了很多优惠……佳音动用了自己可动用的人际关系，把这一次春游组织得非常漂亮。公司很多人，包括领导，都因为这次活动认识了佳音。后来，公司几次大的会议和活动，上司首先就想到了佳音，佳音也凭借自己的朋友资源一次次出色地完成任务，一年后她就升职了。

佳音的过人之处就是善于运用自己的朋友资源，做成自己想做的事情，在短短的时间就得到上司的认可。从这件事可以看出朋友资源影响着你的竞争力，所以要在平时懂得储备自己的朋友资源，这是女人成功的基石。

女人们也要经常盘点自己的朋友，反思自己哪些做得还不够，重视自己的朋友资源，以提高自己的竞争力。

女人怎样结交朋友并善于利用朋友资源呢？

1. 在社交场合上以自信拓展人脉。一个没有自信的人，总是怕被人拒绝，不愿主动走出去与人交往，更别说拓展人脉了。在酒会或婚宴场合，聪明而自信的女人会提早到现场，因为，那是她们认识更多陌生人的机会。而没有自信的人，对这种场合都有些害羞，总想借故推托，即使去也只是找认识的人交谈。其实好多机会就这样溜走了。

2. 提高自己的沟通能力。沟通能力就是了解别人的能力，包括了解别人的需要、渴望、能力与动机，并给予适当的反应。这时，倾听是了解别人最好的法宝。除了倾听，适时赞美别人也是沟通妙法。一个女人靠倾听会得到很多有用的信息，再靠真诚又可以赢得别人的信任，这就为自己的朋友资源储存了一笔。

3. 女人要建立守信用的形象。说到做到并不仅仅是男人的事情，女人也要在朋友中建立说一不二的形象。一个让人信任的形象，是让人脉竞争力可以产生正向循环的关键，每个人都愿意在你需要的时候帮助你，因为他们相信你。

4. 增加自己的价值。人脉的最高境界就是互利，你对别人可以提供什么价值？什么不同的观点？决定了你在朋友圈中的价值。如果你一无所长，目光狭隘，朋友会真的帮助你吗？他们需要一个有价值的伙伴，你要靠他们提高你的竞争力，他们也要靠你提高自己的竞争力。

5. 女人要乐于与别人分享。不管是信息、金钱利益或工作机会，懂得分享的人，最终往往可以获得更多，因为，与愿意分享的人在一起，自己的机会也越多。是否愿意分享取决于女人的度量，没有度量与人分享的女人，没有多少可利用的资源。

6. 把握每一个帮助别人的机会。帮助别人的机会也是弥足珍贵的，一定要珍惜，这说明你还有价值，你会给朋友带来福音。

一个女人，无论身处何地，从事何种职业，都免不了要跟形形色色的人打交道。拥有宽广的人脉，结交更多的朋友，可以给我们创造机遇，更有可能成为我们用之不尽的资源财富。无数的成功人士、商界名流都以他们宝贵的人生经历向我们传达了这样一个信息：朋友资源，影响你的竞争力。

智慧女人物语 *Zhihuinürenwuyu*

女人势单力薄，要懂得依靠别人的力量成功。这些人就是自己的朋友，善于结交朋友的女人会有更大的竞争力，也会更容易取得成功。

把同事变成朋友，工作人情两相宜

都说职场险恶，没有真情，其实聪明的女人可以把同事变成自己的朋友，赢得好人缘，这对工作有利无害。那怎样把同事变为朋友呢？

1. 当你处于高位时，面对同事时不要摆架子，要平易近人，以心换心。你处于高位，这时的同事关系属于“上下级”关系，你一定要谦虚谨慎，不能摆出高人一等的样子，在工作中少用命令口气，多用商议的口气；在生活中也要尽可能地嘘寒问暖，不要刻意保持距离，显示自己的领导权威；在交谈中也要掌握好分寸，让昔日的同事感到你“升官”后仍是他们当中的一员。不能仅凭个人好恶亲疏而区别对待下属，而必须从整个部门的角度看待他们，秉承公平公正和人尽其才的原则调配下属。对于妒忌你的同事，最好不要与他正面交锋，以免触痛对方敏感的自尊心。一方面，要以真诚待人，用尊重的姿态与其和睦相处；另一方面，要在工作中充分展现自己的实力，用实力让他折服。只要处理好上下级的关系，下属也能变成你的朋友，全力配合你的工作，让你的事业更上一层楼。

2. 当你处于低位时，用真诚的工作态度、合作态度和责任心赢得上司的友谊。上司也有很多难处，不管在工作上还是生活上，要表示充分的理解，全力配合上司的工作。不邀功，不虚夸，踏踏实实帮助上司。这样就算是上司也会成为你的朋友。

3. 与和自己同级别的同事相处时，要承认对方的成绩，多夸奖对方的得意之事。对方有了错误要私下委婉地提出。有了摩擦和矛盾，记得自己先退让，不要得理不饶人，退一步海阔天空，这是明智之举，能帮你赢得朋友。

燕子在职场多年，和一个同事结下了深厚的友谊。她们是在工作中相互探讨且志趣相投而结成的好朋友，她们亲如姐妹，无论工作上的事情还是家庭里的私事，都推心置腹，互相关心，互相帮助。燕子是一个心直口快的人，说话做事从不考虑后果，见到不合理的事情常常一针见血地指出，经常把自己弄得尴尬不已。有一次燕子接到一项十分棘手的工作，怀疑是主管有意排挤自己，就跟这位朋友抱怨，还气愤地说：“这次我不会再忍了，一定要找她问个明白。”这个时候朋友说：“事情没有弄清楚，你去找主管兴师问罪太不合适了，而且这项工作也是你的分内之事，如果你真的去质问反而显得你不对了。”燕子仔细一想，确实如此，就调整心态，努力去做主管交代的工作，还受到了表扬。燕子非常感激这位朋友，是她的提醒让燕子在平凡的工作岗位上逐渐成熟起来。

燕子的经历告诉我们，职场同事也可以发展成好朋友。好朋友互相提醒，躲过职场暗礁，对双方的发展都有好处。

把同事发展成朋友是一件好事情，但是要保持友谊长久，就要注意以下几点：

1. 做到成人之美。同事变成朋友，虽然中间存在竞争关系，但也需要真诚相待，能够成人之美。比如，可以在适当的场合，恰如其分地夸奖同事的特长和优点，在单位树立他的形象和威信；当发现同事有什么缺点或做得不对的地方时，应该私下实事求是地指出，并帮助他一起来完善自己；有的时候还需要做出一些让步，让朋友的利益得到保护。

2. 保持适当的距离。再好的朋友也要保持适当的距离。公司是一个充满了竞争和利益冲突的场所，影响和干扰人与人之间亲疏关系的因素很多，在这种情况下和同事做朋友就要保持一定的距离，加深同事间的了解可以，但不要涉及个人隐私。即使是非常要好的朋友，也尽量少在彼此面前抱怨单位，指责领导和同事，避免不必要的麻烦。

3. 处理好公与私的关系。这是最重要的一点，和同事做朋友，既要有工作配合上的“公”，也要有个人情谊上的“私”，要处理好公与私的关系，做到公私分明。不要以私害公，因为私交而破坏公司的规章制度。

不要认为职场情薄，同事发展不成朋友，其实只要你拿出一颗真诚的心与人交往，就能赢得朋友。把同事变成你的朋友，这样工作上会多一个帮手，你们一起应对职场风雨，岂不是更好？只不过同事之间往往存在既合作又竞争的关系，很多时候还会出现利益冲突，所以要时刻记着处理好与同事之间的利害关系。

智慧女人物语 *Zhihuinürenwuyu*

女人跟同事做朋友非常有必要，大家大部分时间都跟同事在一起。如果不跟身边的同事做朋友，烦恼就不能及时倾诉，压力就不能及时排解。把同事变成朋友，不仅可以排解工作的压力，还可以让在职场打拼的你找到真诚的合作伙伴。

小伎俩让你多敌人，大气量让你多朋友

看看我们的周围，到处似乎都有计谋的味道，什么爱情三十六计，办公室三十六计……用好计谋好像可以打败整个世界。很多女人也在为自己的未来准备，学习各种各样的计谋，运用各种小伎俩。其实伎俩并不是最重要的，女人要想赢得别人的友谊，靠的是真诚，而不是计谋。小伎俩用得多了，早晚会被人看穿，当别人觉得被你“算计”了，你就多了一个敌人。

所以，女人要有大气量。气量需要自制，需要意志，需要涵养，需要理性，需要一种淡然自若。真正的聪明是拥有大气量，大气量能为你打造气场，让你吸引更多的朋友和伙伴。

气量小的女人，往往狂妄浅薄，干出一点成绩，升了一官半职，便自以为了不起，自我膨胀，别人说不得半个“不”字，提不得半条意见。有气量的女人，是胸襟宽广坦荡、目光远大的人，她们不会算计人，诋毁人；不会斤斤计较，不会对别人的批评耿耿于怀，不会为一点小名利、小得失而动怒或喋喋不休。

大气量是怎样练成的呢?

1. 不过于计较个人得失。女人的大气量在生活中首先表现为不斤斤计较。有些女人，单位的福利略有减少就会抱怨，邻居借用了日用品也日日牵挂，朋友的孩子摔坏了她的香水也记恨朋友……这样的女人并不少见，她们气量狭小，让人讨厌。女人要学会不计较个人得失，看淡一些东西，把人心和人情放在重要位置，这才是大气量的表现。

2. 拥有一颗真诚待人的心。女人要用一颗真诚待人的心，对上级，对

下属，对朋友，对陌生人。心胸开阔的女人，能容忍更多人的缺点，能宽容地接受每一个人，这样才是真诚待人。你对别人付出真诚，别人也会对你付出真诚。

齐芷瑶先在演艺界发展，后来开始自己创业。五年里，齐芷瑶已创立了多个高端品牌，数十家连锁直营店，以及自有产品和集美容、化妆、形象咨询等特色课程为一体的时尚学校。齐芷瑶是一个直爽的人，她简单善良，对待别人非常真诚。曾经有一名员工深得她的信任，和她学习了很多经营方法，后来这名员工辞职了，不久就在隔壁开店抢生意。其他员工都指责他不讲情意，但是齐芷瑶并没有过多地怪罪他。由于经营不善，这名员工的店倒闭了，他走投无路重新来找齐芷瑶，她依然接纳他回来继续工作，所有的员工都被她的大度折服，这样的大度与包容也让越来越多的员工对她不离不弃。齐芷瑶说："人与人之间，我觉得忠诚、诚实和坚持最重要，我很相信我的朋友，只有有了这些，才能把事做好。"

齐芷瑶越来越成功，和她的大度有着密切的关系。因为大度，她的朋友越来越多，生意越做越大，因为大度，员工对她不离不弃。

3. 锻炼自己的自制力和理性。有一点小事就大发脾气的女人表现出来的是"小家子气"。平时多锻炼自己的控制力和理性，有事情发生时才会泰然自若，不然动不动就发脾气，只会让你失去朋友。

有气量者，"泰山崩于前而不变色"，面对无端的攻击、中伤、污辱，面对误解、误伤乃至小人的挑唆，均会从容应对，不急不躁，不暴不怒。

小气量是清浅而喧嚷的小溪，大气量者是深广迷人的大海。做大海吧，吞吐江河日月，自成一片壮丽的风景。

智慧女人物语 *Zhihuinürenwuyu*

处处算计别人的女人没有朋友，以诚待人的女人朋友则很多。女人要有大气量，少用小伎俩，以真诚感化人，这样才会吸引更多的朋友，在危难之际伸出手，为你的事业助力。

女人不要轻易“记仇”

女人要记住两点：一是不得罪他人，二是不记仇。职场里总有恩怨。作为“四大皆难空”的凡人，能做到不记仇的极少，但这都不重要，重要的是，你记仇能有多久、多久才能忘掉它以及如何反省自己——正如牢记历史并非延续仇恨，而是要以史为鉴。

不得罪人是成功者的处世圣经。女人在社会上交往一般会促成两个结果，一是维护人，二是得罪人。前者会给自己的人生带来无限的助益，后者只能给自己立足社会带来无穷的危害。要想避开这些危害，最好的办法就是绝不轻易得罪人。女人最好不要把别人想象得那么大度，每个人都有记仇的一面，你不经意的一句话，也可能会为自己制造一个敌人。

莉亚只是一个小小的房地产销售，相貌一般，家境一般，工作能力也一般，更没有什么努力上位的野心和能力。按理说没机会遭人嫉妒排挤，但最近她日子却不太好过。同组的同事总在针对她，先是明里暗里抢莉亚的客户，又故意搞乱她负责的资料，弄得经理大发脾气。后来，莉亚发现一群女同事不知道在说些什么，隐约听到自己的名字，等到推门进去，里面立刻鸦雀无声，同事们看她的眼神却很怪异。渐渐地同事们对莉亚都冷淡了很多，她忙起来的时候也没人肯帮忙，客户要查房型资料，她去调总是最后一个才拿到，要签约付款，本来可以通融的财务也坚决不肯中午受理。一天，一位同事明白地告诉她：“你还是早点自己走人吧，我们就是要让你做不下去，原因你自己知道，管不好自己的嘴巴就是这样的下场。”莉亚这才明白自己曾经传播女同事与买房大款交往的事情，闹得沸沸扬扬，这位女同事记仇了，并反过来在公司宣扬她捕风捉影，八卦别人的事，让大家都对她很反感。

莉亚随便传播别人的隐私，给自己制造了许多敌人，最后害得自己举步维艰。所以女人平时要注意自己的一言一行，对于别人的隐私最好闭口不谈；工作时要与人为善，宁愿自己吃点亏，也不要侵害他人的利益；遇到有矛盾的事情，不要逞一时之强，不要与人针锋相对，如果难以控制自己的脾气就先离开现场……总之，女人千万不要因为一件小事得罪人，得罪别人早晚会让自己尝到苦果。

在职场中，女人难免因为意见相左而与同事、上级、下级产生争执。争执本身倒很正常，但关键是争执过后——有人心中愤愤不平，认为被侵犯了，而产生“此仇不报非君子”之念。其实，生活、工作中的冲突是难以避免的，要尽量让“愤愤不平”的情绪远离自己。

蕾蕾是名牌大学的高材生，进入公司后一直抱怨自己的老板，对老板给她很少的薪水，而且故意刁难她很是气恼，并发誓早晚自己要跳槽。朋友对她说：“老板这么坏，不做也罢；但你岂能白干这么久，不如多学点再跳槽，让他损失大一点。”蕾蕾觉得很有道理，便开始经常加班，而且偷偷学习各种技能，商业文书的写法、修理复印机、工人的操作技能……过了半年，朋友问她什么时候跳槽？她居然大呼感谢：“真谢谢你的计策！我的老板现在对我刮目相看，又升官又加薪！我跟他现在关系好得很！”这番话连朋友也感到惊奇。

蕾蕾的经历说明，女人最好大度一些，不要轻易记仇。在对事不对人的原则下，就某个具体的问题各持己见，多数情况并不会造成当事人双方的敌对，反而能够帮助自己听到真心话。遇到偶尔过分的争吵也大可不必就此将对方视为“仇人”，说不定，“仇人”就是你的恩人，甚至是贵人。

智慧女人物语 *Zhihuinüirenwuyu*

女人做事要小心谨慎，不要图一时之快得罪人，那样会后患无穷。女人也不要轻易“记仇”，要做有度量的女人，这样“仇人”可能会成为你的贵人。

成功地化“敌”为友

我们所看的影视剧总是把敌人丑化，这在我们的潜意识中形成一种固定模式：敌人坏得无法再坏，而朋友是那样善良可爱。

其实在现实中，“敌人”和朋友分得并不是那么清楚，有的时候朋友可以转化为“敌人”。其实，许多“敌人”和朋友都是在各自的利益争夺中产生的，有时甚至是人为地制造出来的。为了某个人、某个集体、某支队伍的利益需要而故意制造一些对立面以便达到自己的目的。因此，“敌人”和朋友是可以互相转化的，没有天生的不可逆转的“敌人”。

1. 以真诚换取对方的真心。“敌人”也是人，用真心换取真心，“敌人”也能变成朋友。女人的真诚最能打动人，即使是“敌人”，也会因为女人的真诚而变成朋友，有时还会助你一臂之力。

有的时候，狗仔队让许多明星头疼，他们打扰了明星的生活，明星也动辄就呼吁粉丝们一起讨伐媒体。明星和狗仔队之间似乎是最大的“敌人”。而刘嘉玲的做法恰恰相反，她体谅媒体的不易，不计较他们曾经嘲笑过自己，也终于通过自己的真诚换来了媒体的善意。刘嘉玲结婚时，将婚礼的全套照片免费发给媒体，并主动提供若干细节，好让记者们有办法交差。平时在接受记者访问时，刘嘉玲也是有问必答，给记者充分的素材去做版面。刘嘉玲的大度和体贴让记者们感激，她也因此交到了不少媒体界的好友。所以在她陷入困境的时候，媒体都出来维护她，激烈指责那些恶意的中伤。刘嘉玲这个默默积蓄力量改变自我、不怨不怒、不卑不亢地经营着自己人生的女子，终于扭转了命运的败局，傲然地怒放成了演艺界的传奇女子。

刘嘉玲巧妙化“敌”为友，让别人厌恶的狗仔队变成了自己的朋友，给媒体留下了大度宽容的形象，也赢得了好感。在以后漫长的演艺生涯中，刘嘉玲得到了媒体的许多帮助，让自己的事业得到了更进一步的发展。

2. 赢得“敌人”的尊重，“敌人”也能变成朋友。女人的美德能赢得“敌人”的尊重，这种尊重有时也可以转化为友谊。所以女人要懂得尊重自己，以德服人，让“敌人”折服并成为自己的战友和伙伴。

上海女孩朱成考入哈佛大学教育学院，2006 年朱成参加了哈佛大学研究生院学生会主席的竞选活动。朱成以其成熟和干练的作风顺利进入了前 4 名，她的对手是 3 名美国博士生：哈恩、吉米克和桑斯。桑斯位列第四，很多人以为他将退出选举，可没想到，他却突然来了个“杀手锏”。桑斯召开新闻发布会，对前 3 名候选人进行了猛烈的攻击。他爆出 3 名竞争对手的个人隐私，攻击朱成在 2005 年夏天，以救助一位南非孤儿为名，侵吞了大量捐款。研究生院很多激进组织马上召开集会，要求立即取消 3 名候选人的资格。后来谣言很快烟消云散，桑斯被证实有说谎的嫌疑。哈恩和吉米克为了报复桑斯先前的“毁灭性打击”，曝光了桑斯在一家中国超市被警察询问的录像，并怀疑他有偷窃行为。一时间，桑斯百口难辩，这似乎又对朱成有利。朱成在竞选时走上台说：“同学们，我今天想先告诉大家一件事情，就是关于桑斯在超市‘行窃’的事。”她的话，让所有人屏住了呼吸，桑斯更是因为惶恐而攥紧了拳头。朱成继续说道：“我去中国超市问清了整个事情的经过，事实上，桑斯并不是因为行窃而被警察询问，而是帮助老板抓到了小偷……”霎时，发布会现场一片哗然。桑斯惊讶地抬头看了看朱成，微张着嘴，想说什么，却欲言又止。投票前 15 分钟，桑斯宣布了自己退出的消息，并且号召自己的支持者把票投给朱成。他说，他无法像朱成那样真诚与宽容，他已经输掉了竞选。如果朱成竞选成功，自己愿意做她的助理，全力协助她在学生会的工作……后来，朱成力挫群雄，以 62.7% 的支持率成了哈佛学生会主席。这是哈佛 300 多年历史上第一位中国籍学生担任此职。

一个自信、宽容的人，才愿意去帮助对手，最终也会因强大的人格力量赢得对手的尊敬。朱成帮助对手说话，使他变成了自己的朋友，最后竟选成功了。

以上两个案例都说明了一个道理，就是化“敌”为友可以事半功倍，不管是以诚感人，还是以德服人，最终的结果都是得到“敌人”的认可，成功地化“敌”为友。聪明的女人要善于结交更多的朋友，善于化“敌”为友，这样就能轻而易举地做成自己想做的事情。

智慧女人物语 *Zhihuinürenwuyu*

“敌人”也可以转化为朋友。有了共同的利益，为了达到双赢，“敌人”有转化为朋友的可能。学会尊重“敌人”，用心感化“敌人”，女人就可做到化“敌”为友。

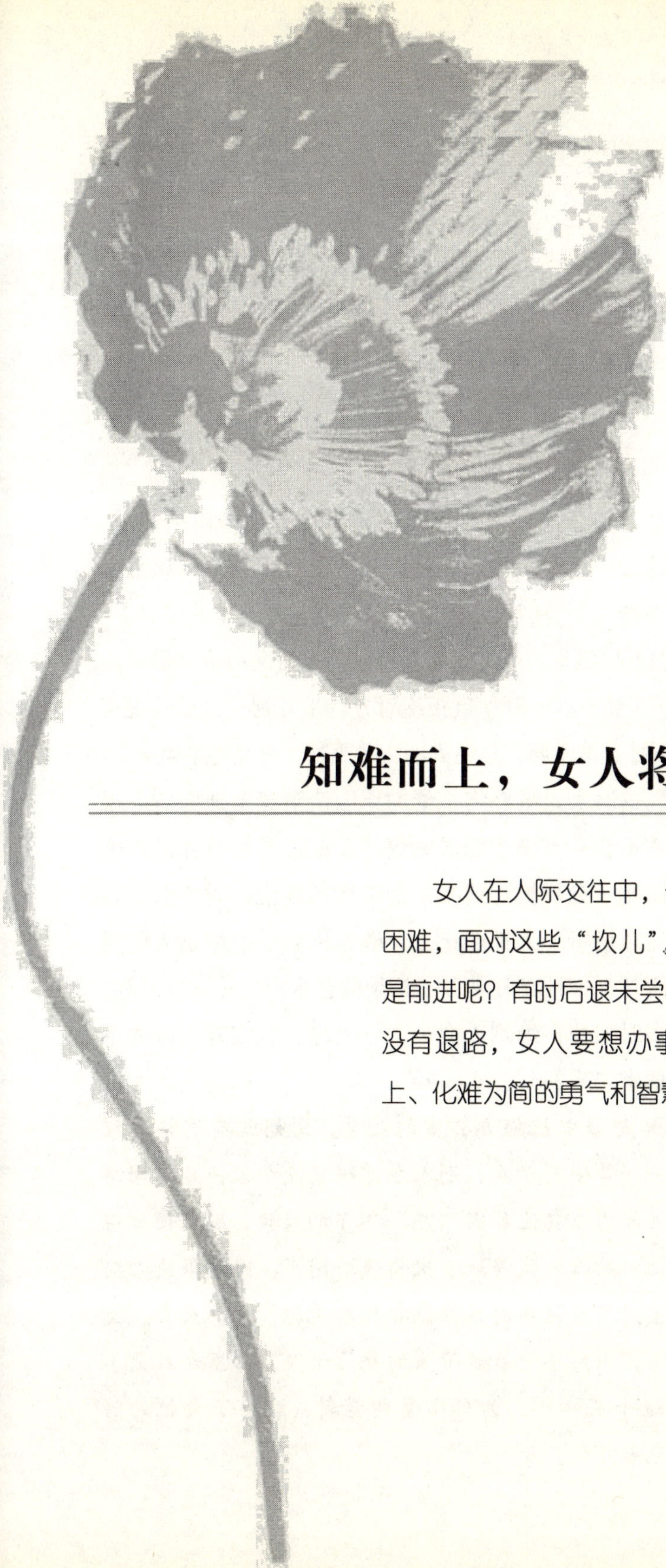

第十章

知难而上，女人将难事巧摆平

女人在人际交往中，也许会碰到各种各样的困难，面对这些“坎儿”，女人是选择后退，还是前进呢？有时后退未尝不可，但生活大多时候没有退路，女人要想办事成功，就要有知难而上、化难为简的勇气和智慧。

他人的请求，自己做不到怎么办

女人在很多时候都要面临别人的请求，有的请求对于你来说很简单，答应下来，帮助朋友，这是一件好事情。但是有些请求自己做不到该怎么办呢？答应下来自己做不到，不答应又不愿意拒绝对方，真是十分难办。

其实这时女人要做的事情就是：拒绝。与其答应别人后又后悔，做事力不从心却不得已履行承诺，还不如一开始就拒绝对方，千万别让自己骑虎难下，又让对方觉得你心不甘、情不愿，这给人的印象更糟，真是得不偿失。

为了避免对方误会，这时女人最好将拒绝的原因清清楚楚地向对方说明。说明了理由，对方才不会有不满和怨恨的情绪。或许开始时你的拒绝会使对方感到失望，但总比中途反悔好得多。面带微笑地说：对不起，因为……所以请你谅解。这样说每个人都能接受，倘若你有了拒绝别人的勇气，还有为对方设想的智慧，你便充分掌握了拒绝的艺术。

有的女人会说，很多时候怕拒绝别人会失去好人缘。其实好人缘并不是靠无条件答应别人的请求得来的。

每位职场新人一开始都难以把握办公室的关系，文娟就有这样的经历。刚到公司时，她不分场合微笑示人，别人会觉得她没个性；她对同事有求必应，然而当她因为能力或其他原因“应”不了的时候，别人便觉得她不够意思，从而疏远她；她心无城府地多次借钱给同事，同事很快心安理得并习以为常。办公室里只有她不时地操练扫把和拖把，久而久之，大家把她当成兼职的清洁工，坦然享受着她带来的整洁干净，心里却丝毫不记她的好。文娟每天为这个买咖啡，为那个复印资料，浪费了大把的时间，工作却没有半点起色。

和同事搞好关系是应该的，但这要看你和同事之间的“好关系”是靠什么来维持了，他们对你的“好感”是如何形成的。尤其作为初涉职场的新人，要记住，和同事相处千万不要有求必应，这样必然像文娟那样，牺牲了自己的时间却没有得到应得的东西。

在生活和工作中，常常会遇到他人请求自己做棘手事情的情况，这时不要随便应承，应冷静分析一下事情的利害关系，根据对方的特点选择不同的策略。不能一口回绝，也不能勉强答应，说话要灵活自然，尽量维持良好的人际关系。

女人要诚实地表达自己的想法，忠于自己的感觉。自己做不到的事情，就不要轻易答应。当然，这也不是要你全盘拒绝，当你有能力帮助别人的时候，就要尽力帮忙。

智慧女人物语 *Zhihuinürenwuyu*

女人对于不合理的要求应该委婉地拒绝，告诉对方这已经超出你的能力范围，恳切地向对方表白，相信对方是可以谅解的。拒绝别人的请求，绝对不是一件有失颜面的事，毕竟你有拒绝别人的权利，不必每件事都逆来顺受，吃力不讨好。

求人办事，遭到拒绝也要表现优雅

女人在生活中会遇到很多事情，其中不乏一些愁事、烦心事……这些事情我们很难解决，但是我们必须面对。而想解决一些难办的事，还必须学会求助于人。

求人并不是一件容易的事，很多自尊心很强的女人，不愿意开口求人，原因是害怕遭到拒绝。有时求人不可避免，女人要学会面对别人的拒绝，即使遭到别人的拒绝也要优雅以对。

1. 在心理上克服求人就是“低三下四”的想法。当今社会不求人办事是不可能的，谁也不是万能的，谁也有遇到困难的时候，所以求人并不是一件难为情的事情。求人也要求得舒坦，求人不必虚张声势、空话连篇，但是也不必乞哀告怜、任人奚落。只有这样，被拒绝了也不会觉得失落，我们有求人的需要，别人也有拒绝的权利。

2. 要理解别人，不要对别人要求过高。有些求人办事的人，总认为被求者一定神通广大，办什么事金口一开，大笔一挥就成。实际上情况并非如此。每个人都有自己的难处，你如果能分担、理解这种难处，就不会觉得被拒绝是件很尴尬的事情。求人办事要知足，别人能办多少就办多少，不要勉强别人办很难办的事。别人即使是举手之劳，你也要十分珍惜。

玲子最近特别烦心，因为三岁的女儿生病了，她一周以来早退了三次，接下来的一周还得请假。而现在正赶在公司评优的节骨眼儿上，玲子辛苦工作一年有望得到的奖金可能有泡汤的可能。她的同乡姐妹在行政部做考勤工作，玲子就想“贿赂”一下自己的同乡姐妹，让她修改一下刷卡数据。玲子约小姐妹出来吃饭。并且把自己的想法告诉了她。小姐妹有些不情愿，说：“别的忙还可以帮，但是修改了数据被别人知道是要被开除的。”玲子心里很不高兴，就说：“平时我待你也不薄啊，你父母来看望你，还在我家住过……”小姐妹看出玲子不高兴，就勉强答应了，抹去了玲子的早退记录。这件事后来被公司发现了，玲子没有评上优秀，给上司留下了糟糕的印象，小姐妹也受到了处分。后来小姐妹记恨玲子，不再与玲子来往了。

同乡没有答应玲子的请求，是理所当然的事情，毕竟这违反了公司的规章制度，但是玲子没有表示理解，而且勉为其难，最后两人都受到了处分。

3. 做好被拒绝的心理准备。女人在求助于别人之前就应该做好被拒绝的心理准备，对方面露难色、态度冷淡甚至表示拒绝都是有可能的，千万不要由此就觉得自己失了面子，受了侮辱。当你会意了对方拒绝的心理时，不妨自己把话打断，干脆表示没关系，反过来再安慰对方几句，请对方不必介意。

被人拒绝了，女人仍然要保持微笑，诚恳地说一句："没关系，你不要放在心上。""没事的，我还是要谢谢你。""我都理解，占用你很多时间我很过意不去……"然后优雅地离开，这对女人来说是最好的姿态。

智慧女人物语 *Zhihuinürenwuyu*

诚心诚意求别人，但别人不一定就能满足我们的要求。当我们遭到拒绝时，不要过分追究原因，也不要过分坚持。要理解对方的苦衷，还要向别人说一声"谢谢"。人生不如意的事很多，又何必在小事上斤斤计较，被人拒绝后更要做到豁达大度。

巧妙应对别人的刁难

对于女人来讲，最委屈的事情不过是被人故意刁难。如公司的老板或同事、面试时遇到的面试官、难缠的客户，甚至是不怀好意的陌生人。

遇到刁难后，女人都会觉得很委屈，伤心、失望、怨恨……但是这样的情绪只能让你心情不好，倒不如学着巧妙应对别人的刁难。

1. 要有宽广的心胸和气度。面对别人的刁难，不要一直放在心上，即便受到误会和委屈，随着时间的推移，也会有公正的评判。懂得退一步，反而会让刁难者失望。

2. 找到别人故意刁难你的原因。刁难不可能没有理由，也许你在某些地方得罪了别人，也许你是别人的竞争对手……不管原因是什么，找到原因才能对症下药。

3. 利用刁难扭转乾坤。女人在面对刁难的时候要懂得反击，如果上司说："我们希望这个方案是有特色的，但是你做得毫无特色。"那你可以这样反问他："您觉得特色是什么，能不能请教一下呢?"

郑香来到现在的公司时间不长，同事中有一个小她两岁的女孩欣欣来得比她更早。初来乍到的郑香在工作中非常谦虚，处处向欣欣请教。可欣欣却态度生冷，还时时刁难。究其原因，原来郑香学历、相貌和能力都比她强，激发了欣欣的嫉妒心。两人都住在集体宿舍，郑香的熟人来玩，欣欣表现得极不友好，甚至还在背后说郑香的闲话。郑香十分伤心，因为有人处处刁难，甚至吃不下饭、睡不好觉，还不想去上班。后来一些同事看出苗头，开始给郑香许多建议。郑香也再不那么计较欣欣怎么对自己了，而是只关心自己在做什么，并且以一个大姐的身份去关心她，主动和她谈话。欣欣本是个倔强的女孩子，但是渐渐被郑香感动，后来郑香还给她介绍了男朋友，欣欣心中放下了许多猜疑和误解，和郑香关系也好起来了。

同在一个公司，谁遇到这种情况都会觉得很难受，郑香甚至不想上班也是可以理解的。但是一味消极地对待是不对的，不如找到原因，主动出击，用真情化解矛盾。

面试无疑是找工作中最重要的部分，而在面试时，女人也经常受到别人的故意刁难，怎样应对面试时的刁难呢?

首先要调整自己的情绪，然后用冷静的语气简单地回答对方的提问。

其次是保持自信。你越自信，将面试官的"敌意"当成空气，处理起来就越简单。面试官的"敌意"可能经常是一些与面试完全无关的事情造成的：可能他心情很差，正在为什么事情而难受等。

如果这样还是无法应付，那就停下来，直接问对方是不是自己哪里冒犯了他?很多时候，人们并没有认识到自己正在说的话（做的事情）会让人不愉快。当他们意识到以后，就会马上不着痕迹地调整过来。

另外，面对面试官的刁难千万不要慌，因为这可能是一次试探。他们想测试你是如何处理压力以及类似情况的；他们想知道碰到这样的情况时，你是否可以保持镇静，或者说这样的事情是否会影响你的决策以及面试中的发挥。职场中会出现很多这样的情况，所以在不了解你的情况下，他们可能会通过在既定的场景模拟中观察你的表现。微笑着接受它，说不准会掌握打开成功大门的钥匙。

总之，在别人刁难时，要运用自己的智慧去化解刁难，方法因人而异，这需要女人在长期的实践中获得。要相信，只要是肯动脑筋，任何刁难都不能让你后退。

智慧女人物语 *Zhihuinürenwuyu*

很多时候女人会遇到别人的刁难，这个时候千万不要灰心丧气，也不要怨天尤人。最好的方法是找到原因，巧妙应对，化解刁难。

事情办砸了，如何交代

有成功的事情，就会有办砸的事情。事情办砸会引发我们的职业恐慌，有的女人可能会过度责怪自己。女人如果能够克服办砸事情后的恐慌，将赢得信心、经验和尊敬。

事情办砸了其实并没有你想象的那么糟糕，天塌下来了吗？你会被解雇吗？不会。故先要从自责和惶恐中解脱出来，想出办法应对。

首先，要想着弥补损失。事情办砸了，最重要的事情是想着弥补损失。如果因为你的疏忽，损失了客户，那么就尝试积极联系，看能不能再次赢得客户的信任；因为产品不合格导致召回，这时就应该先想到把损失降到最低。面对倒下的牛奶瓶哭泣是没有任何作用的，不如扶起牛奶瓶，看能不能留下一小部分牛奶。这是事情办砸以后，女人最积极的状态。

其次，不要过度解释。一直解释自己失败的原因，其实是没有任何用处的，只能让别人觉得你是在推卸责任。所以，这时最好不要为自己找借口。可以默默承担，等待时间的检验。

媛媛是行政秘书，日常工作就是订餐、订票之类的事情。有一次，老板要和两位客户赶去上海参加洽谈会，交代媛媛预订机票。媛媛本着替公司省钱的立场，特意比较了各订票网站的价格，预订了三张经济舱机票，去机场用身份证登机就行。谁知，第二天一到机场，老板无法登机，说没订上票，老板暴跳如雷，质问媛媛。媛媛打电话一问，对方称网站出现故障，订票信息失效。这个网站是媛媛经常光顾的，没想到出了问题，媛媛很生气，对着订票网的客服大发脾气。老板的脸色自然很不好看，情急之下，老板一狠心订了3张头等舱，还说，这可是他第一次坐头等舱！事后，媛媛屡次想找老板解释，都被公司的老员工劝了下来。媛媛吸取这件事的教训，做事更加谨慎小心，再遇到订机票的事情，就事先多联系几家订票公司，经过多次确认后才选择一家，此后再也没有出现类似的错误。

其实媛媛确实没有解释的必要，事情已经过去了，这种失误很难说是媛媛工作不认真，老板会综合考虑员工的工作能力的，过度解释只会让人觉得媛媛在找借口。只要今后在其他工作中，能够重新证明自己就可以了。

再次，要承担责任，真诚道歉。事情办砸了，女人要敢于承担责任，主动道歉。真诚的道歉会赢得对方的原谅，也会让人觉得你是个敢于承担责任的女人。如果一味地逃避责任，损失会更大：你将会损失别人的信任，损失威信……

最后，把危机转化为机遇。越是紧急的危机，越是考验一个人的能力和魄力的试金石。于危机中取胜，要有兵来将挡、水来土掩的能耐与破釜沉舟、战无不胜的勇气。

在某保健品公司就职的杜丽，多年打拼跻身为公司中层，被公司选派开拓北方市场。因为对北方消费者习惯不了解，加上管理制度“水土不服”，一年来公司在北方市场亏损很大。因为在北方市场没有作为，总部对杜丽很不满意，想把她调回总部。杜丽经过缜密的市场调查和周详的计划后，和总部争取留下来，承诺用一年时间扭转局面。后来，杜丽起用当地员工，建立起新颖的管理方式，避开当地垄断品牌的种种封杀，同时在营销策略上大胆尝试。在种种努力和革新下，公司的产品销量突飞猛进。短短一年间，杜丽就将市场业绩做到了全国领先的水平。

一开始杜丽虽然事情没有做好，但是经过缜密分析，她决定抓住这次机遇，最终显示出了自己的管理才能。可见，出现了危机，只要你沉着冷静、睿智应对，一定能令上司对你刮目相看。惊惶失措是职场中最忌讳的表现。处事冷静，临危不乱的人，才有能力乘风破浪，独挑大梁，成为最终的胜利者。

智慧女人物语 *Zhihuinürenwuyu*

办事情总有成功或者失败，办砸事情是常有的事情，没有必要一直放在心上。女人把事情办砸了，不要一味自责，要主动承担责任，真诚道歉，把损失降到最低，在危机中寻找机遇，就能扭转败局。

遭遇尴尬，如何脱身

看看我们的周围，有的女人高跟鞋卡在下水道的井盖上；丝袜脱丝还浑然不觉；办公室睡醒午觉妆完全花了；来的客户说方言，完全听不懂人家在讲什么；跟比自己大十几岁的阿姨撞衫了；夏天坐的时间太久裤子湿了……

这些事情虽然很小，但是出现了会让人觉得很尴尬，面对尴尬时女人要学会巧妙脱身。

1. 要转移别人的注意力。如讲个笑话，分散别人的注意力，或者悄无声息地溜走，千万不要强调尴尬的事情，让别人把你当做焦点。

2. 找人帮忙也是必要的。身边有好姐妹的时候，最好询问她们的意见，让她们帮你化解尴尬，迅速离开是非之地。

3. 自我解嘲也可以化解这种尴尬。聪明的女人会在关键时刻用上自我解嘲的办法，如和阿姨撞衫了，就说："看来我的眼光越来越成熟了……"这样还能在别人心目中留下幽默的印象，尴尬就很容易化解了。

除了一些小事，还有一些"大事"，看看这些聪明的女人是怎样化解尴尬的。

米娜和男友在同一家公司上班，还是临近的部门。有一天两人约会正好被米娜部门的一帮同事撞个正着，两人的办公室爱情迅速曝光。后来两人在公司的一举一动都被好事者津津乐道，还不断地开玩笑，米娜陷入了非常尴尬的境地。这时米娜是这样处理的，每当同事提起的时候，她就一味地否认，说那次只是偶尔遇见，并没有特殊的含义；遇到两个部门合作她还是公事公办，像对待其他同事一样对待自己的男友；在公司的时候，不在电话里说太暧昧的话，以免引起同事的无端猜测；约会尽可能选择远离公司同事的地方……过了一段时间，流言就渐渐消失了，人们又发现了新的可以讨论的话题，就渐渐淡忘米娜的事情了，米娜得以成功脱身。

办公室恋情如果曝光，就会把当事人推向尴尬的境地。米娜采取冷处理的方式，在公司淡化两人的恋爱关系，渐渐"封"住了别人的嘴巴，最后人们慢慢淡忘了她的恋情。

还有一种常见的尴尬情形，如你在找另一分工作时被老板发现了。

李蜜是一位编辑，最近正打算跳槽，一天加完班，她发出了几份简历传真，没想到正好遇到自己的老板。老板惊讶地问："怎么？你在找工作？"当时的情形十分尴尬，李蜜只好实话实说："我对目前的薪酬不太满意，而且上升空间很小……"李蜜索性把对公司的不满说了一遍，老板想了想说："咱们公司确实有一些问题，我会想办法解决的。"李蜜的坦诚并没有招致老板的反感，老板只是提醒说："在找到新工作之前，先尽力做好现在这份工作。"后来李蜜成功跳槽了，向老板告别时，老板还对她表示了祝贺。

遇到这种事情，越是掩盖越尴尬，不如坦诚相告。李蜜采取的做法是比较正确的。但是最好的方法就是避免这种情况被发现，最好在家里投简历，不要用公司的电子邮件提交你的简历，不要从公司里传真任何材料。

最后，在这里提醒女人，最好避免让尴尬的事情发生，那样就省去了许多麻烦。

智慧女人物语 *Zhihuinürenwuyu*

女人遭遇尴尬事的情况很多，遇到尴尬事不要慌张，也不要懊恼，先观察周围的环境，迅速找出脱身的办法。找朋友帮忙、转移别人的注意力、坦诚说明、或使用幽默的武器，都可以让你化解尴尬。

遭到他人奚落，如何巧妙反击

在生活中，奚落无处不在。当你遭遇失败时，当你成功时，周围总有人抱着各种各样的目的对你进行“玩笑式”的打击。

面对别人的奚落，女人不能坐视不理，一定要给予适当的还击。

你可以对奚落自己的人表明自己的看法。比如，当女人的能力强过男人，他们总想以某种方式取得心理优势，而常用的方法就是说些打击女性自尊心的话。在这种时候，你可以对他们说：“如果你下次再开这样的玩笑，我就不客气了。”

如果这些奚落你的人就是平时合作的伙伴，为了避免误会，最好找机会和他们单独谈话，直接告诉他们“办公室不是你们耍嘴皮的地方”，“评价一个人不是看他奚落同事的本事，而是他尊重同事的品德”。也可反问他们，假如自己被别人这样奚落，会是怎样的心情。

女人表明自己的观点，就是要让对方明白，如果他不能改善自己的行为，不能学会尊重别人，他会失去很多朋友。

对于奚落可以给予语言上的回击，或选用一种幽默的方式委婉地回击，或直接给对方有力的回击，让对方无话可说。古今中外外交史上有很多鲜活的事例，女人不妨从里面学一些东西。

2011年，外交部副部长傅莹接受了德国《明镜》周刊的采访。记者又一次拿“人权”问题奚落中国，他提到中国艺术家艾未未被捕，在德国被视为挑衅行为，因为艾未未在柏林人脉很广，而且他被捕就发生在德国外长访华并在北京出席德国启蒙艺术展之后不久。记者还带有感情色彩地问：“这是否是有意而为？”傅莹很直接地说：“你们确实太看重自己了，中国为什么要将自己在一个内部事务上的处理与某位欧洲国家外长访华联系在一起呢？我看不到二者之间有任何关联。”

傅莹直接把矛头指向对方问题的不合理之处，有力地回击了记者的奚落，表明了中国的态度，显示出一位女外交家出色的应变能力。

当然，并不是每个人都能言善辩，当觉得语言能力欠缺时，女人不妨用实际行动回击对方。用实际行动回击别人的奚落，更有说服力，更让对方无话可说，效果会更加明显。

台湾女歌手许茹芸出道前在民歌餐厅唱歌，后来被上华公司发现，随后推出唱片《讨好》。只是，《讨好》的销量及评价只属一般。许茹芸长相并不漂亮，唱腔类似王菲，刚推出唱片时就有很多王菲的歌迷打来电话奚落她：“你算什么东西，竟然模仿王菲？”一些收视高的电视节目，都不愿让她亮相，有的主持甚至当着她的面冷嘲热讽，甚至拒绝访问她。许茹芸遭受白眼，难堪得痛哭，但是这些都没有动摇她的意志，她更加努力地唱歌，不断提升自己。后来，她的《泪海》被选为电视剧主题曲，她一曲走红，接下来的唱碟，一张比一张受欢迎，她自成一派的独特演绎方式，被传媒冠为“芸式唱腔”。她靠出色的唱功，还有那邻家女孩的亲切态度和灿烂笑容，成功征服了亚洲歌迷。

没有知名度时，许茹芸默默忍受别人的奚落和白眼，坚持自己的唱腔，不断努力，终于得到了歌迷的认可。她用实际行动回击了别人的奚落，最终取得了成绩。女人有时候需要这种隐忍的精神，无须多少语言，做好自己的事情，用实际行动终会改变别人的看法。

我们身边有很多女性以自己的亲身经历告诉我们，人生虽然艰难，但是只要巧妙应对，积极回击，就会战胜一切困难，让那些奚落过我们、嘲笑过我们的人无话可说。在这样的过程中，女人也会渐渐成长起来，更加成熟有魅力。

智慧女人物语 *Zhihuinürenwuyu*

女人遭到他人奚落，绝对不可以坐视不理。你应该让他们明白，他们的奚落是多么自私狭隘。你要用你的语言、行动证明自己的实力。

与人沟通时，如何软化对方的强硬态度

沟通是一门艺术，不论你的目的是为了自信地演说、轻松地谈判，还是愉快地销售，良好的沟通不仅意味着使自己的话让别人一听就懂，而且还要深入人心。一般来说，诚恳、善意、礼貌和赞许、谦让的话应该多说，而恶意、虚伪、贬低、无礼、强硬的话，应该少说或不说。

特别是对方态度强硬时，更要懂得沟通的技巧，软化对方的强硬态度。

1. 用温柔的话语软化对方。女人温柔的特质，在面对冲突时是最好的润滑剂。当你和办公室的男士意见不统一时，先别急得脸红脖子粗，应该保持风度，面带笑容，气定神闲，甚至可以摆出一副低姿态来使僵局得到

有效化解。记住，大部分人都是“吃软不吃硬”的，他们往往会被你的温柔软化。

2. 以善意的称赞软化对方强硬的态度。有时，一个不经意的赞许，能够给人温暖，能够令人愉悦。不管对方多么强硬，总不至于对别人的赞美也大发脾气。真诚的赞赏，能够像一缕春风那样吹暖人心，使对方慢慢软化。

在一次联欢晚会上，一位男青年不小心踩到了一位女青年的脚，女青年一下子摔倒了，场面非常尴尬。女青年特别生气，男青年连忙说：“对不起，对不起……”但是女青年并没有接受道歉，而是用强硬的态度质问：“道歉就行了，你看我现在多难堪!”这时男青年笑着说：“你穿的连衣裙太漂亮了，衬托得你非常有气质，我禁不住想靠近你。”女青年愣了一下，然后笑了，说：“你还真会说话。这件裙子真的漂亮？谢谢了!”现场的气氛一下融洽了，女青年也不再抱怨，接受了男青年的道歉。

这位男青年当面称赞女青年的连衣裙，让对方很高兴，轻松软化了对方的强硬态度。

3. 换位思考，为对方着想。为对方着想往往能感动对方，也能软化对方的强硬态度。有的人态度强硬是有原因的，很可能他是在发泄一种不满或者想维护自己的利益，这时你能为对方着想，一定能化解对方的心结。

4. 使用幽默语言软化对方的强硬态度。在人际交往中，幽默语言是事业成功的润滑剂。它能帮助你打开公关活动的大门，可以增进友谊，创造融洽气氛，也是反击无理提问和开展善意批评的有效手段。女人应当培养自己的幽默感，因为在适当时机加入适度的幽默，不但可化解僵局，还可以消除双方的紧张和压力，软化对方的强硬态度。

5. 运用委婉含蓄的表达方式软化对方的强硬态度。委婉含蓄是语言交际中的一种“缓冲”方法，它能使本来难以应付的问题变得轻而易举，变得轻松愉快，因此，有人称委婉含蓄是公共关系语言中的“软化”艺术。委婉含蓄的说话方式同样能软化对方的强硬态度，很多时候它比平常的方式更容易让人接受。

诚恳、善意的语言有助于改善人际关系，提高沟通的效率。在遇到态度强硬的人时，女人要针对不同的场合、不同的人选择合适的沟通方式，灵活应对，这样才能化解对方的强硬态度。

智慧女人物语 *Zhihuinürenwuyu*

与人沟通时经常会出现不愉快的状况，如果对方态度强硬，就会对事情造成阻碍。聪明的女人要善于选择合适的沟通方式，或幽默、或委婉、或温柔、或称赞……这样才能软化对方的强硬态度，让沟通顺利进行，做成想做的事情。

势单力薄，遇到难事怎么办

宗璞的《紫藤萝瀑布》中有这样一句话："花和人都会遇到各种各样的不幸，但生命的长河却是无止境的。"花不可能因为遭遇风雨就停止生长，人的生命不可能因为挫折和苦痛的降临而完结。

女人在成功路上，不会一帆风顺，必然会经过一段段坎坷、崎岖的小路，遇到种种难事，这时就要看你怎么面对了。有的人遇到难事，怨天尤人，把自己掷入绝境；有的人笑对无奈，得失无惧。一样的人生，不一样的态度，就有不一样的结果。

女人在势单力薄时，最怕遇到难事，面临下岗、婚姻出现危机、朋友背弃、事业陷入绝境……这时，也许没有外力帮助，只有一个人苦苦支撑，这时女人应该怎么办?

1. 勇敢面对困难。难事不会因为你的逃避而消失，只有勇敢面对才会找到解决的方法，与其怨天尤人，不如积极寻求解决的方法。聪明的女人遇到难事，会冷静地坐下来，分析自己的优势和劣势，盘点可以帮助自己的人，然后找到解决的方法。这样的女人往往能处变不惊，知难而进。最终难事定会解决。

2. 对难事一笑了之。势单力薄的女人，遇到难事，即使想尽办法，最后还是解决不了。这时就要有一颗平常心，坦然接受这样的结果，不要让它影响自己的心情和生活，说不准还会有意想不到的结果。世上总有难事，笑对无奈，一切都不要放在心上，我们的人生还是我们的人生，我们仍然拥有美好的明天。

24岁的梅迪年轻有为，管理着一家大型健身中心的一个部门。她工作努力，能力超群，她所管理的部门的业务盈利和客户满意度是健身中心最好的。但是，这家健身中心在劳资关系方面存在很多问题，还因为歧视员工而被告上法庭。歧视员工本来就是事实，梅迪决定站在正义的一面，答应在听证会上证实其前雇员受到了歧视。她没有站在公司那边，这种举动没有得到同事和家人的支持，仅仅三小时之后，她被解雇了。梅迪陷入前所未有的困境中，没有了收入，房贷和车贷的压力一下子变大，还要面对家人和朋友的不理解，而且一些公司有意排斥梅迪。梅迪并没有因此消沉，而是坦然接受了这样的后果，全身心地投入寻找新工作中。经过三个月的时间，她被一家尊重并重视员工的知名公司录用了。梅迪后来说："这是一种事业上的转变，但我完全能够应对。如果没有这件事，我不会知道自己理想的工作是什么，也没有尝到被人孤立的滋味，现在，我不再惧怕任何困难了。"

梅迪坚持自己的立场，却失去了工作，也得不到家人和朋友的支持，陷入了困难的境地。但是她积极乐观，并从这件事中了解到自己的人生真正需要什么。等所有的困难都过去以后，她收获了人生最大的财富——笑对难事的人生态度。

勇敢面对困难，积极解决困难，笑对无奈后果，这样的女人才是坚强的女人，在她们的人生里，苦难会变成财富。大多数人的一生，都无法拒绝挫折和苦痛的造访。而当我们经历了这些后，获得的却是一笔宝贵的精神财富。人在经受了一些磨难后，性格与意志自然会变得坚强起来，因而就会从容面对一切。坚强的性格与意志是铲除成功路上荆棘的最有力的武器。古今中外，凡是成就了一番事业的人，都曾在挫折与苦痛的炼狱中挣扎过。

女人总有势单力薄的时候，总有遇到挫折的时候，这时就要养成淡定的习惯，微笑面对一切荣辱得失，微笑面对一切挫折失败，真正转变自己的人生态度。英国著名哲学家培根曾说过："习惯真是一种顽强而巨大的力量，它可以主宰人生。"是的，没有人天生就拥有超人的智慧，成功的捷径恰恰在于貌似不起眼的良好习惯。女人要从一点一滴中培养自己面对苦难的人生态度，这样才能活出生命的精彩。

智慧女人物语 Zhihuinürenwuyu

请相信，你眼前的种种磨难，都是为了给你日后的成才打下坚实的基础。经历了挫折与苦痛后，是金子，就会发光；即使不是金子，也同样能实现自己应有的价值。势单力薄时，不要惧怕任何难事，勇敢面对，积极解决，笑对任何失败，人生就会过得无怨无悔。

参 考 文 献

[1] 娜娜．女人办事术（智慧的女人多贵人）[M]．北京：中国长安出版社，2011.

[2] 石秀全．做一个会说话会办事的聪明女人［M］．北京：中国纺织出版社，2010.

[3] 孙岚．聪明女人这样说话办事［M］．北京：中华工商联合出版社，2010.

[4] 牛苏放．聪明女人必备的99个办事智慧［M］．北京：北京工业大学出版社，2010.

[5] 刘俐．女人这样办事最有效［M］．北京：新世界出版社，2011.

[6] 雅芹．做一个有魅力懂心理善交际的聪明女人［M］．北京：中央编译出版社，2011.

[7] 佳薇．做个会做人会做事会生活的女人［M］．北京：中国纺织出版社，2011.

[8] 王阔．聪明女人成功密码［M］．北京：海潮出版社，2010.

[9] 陈泰先．做个说话有心眼办事有心计的女人［M］．北京：中国物资出版社，2010.